本书由
中央高校建设世界一流大学（学科）
和特色发展引导专项资金
资助

中南财经政法大学"双一流"建设文库

数｜字｜经｜济｜系｜列｜

几类随机偏微分方程的适定性

魏金龙　著

中国财经出版传媒集团
中国财政经济出版社

图书在版编目（CIP）数据

几类随机偏微分方程的适定性 / 魏金龙著. —北京：中国财政经济出版社，2019.12

（中南财经政法大学“双一流”建设文库. 数字经济系列）

ISBN 978-7-5095-9358-5

Ⅰ.①几… Ⅱ.①魏… Ⅲ.①随机偏微分方程 Ⅳ.①O211.63

中国版本图书馆 CIP 数据核字（2019）第 239874 号

责任编辑：孙 琛　　　　责任校对：张 凡

封面设计：陈宇琰

几类随机偏微分方程的适定性

JILEI SUIJI PIANWEIFEN FANGCHENG DE SHIDINGXING

中国财政经济出版社 出版

URL：http：//www.cfeph.cn

E-mail：cfeph@cfemg.cn

社址：北京市海淀区阜成路甲 28 号　邮政编码：100142

营销中心电话：010-88191537

北京财经印刷厂印装　各地新华书店经销

787×1092 毫米　16 开　12.25 印张　198 000 字

2019 年 12 月第 1 版　2019 年 12 月北京第 1 次印刷

定价：56.00 元

ISBN 978-7-5095-9358-5

（图书出现印装问题，本社负责调换）

本社质量投诉电话：010-88190744

打击盗版举报热线：010-88191661　QQ：2242791300

总　序

“中南财经政法大学‘双一流’建设文库”是中南财经政法大学组织出版的系列学术丛书，是学校“双一流”建设的特色项目和重要学术成果的展现。

中南财经政法大学源起于1948年以邓小平为第一书记的中共中央中原局在挺进中原、解放全中国的革命烽烟中创建的中原大学。1953年，以中原大学财经学院、政法学院为基础，荟萃中南地区多所高等院校的财经、政法系科与学术精英，成立中南财经学院和中南政法学院。之后学校历经湖北大学、湖北财经专科学校、湖北财经学院、复建中南政法学院、中南财经大学的发展时期。2000年5月26日，同根同源的中南财经大学与中南政法学院合并组建“中南财经政法大学”，成为一所财经、政法“强强联合”的人文社科类高校。2005年，学校入选国家“211工程”重点建设高校；2011年，学校入选国家“985工程优势学科创新平台”项目重点建设高校；2017年，学校入选世界一流大学和一流学科（简称“双一流”）建设高校。70年来，中南财经政法大学与新中国同呼吸、共命运，奋勇投身于中华民族从自强独立走向民主富强的复兴征程，参与缔造了新中国高等财经、政法教育从创立到繁荣的学科历史。

“板凳要坐十年冷，文章不写一句空”，作为一所传承红色基因的人文社科大学，中南财经政法大学将范文澜和潘梓年等前贤们坚守的马克思主义革命学风和严谨务实的学术品格内化为学术文化基因。学校继承优良学术传统，深入推进师德师风建设，改革完善人才引育机制，营造风清气正的学术氛围，为人才辈出提供良好的学术环境。入选“双一流”建设高校，是党和国家对学校70年办学历史、办学成就和办学特色的充分认可。“中南大”人不忘初心，牢记使命，以立德树人为根本，以“中国特色、世界一流”为核心，坚持内涵发展，“双一流”建设取得显著进步：学科体系不断健全，人才体系初步成型，师资队伍不断壮大，研究水平和创新能力不断提高，现代大学治理体系不断完善，国际交流合作优化升级，综合实力和核心竞争力显著提升，为在2048年建校百年时，实现主干学科跻身世界一流学科行列的发展愿景打下了坚实根基。

“当代中国正经历着我国历史上最为广泛而深刻的社会变革，也正在进行着人类历史上最为宏大而独特的实践创新”，“这是一个需要理论而且一定能够产生理论的时代，这是一个需要思想而且一定能够产生思想的时代”①。坚持和发展中国特色社会主义，统筹推进“五位一体”总体布局和协调推进“四个全面”战略布局，实现“两个一百年”奋斗目标、实现中华民族伟大复兴的中国梦，需要构建中国特色哲学社会科学体系。市场经济就是法治经济，法学和经济学是哲学社会科学的重要支撑学科，是新时代构建中国特色哲学社会科学体系的着力点、着重点。法学与经济学交叉融合成为哲学社会科学创新发展的重要动力，也为塑造中国学术自主性提供了重大机遇。学校坚持财经政法融通的办学定位和学科学术发展战略，“双一流”建设以来，以“法与经济学科群”为引领，以构建中国特色法学和经济学学科、学术、话语体系为己任，立足新时代中国特色社会主义伟大实践，发掘中国传统经济思想、法律文化智慧，提炼中国经济发展与法治实践经验，推动马克思主义法学和经济学中国化、现代化、国际化，产出了一批高质量的研究成果，“中南财经政法大学‘双一流’建设文库”即为其中部分学术成果的展现。

文库首批遴选、出版二百余册专著，以区域发展、长江经济带、“一带一路”、创新治理、中国经济发展、贸易冲突、全球治理、数字经济、文化传承、生态文明等十个主题系列呈现，通过问题导向、概念共享，探寻中华文明生生不息的内在复杂性与合理性，阐释新时代中国经济、法治成就与自信，展望人类命运共同体构建过程中所呈现的新生态体系，为解决全球经济、法治问题提供创新性思路和方案，进一步促进财经政法融合发展、范式更新。本文库的著者有德高望重的学科开拓者、奠基人，有风华正茂的学术带头人和领军人物，亦有崭露头角的青年一代，老中青学者秉持家国情怀，述学立论、建言献策，彰显“中南大”经世济民的学术底蕴和薪火相传的人才体系。放眼未来、走向世界，我们以习近平新时代中国特色社会主义思想为指导，砥砺前行，凝心聚

① 习近平：《在哲学社会科学工作座谈会上的讲话》，2016年5月17日。

力推进“双一流”加快建设、特色建设、高质量建设，开创“中南学派”，以中国理论、中国实践引领法学和经济学研究的国际前沿，为世界经济发展、法治建设做出卓越贡献。为此，我们将积极回应社会发展出现的新问题、新趋势，不断推出新的主题系列，以增强文库的开放性和丰富性。

“中南财经政法大学‘双一流’建设文库”的出版工作是一个系统工程，它的推进得到相关学院和出版单位的鼎力支持，学者们精益求精、数易其稿，付出极大辛劳。在此，我们向所有作者以及参与编纂工作的同志们致以诚挚的谢意！

因时间所囿，不妥之处还恳请广大读者和同行包涵、指正！

中南财经政法大学校长 杨灿明

目　录

常用记号和约定

$:=$	定义为
$\Rightarrow$	蕴含
1_A	（集合）A 的示性函数，$1_A(x)=\begin{cases}1, & x\in A\\ 0, & x\notin A\end{cases}$
$x\wedge y$	$\min(x,y)$，相应的 $x\vee y=\max(x,y)$
x_+	$x\vee 0$，x 的正部，（$x_-=(-x)_+$，表示 x 的负部）
$\overline{\lim}_{n\to\infty}x_n$	$\inf_n\sup_{k\geqslant n}\{x_k\}$，数列 $\{x_n\}$ 的上极限
$\underline{\lim}_{n\to\infty}x_n$	$\sup_n\inf_{k\geqslant n}\{x_k\}$，$\{x_n\}$，数列 $\{x_n\}$ 的下极限
$\mathcal{P}\ll\mathcal{Q}$	测度 $\mathcal{P}$ 关于测度 $\mathcal{Q}$ 绝对连续
dx 或 $\mathcal{L}^d$	d 维 Lebesgue 测度
$\mathbb{N}$	自然数集
$\overline{\mathbb{N}}$	$\mathbb{N}$ 和正无穷的并集
$\mathbb{R}_+$	正实数集
$\mathbb{R}^d$	d 维欧几里得空间
$\mathbb{R}^{d\times n}$	实 $d\times n$ 矩阵全体所构成的 dn 维欧几里得空间
A^{T}	矩阵 A 的转置
trA	矩阵 $A=(A_{ij})_{1\leqslant i,j\leqslant n}$的迹：$\sum_{i=1}^{n}A_{ii}$
K^c	集合 K 的余集
a. s.（*a. e.*）	几乎必然的（几乎所有的）
$\circ$	随机积分中理解为 Stratonovich 积分，其余均理解为函数间的复合
$B_r(x)$	以 x 为心，r 为半径的闭球，特别的 B_r 表示以 0 为心，r 为半径的闭球
$\mathcal{B}(X)$	（拓扑空间）X 中 *Borel* 子集构成的 σ－代数

$m\geqslant 0$	m 是一个非负测度
$\mathrm{sign}\varphi$	φ 的符号函数
$\mathrm{supp}\varphi$	φ 的支柱
$\partial_{x_i}\varphi$ 或 $\frac{\partial}{\partial x_i}\varphi$	φ 关于 x_i 的偏导数，在不引起混淆的情形下也简记为 $\partial_i\varphi$
$L^1_{loc}([0,T]\times\mathbb{R}^d)$	$[0,T]\times\mathbb{R}^d$ 上的局部可积函数
$\mathcal{D}(\mathbb{R}^d)(\mathcal{D}_+(\mathbb{R}^d))$	$\mathbb{R}^d$ 上具有紧支集的（非负）无穷可微函数全体（$\mathcal{D}'$（$\mathbb{R}^d$）表示它的拓扑对偶）
$\mathcal{D}([0,T)\times\mathbb{R}^d)$	$[0,\ T)\times\mathbb{R}^d$ 上具有紧支集的无穷可微函数全体
$\mathcal{D}_+([0,T)\times\mathbb{R}^d)$	$[0,\ T)\times\mathbb{R}^d$ 上具有紧支集的非负无穷可微函数全体
$S(\mathbb{R}^d)$	$\mathbb{R}^d$ 上所有速降函数构成的空间（*Schwartz* 空间）
$C^k(\mathbb{R}^d)$	$\mathbb{R}^d$ 上直到 k 阶连续可微函数全体
$D([0,T];X)$	X 值的右连续左极限存在函数的全体
$W_t=(W_t^1,\cdots,W_t^n)$	n - 维标准 *Wiener* 过程或记为 $W(t)=(W_1(t),\cdots,W_n(t))$ 且 $\dot{W}_t:=\frac{dW_t}{dt}$
$\mathcal{F}_t$	由 $\{W_t,\ t\geqslant 0\}$ 生成的自然流

- 在不引起混淆的情形下，重复指标总表示求和.
- 带指标或不带指标的 C 表示在不同位置取值不同的常数.
- 对于 $\mathbb{R}^d$ 上的 $\mathbb{R}^d$ 值的可微函数 φ 和实值可微函数 φ_1，它们的散度和梯度分别定义为

$$\mathrm{div}\varphi := \nabla \cdot \varphi = \partial_{x_i}\varphi_i, \nabla\varphi_1 = (\partial_{x_1}\varphi_1, \cdots, \partial_{x_d}\varphi_1)$$

- 对 $\mathbb{R}$ 上仅有跳跃点的可测函数 g，$g(s-)(g(s+))$ 表示 g 在 s 点处的左（右）极限.
- 对任意的 $1 \leqslant p < \infty$，$L^p(\mathbb{R}^d)$ 表示 $\mathbb{R}^d$ 上 p 次可积函数全体构成的 *Banach* 空间，$\forall \varphi \in L^p(\mathbb{R}^d)$，范数定义如下：

$$\|\varphi\|_p := \left(\int_{\mathbb{R}^d} |\varphi(x)|^p dx\right)^{1/p}.$$

- $L^\infty(\mathbb{R}^d)$ 表示 $\mathbb{R}^d$ 上的有界可测函数全体构成的 *Banach* 空间，$\forall \varphi \in L^\infty(\mathbb{R}^d)$，范数定义如下：

$$\|\varphi\|_\infty := \operatorname*{esssup}_{x\in\mathbb{R}^d} |\varphi(x)|.$$

- $BV(\mathbb{R}^d)$（或 $BV_{loc}(\mathbb{R}^d)$）表示 $\mathbb{R}^d$ 上的有界（或局部有界）变差函数全体构成的空间.
- 无特别说明下，ϱ 表示 $\mathbb{R}^d$ 上的正则核，即

$$\varrho \in \mathcal{D}_+(\mathbb{R}^d), \int_{\mathbb{R}^d} \varrho\, dx = 1.$$

且任意的 $\varepsilon > 0$，我们用 ϱ_ε 来表示 $\frac{1}{\varepsilon^d}\varrho\left(\frac{\cdot}{\varepsilon}\right)$. 类似的，无特别说明下，我们用 $\tilde{\varrho}$ 表示 $\mathbb{R}$ 上的正则核. 特别的如果（$x = (x_1, x_2)$），我们用 ϱ_1 和 ϱ_2 分别表示关于 x_1 和 x_2 的正则核.

- 无特别说明下，ϕ 表示 $\mathbb{R}^d$ 上的截断函数，即

$$\phi \in \mathcal{D}_+(\mathbb{R}^d),\ \phi = \begin{cases} 1, & |x| \leqslant 1, \\ 0, & |x| \geqslant 2, \end{cases}$$

且任意的 $0 < n \in \mathbb{N}$，我们用 ϕ_n 来表示 $\phi\left(\frac{\cdot}{n}\right)$. 类似的，我们用 $\tilde{\phi}$ 表示 $\mathbb{R}$ 上的截断函数.

特别的如果 $x = (x_1, x_2)$，我们用 ϕ_1，ϕ_2 来表示关于 x_1，x_2 的截断函数.

- $M_+(E)$ 表示 E 上的 σ－有限的正测度构成的集合. $\mathcal{M}_+(E)$ 表示 $M_+(E)$ 上的 σ－代数.

- 在书中无特别说明下，所给出的函数在相应的空间中均是局部可积的，例如当提到向量场 b 时，若定义域为 $[0,T]\times\mathbb{R}^d$，则认为 $b\in L^1_{loc}([0,T]\times\mathbb{R}^d)$.
- 在本书中所提到的 T，我们总假设 $T<\infty$.

第 1 章　绪　论

1.1　历史背景和研究现状

关于偏微分方程的研究可以追溯到 18 世纪 Euler，D'Alembert，Lagrange 和 Laplace 等人的工作，他们用偏微分方程描述并解释连续介质力学中的现象. 直到 19 世纪中叶，偏微分方程开始作为一个独立分支呈现在整个数学大厦中. 随后在 19 世纪到 20 世纪期间经过 Poincaré，Cauchy，Dirichlet，Hadamard，Hilbert 等一大批优秀数学家的发展与完善，在描述和解释自然科学中的许多现象中偏微分方程逐渐成为了一个强有力的工具（关于此方面的综述，可参看 [56]. 该序号为本书后所列参考文献的序号，全书均按此方式标识. 编者注）. 在此期间，偏微分方程中有一类十分重要的方程即双曲平衡律系统也越来越多地得到了人们的关注. 关于平衡律（特别的守恒律）系统的研究可以追溯得更早，如 1755—1759 年间，Euler [106] 提出的质量守恒方程，1827—1829 年间，Cauchy [62—65] 提出的动量守恒方程组，1868 年，Kirchhoff [163] 提出的能量守恒方程，随后关于此方程组（我们也称其为 Euler 方程组）的研究在过去的 100 多年里，被无数的数学家进行了广泛而深入的研究，特别的关于带有黏性的 Euler 方程组即 Navier-Stokes 方程组的研究一直是一个十分热门的话题，但目前仍然存在一系列亟待解决的问题. 但直到 20 世纪 50 年代，此类方程才开始作为一门独立的分支呈现在偏微分方程中 [79].

当人们处理双曲平衡律系统或特别的双曲守恒律系统时，首先想到的就是经典解的存在唯一性. 然而当人们讨论经典解时发现，即使初始条件光滑，一般说来解也会在有限时间爆炸 [66, 70, 210]. 为了得到解的整体存在性，人们将目光转向了弱解. 但是此时也遇到了一个很大的困难，即弱解一般说来并不唯一（实际上在此方面的一个十分引人瞩目的公开问题就是 Navier - Stokes 方程弱解的唯一性［61］）. 为了得到唯一性（实际上这也是物理学家等人更关心的问题），人们开始给出了一系列的限制条件（如真非线性性）和判别准则.

虽然早在 19 世纪 50 年代，Clausius［72］就给出了熵的概念，并且在 1959 年左右，Oleinik［197］对真非线性守恒律方程提出了我们今天所熟知的 Oleinik 条件，然而将熵系统应用到一般的双曲平衡律方程的工作应该是属于 Kruzkov［166］的. 随后在 1971 年，Lax［176］巧妙地将其推广到了平衡律系统中来，给出了我们现在所熟知的一般的熵容许条件. 与此同时，为得到唯一性，在 1957 年 Lax［177］也提出了著名的 Lax - 熵条件. 在 1972 年，对一维的 2 - 守恒律系统，Wendroff［233］也提出了 Wendroff - 熵条件. 值得注意的是，对真非线性的情形 Lax 所给出的熵容许条件只需对特定的熵 - 熵流对成立就可以得到熵解的唯一性了，然而对一般的线性退化系统，Lax 熵容许条件对所有的熵 - 熵流对成立才能保证熵解的唯一性，然而这个条件仅仅是数学上给出的，但在物理上看起来并不太合理的. 基于此，1973 年 Dafermos［80］给出了一个看起来更合理的判别准则即熵速准则，借助于此准则他得到了守恒律方程和一维 2 - 守恒律系统解的唯一性. 随后刘太平［183］在 1976 年，也给出了一个十分具有判别能力的刘 - 熵准则，与此同时其他些学者也建立的黏性激波准则［73，125，187］，波扇准则［74，177］等. 尽管上述所给的判别准则在某些特定的场合非常适用，而且在特殊的条件下它们之间还有一定的等价关系，然而对一般的高维平衡律系统而言，如何建立一个一般的比较合理的判别准则，目前来说还是一个很大的问题.

关于平衡律系统的研究最直接的动机就是解决连续介质力学中的问题，其中很大程度上是解决流体问题. 流体一般说来都或多或少的具有黏性，只不过当黏性相对很小可以忽略时，我们就说此流体是没有黏性的，所以自然地我们可以将平衡律系统视为带有黏性的方程的某种极限，也就是说如果平衡律系统的弱解是通过黏性系统解的极限得到的，那么我们就认为此解是合理的，然后再对解提一些正则性条件，就很有希望得到唯一性. 在此方面的第一个杰出的工作是 Hopf［144］在 1950 年对 Burgers 方程给出的，即用此方法他得到了弱解的存在唯一性. 随后此方法得到了发扬光大［32—35，91，130，184，237］. 尽管如此，对一般的真非线性高维平衡律系统，关于此方面的工作仍是很少的，且主要困难集中在弱解的唯一性. 事实上，到目前为止，对一维的线性退化双曲守恒律系统黏性消失问题依然存在许多公开的问题（可看［54］）.

当考虑黏性消失极限时，为数学计算方便，人们习惯将黏性集中在人工黏性上来. 但是许多事实表明这种黏性并不总是合理的（［79］，P_{259}）. 1985 年，Shizuta 和 Kawashima 在［208］中对一般守恒律系统提出了我们今天所熟知的带有 Kawashima – Shizuta 条件的黏性项（在此方面的更进一步的工作可看［207］）. 然而由于黏性项本身的非线性性，此时问题的难度也就大大增加了，所以关于此方面的研究仍处于起步阶段.

另一方面，受外界因素的干扰，任何系统都不可避免地受到一定的不确定和随机因素的影响，进而使得由原来确定的偏微分方程所描述的结果与实际发生一定偏离. 当这种偏离很小时，我们就说此时噪声是可以忽略的，然而有许多系统噪声是不能忽略的，例如随机噪声对大规模集成电路的影响，这时候就要用随机系统来描述了.

20 世纪 40 年代日本数学家 Ito 在他的划时代的论文中［152，153］创立了随机微分方程和随机积分，随后随机分析学在数学的众多领域开始渗透，并且随着随机微分方程在金融、生命科学、控制系统等领域的应用，在过去的几十年里，这个领域得到了迅猛的发展. 当考虑随机微分方程时候，人们发现和微分方程略有不同的是，非正则向量场也可以保证随机微分方程解的存在唯一性，可看［20，27，84，79，109，111，119 – 120，127，129，132，136，154，172，191，194，217 – 218，234，242］，即对微分方程加了一个随机扰动后，在较弱的条件下我们依然有解的存在唯一性.

众所周知，对确定（偏）微分方程附加一个黏性项从某种程度上来说等价于在方程中附加了一噪声，而且现实中的许多系统确实是由随机系统来描述的. 基于此，人们就想对（偏）微分方程，特别是对流体力学方程而言通过附加一个噪声得到类似的结果，即用噪声来对原系统进行修正. 关于此方面的工作很多，其大部分工作主要集中在加性噪声的情形. 因为这种噪声的引入很大程度上改变了方程原有的结构，所以人们很自然地得到了正则化的结果. 在此方面的一个非常重要例子就是连续性方程和 Fokker – Planck 方程（可看本书 4.1 节）. 与此同时关于带有乘性噪声随机偏微分方程的研究工作也很多，如有界区域和无界区域上的随机抛物方程可参看 Chow［69］，随机 Schrodinger 方程可参看 Bouard［47］. 此外，想了解更多相关情况的读者也可以看［128，143，223］. 须注意的是，在［69］中对抛物和双曲方程而言，所加的乘性噪声都仅仅是限制在未知函数上的，所以此时并没有看到有正则化的效果．除此之外，关于带有未知函数导数的乘性噪声的研究也很多，然而第一个明显的具有正则化效果的流体力学例子是由 Flandoli 和他的合作者［115］在 10 年对线性输运方程给出的．他们考虑了如下的带有噪声的输运方程

$$\partial_t u(t,x)+b(t,x)\cdot\nabla u(t,x)+\partial_{x_i}u(t,x)\circ\dot{W}_i(t)=0,(t,x)\in(0,T)\times\mathbb{R}^d, \tag{1.1.1}$$

满足初始条件

$$u(t,x)\mid_{t=0}=u_0(x),x\in\mathbb{R}^d. \tag{1.1.2}$$

形式上，我们可以将上述 Cauchy 问题写成：

$$\begin{cases}\partial_t[u(t,x+W_t)]+b(t,x+W_t)\cdot\nabla u(t,x+W_t)=0,(t,x)\in(0,t)\times\mathbb{R}^d\\ u(t,x+W_t)\mid_{t=0}=u_0(x),x\in\mathbb{R}^d.\end{cases} \tag{1.1.3}$$

显然此时它仍是一个输运方程，即带有此类噪声的输运方程依然保持着原有的结构．Flandoli 和他的合作者证明了：如果 $b\in L^\infty([0,T];C_b^\alpha(\mathbb{R}^d)),u_0\in L^\infty(\mathbb{R}^d)$，则 Cauchy 问题（1.1.1），(1.1.2) 存在唯一的弱 L^∞ 解（关于此类噪声具有正则化效应的工作还可看［21，89，110，116－118，121］)．然而没有噪声的情形下此时结论确实是不正确的，因为此时解并不唯一．关于随机守恒律的研究可以参看［68，105，25－26，40，85，112，124，126，142，158，185］，但如何将此结果推广到一般的平衡律系统（比如 Euler 方程组），目前来说还是一个很有意思的公开问题．

1.2 本书研究内容

受此启发，综合以上描述现状所遇到的非唯一性问题，在本书中我们打算对具有特殊结构的平衡律系统附加一个噪声进行修正并从三个方面来尝试性地讨论上述问题．我们首先验证的就是带有噪声的平衡律系统是否依然保持原有的结构；其次我们考虑带有噪声且保持原有结构平衡律系统具有有别

于平衡律系统本身的其他性质；最后我们讨论黏性消失极限过程（用随机方法来解决确定问题的一个划时代工作也可看［188］）. 首先我们要做的就是，对特殊的平衡律系统来研究它在随机扰动下的适定性，关于能否通过消失噪声的方式建立容许准则我们打算在今后的工作中来研究，而本书重点考虑第一部分的内容.

第 2 章　预备知识

为了在后面章节中的应用，在本章我们给出输运方程和连续性方程近些年的几个划时代的结果，并给出概率论中的一些基本概念.

2.1　输运方程 Sobolev 向量场：L^P – 理论

在本节中，我们考虑如下的非齐次输运方程：

$$\begin{cases}\partial_t u(t,x)+b(t,x)\cdot\nabla u(t,x)+c(t,x)u(t,x)=f(t,x),(t,x)\in(0,T)\times\mathbb{R}^d,\\ u(t,x)\mid_{t=0}=u_0(x),x\in\mathbb{R}^d.\end{cases}\tag{2.1.1}$$

首先我们给出一些概念.

定义 2.1.1. 设 $p\in[1,\infty]$，$u_0\in L^p(\mathbb{R}^d)$，我们称可测函数 u 为 Cauchy 问题（2.1.1）的一个弱 L^P – 解，如果 $u\in L^\infty([0,T];L^p(\mathbb{R}^d))$，且对任意的 $\psi\in\mathcal{D}([0,T)\times\mathbb{R}^d)$，以下的等式成立：

$$\begin{aligned}&\int_0^T dt\int_{\mathbb{R}^d}u(t,x)\partial_t\psi(t,x)dx+\int_{\mathbb{R}^d}u_0(x)\psi(0,x)dx+\int_0^T dt\int_{\mathbb{R}^d}f(t,x)dx\\&=\int_0^T dt\int_{\mathbb{R}^d}u(t,x)[c(t,x)\psi(t,x)-\mathrm{div}(\psi(t,x)b(t,x))]dx.\end{aligned}\tag{2.1.2}$$

注记 2.1.2（i）显然，为了使得等式（2.1.2）中的每一项都有意义，我们只需等式的右端有意义，为此我们需要对向量场 b 和数量场 c 提一些正则性，在此设 b，c 满足：

$$b\in L^1([0,T];L^q_{loc}(\mathbb{R}^d;\mathbb{R}^d)),\mathrm{div}\ b-c\in L^1([0,T];L^q_{loc}(\mathbb{R}^d)),\tag{2.1.3}$$

其中 q 是 p 的共轭指标，即 $1/p+1/q=1$.

（ii）上述的等式（2.1.2）有如下的等价形式：对任意的 $\varphi \in \mathcal{D}(\mathbb{R}^d)$ 和任意的 $t \in [0,T)$：

$$\int_{\mathbb{R}^d} u(t,x)\varphi(x)dx = \int_{\mathbb{R}^d} u_0(x)\varphi(x)dx + \int_0^t dr\int_{\mathbb{R}^d} f(r,x)dx$$
$$+\int_0^t dr\int_{\mathbb{R}^d} u(r,x)[\operatorname{div}(\varphi(x)b(r,x)) - c(r,x)\varphi(x)]dx. \tag{2.1.4}$$

下面我们给出一个基本的存在性结果.

引理 2.1.3. （[92]）设 $p\in[1,\infty]$，$u_0\in L^p(\mathbb{R}^d)$，$f\in L^p([0,T]\times\mathbb{R}^d)$. 此外，我们还假设：

$$\begin{cases}\dfrac{1}{p}\operatorname{div} b - c \in L^1([0,T];L^\infty(\mathbb{R}^d)),\text{当 } p>1,\\ c,\operatorname{div} b\in L^1([0,T];L^\infty(\mathbb{R}^d)),\text{当 } p=1,\end{cases} \tag{2.1.5}$$

则 Cauchy 问题（2.1.1）存在一个弱 L^P – 解.

为了得到唯一性，我们还需要以下的正则化引理.

引理 2.1.4. **（DiPerna – Lions）**（[92]）设 $p\in[1,\infty]$，

$w\in L^\infty([0,T];L^p_{loc}(\mathbb{R}^d))$，$B\in L^1([0,T];W^{1,\alpha}_{loc}(\mathbb{R}^d;\mathbb{R}^d))(\alpha\geqslant q)$，

则，当 $\varepsilon\to 0$ 时，

$$\text{在 } L^1([0,T];L^\gamma_{loc}(\mathbb{R}^d))\text{ 中}(B\cdot\nabla w)\times\varrho_\varepsilon - B\cdot\nabla(w\times\varrho_\varepsilon)\to 0, \tag{2.1.6}$$

其中 γ 满足：如果 α 或 $p<\infty$，

$$\frac{1}{\gamma}=\frac{1}{\alpha}+\frac{1}{p},$$

如果 $\alpha=p=\infty$，$\delta<\infty$ 为任意的大于 1 的实数.

有了上面的正则化引理，DiPerna 和 Lions 在［92］中得到了如下的唯一性.

引理 2.1.5. **（唯一性）** 在引理 2.1.3 给出的假设条件下，如果 b 和 c 还满足：c，$\operatorname{div} b\in L^1([0,T];L^\infty(\mathbb{R}^d))$，

$$b\in L^1([0,T];W^{1,q}_{loc}(\mathbb{R}^d;\mathbb{R}^d)), \tag{2.1.7}$$

$$\frac{|b(t,x)|}{1+|x|}\in L^1([0,T];L^1(\mathbb{R}^d))+L^1([0,T];L^\infty(\mathbb{R}^d)), \tag{2.1.8}$$

则 Cauchy 问题（2.1.1）的弱解是唯一的.

注记 2.1.6. （i）上述存在性结果依然成立，如果我们将条件（2.1.5）降弱为

$$\begin{cases}\left[\dfrac{1}{p}\operatorname{div} b - c\right]_+ \in L^1([0,T];L^\infty(\mathbb{R}^d)),\text{当 } p>1,\\ c_-,[\operatorname{div} b]_+\in L^1([0,T];L^\infty(\mathbb{R}^d)),\text{当 } p=1,\end{cases} \tag{2.1.9}$$

(ii) 上述唯一性结果依然成立，如果我们将条件 $c, \mathrm{div}\ b \in L^1([0,T];L^\infty(\mathbb{R}^d))$ 放宽为

$$c_-, [\mathrm{div}\ b]_+ \in L^1([0,T];L^\infty(\mathbb{R}^d)). \tag{2.1.10}$$

2.2 输运方程 BV 向量场

在 [12] 中，Ambrosio 将 DiPerna 和 Lions 在 [92] 建立的重整化理论推广到了 BV 向量场的情形. 首先我们回忆下重整化解.

定义 2.2.1. (重整化解) 设 $b \in L^1_{loc}([0,T]\times\mathbb{R}^d;\ \mathbb{R}^d)$，对 $\mathcal{L}^1$ - a. e. $t \in (0,T)$, $b(t,\cdot) \in BV_{loc}(\mathbb{R}^d)$, $D\cdot b_t \ll \mathcal{L}^d$. 此外我们还设 $\mathrm{div}\ b(t,x) \in L^1_{loc}([0,T]\times\mathbb{R}^d)$. $w \in L^\infty_{loc}([0,T]\times\mathbb{R}^d;\mathbb{R}^k)$ 满足

$$\partial_t w + b\cdot\nabla w = e, \tag{2.2.1}$$

其中 $e \in L^1_{loc}([0,T]\times\mathbb{R}^d)$. 我们称 w 是上述问题的一个重整化解，如果对任意的 C^1 函数 β 在分布意义下我们有

$$\partial_t\beta(w) + b\cdot\nabla\beta(w) = e\beta'(w). \tag{2.2.2}$$

引理 2.2.2. (Ambrosio - 重整化性质) 设 b，e 满足上述定义中的条件，此外对任意的 $r>0$，还有

$$\int_0^T \|e(t,\cdot)\|_{L^\infty(B_r)} + \|\mathrm{div}\ b(t,\cdot)\|_{L^\infty(B_r)} + \|b(t,\cdot)\|_{BV(B_r)} dt < \infty. \tag{2.2.3}$$

若 $w \in L^\infty_{loc}([0,T]\times\mathbb{R}^d)$ 满足 (2.2.1)，则 w 是一个重整化解.

2.3 概率论中的一些基本概念

定义 2.3.1. ([1]) 设 $(\Omega, \mathcal{G}, \mathbb{P})$ 是一个给定的概率空间，$X \in L^1(\Omega, \mathcal{G}, \mathbb{P})$. 设 $\mathcal{G}_1$ 是另一个给定的 σ - 代数 ($\mathcal{G}_1 \subset G$). 则 X 关于 $\mathcal{G}_1$ 的条件期望 Y 定义为满足以下性质的随机变量：

Y 是 $\mathcal{G}_1$ 可测的，且对任意的 $A \in \mathcal{G}_1$, $\int_A XdP = \int_A YdP$

此时我们将其记为$\mathbb{E}[X\mid G]$ 或$\mathbb{E}(X\mid G)$.

定义 2.3.2. ([2]) 设 $\{\mathcal{G}_t\mid a\leqslant t\leqslant b\}$ 是一个递增σ-代数流. 我们称 d-维的随机过程 $\{X_t\mid a\leqslant t\leqslant b\}$ 是 $\{\mathcal{G}_t\mid a\leqslant t\leqslant b\}$ 适应的，如果对任意的 $t\in[a,b]$，随机变量 X_t 是 $\mathcal{G}_t$ 可测的.

定义 2.3.3. ([2]) 设 d-维随机过程 $\{X_t\mid a\leqslant t\leqslant b\}$ 是 $\{\mathcal{G}_t\mid a\leqslant t\leqslant b\}$ 适应的，且$\mathbb{E}|X_t|<\infty\ (t\in[a,b])$.

(1) 如果对任意的 $a\leqslant s\leqslant t\leqslant b$,

$$\mathbb{E}[X_t\mid \mathcal{G}_s]=X_s,\ a.s.,\tag{2.3.1}$$

我们称 $\{X_t\mid a\leqslant t\leqslant b\}$ 是 $\{\mathcal{G}_t\mid a\leqslant t\leqslant b\}$ 鞅.

(2) 若 X_t 有如下的分解:

$$X_t=X_a+Y_t+Z_t-V_t,$$

其中 X_a 是 $\mathcal{G}_a$ 可测的，$\{Y_t\},\{Z_t\},\{V_t\}$ 都是 $\{\mathcal{G}_t\mid a\leqslant t\leqslant b\}$ 适应的，且 $\{Y_t\}$ 是 $\{\mathcal{G}_t\mid a\leqslant t\leqslant b\}$ 鞅，$\{Z_t\},\{V_t\}$ 是 $\{\mathcal{G}_t\mid a\leqslant t\leqslant b\}$ 非负递增过程，即对任意的 $a\leqslant s\leqslant t\leqslant b$，$0\leqslant Z_s\leqslant Z_t$，$0\leqslant V_s\leqslant V_t$，则我们称 $\{X_t\mid a\leqslant t\leqslant b\}$ 是 $\{\mathcal{G}_t\mid a\leqslant t\leqslant b\}$ 半鞅.

定义 2.3.4. ([116]) 我们称一个 d-维随机过程 $\{X_t,\ a\leqslant t\leqslant b\}$ 具有 Markovian 性，如果对任意的 $a\leqslant t_1<t_2<\cdots<t_n<t\leqslant b$ 和任意的 $A\subset\mathcal{B}(\mathbb{R}^d)$，下面的等式成立

$$\mathbb{P}(X_t\in A\mid X_{t_1},X_{t_2},\cdots,X_{t_n})=P(X_t\in A\mid X_{t_n})$$

或等价的，等式

$$\mathbb{P}(X_t\in A\mid X_{t_i}=y_i,i=1,2,\cdots,n)=P(X_t\in A\mid X_{t_n}=y_n)$$

对任意的 x，y_1，y_2，$\cdots$，$y_n\in\mathbb{R}$ 成立. 一个随机过程若具有 Markovian 性，则我们称这个随机过程为 Markovian 过程.

定义 2.3.5. ([175]) $\mathbb{R}^d$-值的 Markovian 过程 $\{X_t,\ a\leqslant t\leqslant b\}$ 称为是扩散过程，如果它的转移概率密度 $\{P_{s,x}(t,\cdot)\}$，定义如下

$$P_{s,x}(t,A)=P(X_t\in A\mid X_s=x),A\in\mathcal{B}(\mathbb{R}^d),$$

对任意的 $t\in[a,b]$，$x\in\mathbb{R}^d$ 和 $c>0$，满足以下条件:

(1) $\displaystyle\lim_{\varepsilon\downarrow 0}\frac{1}{\varepsilon}\int_{|y-x|>c}P_{t,x}(t+\varepsilon,dy)=0$,

(2) $\displaystyle\lim_{\varepsilon\downarrow 0}\frac{1}{\varepsilon}\int_{|y-x|<c}(y_i-x_i)P_{t,x}(t+\varepsilon,dy)=\rho_i(t,x)$ 存在,

(3) $\displaystyle\lim_{\varepsilon\downarrow 0}\frac{1}{\varepsilon}\int_{|y-x|<c}(y_i-x_i)(y_j-x_j)P_{t,x}(t+\varepsilon,dy)=Q_{i,j}(t,x)$ 存在.

第 3 章　输运方程

本章主要研究具有特殊结构的输运方程解的存在性、唯一性及正则性问题. 作为本结果的两个应用，我们首先建立了微分方程解关于初值的高阶可微性，然后给出了具有特殊结构的 Fokker – Planck 方程解的适定性.

3.1　问题的来源

考虑如下的 ODE

$$\begin{cases}\dot{X}(t)=b(t,X),\\ X(0)=x,\end{cases} \tag{3.1.1}$$

其中 $x\in\mathbb{R}^d$，b：$\mathbb{R}_+\times\mathbb{R}^d\to\mathbb{R}^d$（为了简单起见，我们假设向量场 b 与时间无关，且 $d=1$）. 由经典的 Cauchy – Lipschitz 定理我们知道，当 b 是 Lipschitz 连续时，方程（3.1.1）存在唯一的解. 此外，如果 b 关于空间变量 k 阶连续可微，则方程（3.1.1）的解 $X(t,x)$ 关于初值 x 也是 k 阶可微的. 并且 $X(t,x)$ 关于初值 x 的 k 阶导数满足如下的 ODE 系统：

$$\begin{cases}\dfrac{\partial}{\partial t}\dfrac{\partial X}{\partial x}=\dfrac{\partial b}{\partial X}(X)\dfrac{\partial X}{\partial x},\\ \dfrac{\partial}{\partial t}\dfrac{\partial^2 X}{\partial x^2}(t,x)=\dfrac{\partial^2 b}{\partial X^2}\left(\dfrac{\partial X}{\partial x}\right)^2+\dfrac{\partial b}{\partial X}\dfrac{\partial^2 X}{\partial x^2},\\ \cdots\cdots\cdots\cdots\cdots\cdots\cdots\cdots\\ \dfrac{\partial}{\partial t}\dfrac{\partial^k X}{\partial x^k}=\dfrac{\partial^k b}{\partial x^k}.\end{cases} \tag{3.1.2}$$

另一方面，输运方程

$$\partial_t u+b\cdot\nabla u=0,(t,x)\in(0,T)\times\mathbb{R}^d, \tag{3.1.3}$$

的重整化理论（看［92］），可以很好地帮助我们在向量场 b 属于 Sobolev 空间 $W^{1,1}$时，建立方程（3.1.1）广义解的存在唯一性．于是，我们猜，对于方程（3.1.2）的广义解应该也会和方程（3.1.3）的某种形式相对应．对于 $k=1$，通过建立方程（3.1.2）（$k=1$）和如下输运方程

$$\partial_t u(t,x)+(b_1(x_1),b_2(x_1,x_2))\cdot\nabla u(t,x)=0 \tag{3.1.4}$$

的对应，Bris 和 Lions［58］得到了 ODE（3.1.1）解的一阶可微性．对于一般的 k，如果做变换$\left(X,\ \frac{\partial X}{\partial x},\ \cdots,\ \frac{\partial^k X}{\partial x^k}\right)=:(Y_1,\ Y_2,\ \cdots,\ Y_{k+1})$，则 ODE 系统（3.1.2）可以写成如下的形式：

$$\begin{cases}\dot{Y}_1(t,x)=c_1(t,Y_1),\\ \dot{Y}_2(t,x)=c_2(t,Y_1(t,x),Y_2(t,x)),\\ \cdots\cdots\cdots\cdots\cdots\cdots\cdots\cdots\cdots\cdots\\ \dot{Y}_{k+1}(t,x)=c_{k+1}(t,Y_1(t,x),\cdots,Y_{k+1}(t,x)),\end{cases} \tag{3.1.5}$$

其中 $c_1=b$，$c_2(t,x_1,x_2)=\frac{\partial b}{\partial x_1}x_2, c_3(t,x_1,x_2,x_3)=\frac{\partial^2 b}{\partial x_1^2}x_2^2+\frac{\partial b}{\partial x_1}x_3,\cdots$．因此，为了得到 ODE（3.1.1）解的 k 阶连续可微性，需要建立如下形式的输运方程

$$\partial_t u(t,x)+(b_1(x_1),b_2(x_1,x_2),\cdots,b_{k+1}(x_1,x_2,\cdots,x_{k+1}))\cdot\nabla u(t,x)=0$$

重整化解的存在唯一性．特别地，我们需要建立如下输运方程的

$$\partial_t u(t,x_1,x_2,x_3)+(b_1(x_1),b_2(x_1,x_2),b_3(x_1,x_2,x_3))\cdot\nabla u(t,x_1,x_2,x_3)=0 \tag{3.1.6}$$

重整化解的存在唯一性．

3.2　输运方程

在这一节，我们建立具有特殊结构的输运方程解的存在性和唯一性．在开始讨论之前，我们先设定并引入一些数学符号．考虑具有初始值 u_0 的线性输运方程（3.1.3），即

$$\begin{cases}\partial_t u+b\cdot\nabla u=0,\ (t,x)\in(0,T)\times\mathbb{R}^d,\\ u(t=0,\cdot)=u_0,\ x\in\mathbb{R}^d,\end{cases}$$

其中 $T>0$ 是一个给定的实数.

为了简单起见，我们首先考虑 b 具有以下形式

$$b(x)=(b_1(x_1),b_2(x_1,x_2),b_3(x_1,x_2,x_3)),$$

其中

$$b_1:\mathbb{R}^{d_1}\to\mathbb{R}^{d_1},b_2:\mathbb{R}^{d_1+d_2}\to\mathbb{R}^{d_2},b_3:\mathbb{R}^{d}\to\mathbb{R}^{d_3},\ \sum_{i=1}^{3}d_i=d.$$

我们记

$$\nabla=(\nabla_{x_1},\nabla_{x_2},\nabla_{x_3}),\mathrm{div}_x=\mathrm{div}_{x_1}+\mathrm{div}_{x_2}+\mathrm{div}_{x_3}.$$

我们对向量场作以下假设:

$$\begin{cases}(H_1):b_1=b_1(x_1)\in W^{1,1}_{x_1,loc}(\mathbb{R}^{d_1});(H_2):\dfrac{b_1(x_1)}{1+|x_1|}\in L^1_{x_1}(\mathbb{R}^{d_1})+L^\infty_{x_1}(\mathbb{R}^{d_1});\\(H_3):\mathrm{div}_{x_1}b_1(x_1)=0;(H_4):b_2=b_2(x_1,x_2)\in L^1_{x_1,loc}(\mathbb{R}^{d_1};W^{1,1}_{x_2,loc}(\mathbb{R}^{d_2}));\\(H_5):\dfrac{b_2(x_1,x_2)}{1+|x_2|}\in L^1_{x_1,loc}(\mathbb{R}^{d_1};L^1_{x_2}(\mathbb{R}^{d_2})+L^\infty_{x_2}(\mathbb{R}^{d_2}));(H_6):\mathrm{div}_{x_2}b_2=0;\\(H_7):b_3=b_3(x_1,x_2,x_3)\in L^1_{x_1,x_2,loc}(\mathbb{R}^{d_1+d_2};W^{1,1}_{x_3,loc}(\mathbb{R}^{d_3}));\\(H_8):\dfrac{b_3}{1+|x_3|}\in L^1_{x_1,x_2,loc}(\mathbb{R}^{d_1+d_2};L^1_{x_3}(\mathbb{R}^{d_3})+L^\infty_{x_3}(\mathbb{R}^{d_3}));(H_9):\mathrm{div}_{x_3}b_3=0.\end{cases}$$

注意到 H_1 和 H_4，我们可以将输运方程（3.1.3）重新写成更加简洁的形式:

$$\partial_t u(t,x)+b_1(x_1)\cdot\nabla_{x_1}u+b_2(x_1,x_2)\cdot\nabla_{x_2}u+b_3(x)\cdot\nabla_{x_3}u=0,\quad(t,x)\in(0,T)\times\mathbb{R}^d.\tag{3.2.1}$$

下面我们来给出这一节的主要结果.

定理 3.2.1. 假设 $(H_1)-(H_9)$，设

$$u_0\in(L^1\cap L^\infty)(\mathbb{R}^d)\cap L^\infty_{x_1,x_2}(\mathbb{R}^{d_1+d_2};L^1_{x_3}(\mathbb{R}^{d_3}))\cap L^\infty_{x_1}(\mathbb{R}^{d_1};L^1_{x_2,x_3}(\mathbb{R}^{d_2+d_3})).\tag{3.2.2}$$

那么对应于初值 $u(t=0,\cdot)=u_0$ 的问题（3.2.1），存在唯一的一个解 u，且满足

$$u\in L^\infty([0,T];(L^1\cap L^\infty)(\mathbb{R}^d))\cap L^\infty([0,T];L^\infty_{x_1,x_2}(\mathbb{R}^{d_1+d_2};L^1_{x_3}(\mathbb{R}^{d_3})))\cap L^\infty([0,T];L^\infty_{x_1}(\mathbb{R}^{d_1};L^1_{x_2,x_3}(\mathbb{R}^{d_2+d_3}))).\tag{3.2.3}$$

注记 3.2.2. 在这里弱解的定义和［92］中的（2.1）式类似：我们称 u 是方程（3.2.1）对应于初值 $u(t=0,\cdot)=u_0$ 的一个弱解，如果对任意的 $\varphi\in\mathcal{D}([0,T)\times\mathbb{R}^N)$，它满足下面等式

$$\int_0^T dt \int_{\mathbb{R}^d} dxu\varphi_t + \int_{\mathbb{R}^d} dxu_0\varphi(0,x)dx + \int_0^T dt \int_{\mathbb{R}^d} dxu\mathrm{div}(\varphi b) = 0.$$

我们把证明分为两步．唯一性是核心问题，我们首先验证它．这可以由以下两个引理得到，第一个引理时是关于正则化的，第二个引理是说明唯一性的．证明完唯一性部分，然后，证明存在性部分．

引理 3.2.3. 假设（H_1）—（H_7）成立．假设 $u \in L^\infty([0,T];(L^1 \cap L^\infty)(\mathbb{R}^d))$ 是输运方程（3.2.1）的一个解，其中 ρ_{α_1}，ρ_{α_2} 和 ρ_{α_3} 是三个分别关于变量 x_1，x_2 和 x_3 的正则核（例如 $\rho_{\alpha_i} = \frac{1}{\alpha_i^{d_i}}\rho_i\left(\frac{\cdot}{\alpha_i}\right), \rho_{\alpha_i} \in \mathcal{D}_+(\mathbb{R}^{d_i}) \int_{\mathbb{R}^{d_i}} \rho_{\alpha_i}(x_i)dx_i = 1, x_i \in \mathbb{R}^{d_i}, i = 1,2,3$，$\sum_{i=1}^{3} d_i = d$，则 $u_{\alpha_1,\alpha_2,\alpha_3} = ((u * \rho_{\alpha_1}) * \rho_{\alpha_2}) * \rho_{\alpha_3}$ 关于 x 光滑，且是如下方程的一个解：

$$\frac{\partial u_{\alpha_1,\alpha_2,\alpha_3}}{\partial t} + b \cdot \nabla u_{\alpha_1,\alpha_2,\alpha_3} = \varepsilon_{\alpha_1,\alpha_2,\alpha_3}, \tag{3.2.4}$$

其中

$$\text{在函数空间 } L^\infty([0,T];(L^1_{x,loc} \cap L^\infty_{x,loc})) \text{ 中，} \lim_{\alpha_3\to 0}\lim_{\alpha_2\to 0}\lim_{\alpha_1\to 0}\varepsilon_{\alpha_1,\alpha_2,\alpha_3} = 0. \tag{3.2.5}$$

证明． 这里使用的所有作用空间都是局部的，为了减轻符号的烦琐而带来的影响，我们默认了下标 loc.

我们首先通过正则化核 ρ_{α_3} 来磨光变量 x_3，于是可以得到

$$\frac{\partial(u * \rho_{\alpha_3})}{\partial t} + b_1 \cdot \nabla_{x_1}(u * \rho_{\alpha_3}) + b_2 \cdot \nabla_{x_2}(u * \rho_{\alpha_3}) + (b_3 \cdot \nabla_{x_3}u) * \rho_{\alpha_3} = 0, \tag{3.2.6}$$

在上述等式中我们使用了 b_1 和 b_2 不依赖于变量 x_3 的事实．

定义如下

$$[b_3 \cdot \nabla_{x_3}, \rho_{\alpha_3}](u) = b_3 \cdot \nabla_{x_3}(u * \rho_{\alpha_3}) - (b_3 \cdot \nabla_{x_3}u) * \rho_{\alpha_3},$$

这样（3.2.6）式可以重新写成

$$\frac{\partial(u * \rho_{\alpha_3})}{\partial t} + b_1 \cdot \nabla_{x_1}(u * \rho_{\alpha_3}) + b_2 \cdot \nabla_{x_2}(u * \rho_{\alpha_3}) + b_3 \cdot \nabla_{x_3}(u * \rho_{\alpha_3})$$
$$= [b_3 \cdot \nabla_{x_3}, \rho_{\alpha_3}](u).$$

通过使用条件（H_7），我们比较容易得到（参看文献［12］）

在函数空间 L^1_x 中，当 $\alpha_3 \to 0$ 时，$[b_3 \cdot \nabla_{x_3}, \rho_{\alpha_3}](u) \to 0$.

设 $u_{\alpha_3}=u*\rho_{\alpha_3}$，并设 $\varepsilon_{\alpha_3}=[b_3\cdot\nabla_{x_3},\rho_{\alpha_3}](u)$，则

$$\frac{\partial u_{\alpha_3}}{\partial t}+b_1\cdot\nabla_{x_1}u_{\alpha_3}+b_2\cdot\nabla_{x_2}u_{\alpha_3}+b_3\cdot\nabla_{x_3}u_{\alpha_3}=\varepsilon_{\alpha_3}.$$

其次，通过正则化核 ρ_{α_2} 对变量 x_2 进行正则化，得到

$$\partial_t u_{\alpha_3,\alpha_2}+b_1\cdot\nabla_{x_1}u_{\alpha_3,\alpha_2}+(b_2\cdot\nabla_{x_2}u_{\alpha_3})*\rho_{\alpha_2}+(b_3\cdot\nabla_{x_3}u_{\alpha_3})*\rho_{\alpha_2}=(\varepsilon_{\alpha_3})*\rho_{\alpha_2},\tag{3.2.7}$$

其中 $u_{\alpha_3,\alpha_2}=u_{\alpha_3}*\rho_{\alpha_2}=(u*\rho_{\alpha_3})*\rho_{\alpha_2}=(u*\rho_{\alpha_2})*\rho_{\alpha_3}=u_{\alpha_2,\alpha_3}$.

注意到

$$(b_2\cdot\nabla_{x_2}u_{\alpha_3})*\rho_{\alpha_2}=b_2\cdot\nabla_{x_2}u_{\alpha_2,\alpha_3}-[b_2\cdot\nabla_{x_2},\rho_{\alpha_2}](u_{\alpha_3})$$

和

$$(b_3\cdot\nabla_{x_3}u_{\alpha_3})\ *\rho_{\alpha_2}=b_3\cdot\nabla_{x_3}u_{\alpha_2,\alpha_3}-\ [b_3\cdot\nabla_{x_3},\ \rho_{\alpha_2}]\ (u_{\alpha_3})$$

及其条件（H_4），可以得到

对给定的 $\alpha_3>0$，在函数空间 L_x^1 中，当 $\alpha_2\to0$ 时，$[b_2\cdot\nabla_{x_2},\rho_{\alpha_2}](u_{\alpha_3})\to0$. 因此（2.7）可以写成

$$\frac{\partial u_{\alpha_2,\alpha_3}}{\partial t}+b_1\cdot\nabla_{x_1}u_{\alpha_2,\alpha_3}+b_2\cdot\nabla_{x_2}u_{\alpha_2,\alpha_3}+b_3\cdot\nabla_{x_3}u_{\alpha_2,\alpha_3}=\varepsilon_{\alpha_2,\alpha_3},$$

其中 $\varepsilon_{\alpha_2,\alpha_3}=\varepsilon_{\alpha_3}*\rho_{\alpha_2}+[b_2\cdot\nabla_{x_2},\rho_{\alpha_2}](u_{\alpha_3})+[b_3\cdot\nabla_{x_3},\rho_{\alpha_2}](u_{\alpha_3})$.

对变量 x_1 重复上述正则化过程，并使用符号 $u_{\alpha_1,\alpha_2,\alpha_3}$ 表示 $u_{\alpha_3,\alpha_2}*\rho_{\alpha_1}$，于是可以得到

$$\partial_t u_{\alpha_1,\alpha_2,\alpha_3}+b_1\cdot\nabla_{x_1}u_{\alpha_1,\alpha_2,\alpha_3}+b_2\cdot\nabla_{x_2}u_{\alpha_1,\alpha_2,\alpha_3}+b_3\cdot\nabla_{x_3}u_{\alpha_1,\alpha_2,\alpha_3}=\varepsilon_{\alpha_1,\alpha_2,\alpha_3},\tag{3.2.8}$$

其中

$$\begin{aligned}\varepsilon_{\alpha_1,\alpha_2,\alpha_3}=&[b_1\cdot\nabla_{x_1},\rho_{\alpha_1}](u_{\alpha_2,\alpha_3})+[b_2\cdot\nabla_{x_2},\rho_{\alpha_1}](u_{\alpha_2,\alpha_3})\\&+[b_3\cdot\nabla_{x_3},\rho_{\alpha_1}](u_{\alpha_2,\alpha_3})+\varepsilon_{\alpha_2,\alpha_3}*\rho_{\alpha_1}.\end{aligned}$$

很明显对给定的 $\alpha_2>0$，$\alpha_3>0$，我们知道，当 α_1 趋于零时，在函数空间 L_x^1 中前两个误差项趋于零，最后一项趋于 $\varepsilon_{\alpha_2,\alpha_3}$（具体参考文献［12］).

类似的，固定 $\alpha_3>0$，

当 $\alpha_2\to0$ 时，在函数空间 L_x^1 中，$\varepsilon_{\alpha_2,\alpha_3}\to\varepsilon_{\alpha_3}$.

因此，我们证明了方程的解 u 关于变量 x 是光滑的，且

在函数空间 $L^\infty([0,T];(L^1_{x,loc})(\mathbb{R}^N))$ 中，$\lim\limits_{\alpha_3\to0}\lim\limits_{\alpha_2\to0}\lim\limits_{\alpha_1\to0}\varepsilon_{\alpha_1,\alpha_2,\alpha_3}=0$.

另一方面，注意到一个事实，如果 u_n 是函数空间 $L^1\cap L^\infty$（或者 $L^1_{loc}\cap L^\infty_{loc}$）的一个函数列，且在 L^1（或者 L^1_{loc}）中，$u_n\to u$，在空间 L^∞（或者 L^∞_{loc}）中，

u_n 是一致有界的，则 $u \in L^\infty$（或者 L^∞_{loc}）和 $u_n \to u$ 在 L^∞（or L^∞_{loc}），于是就完成了证明.

为了证明唯一性，我们需要另一个有用的引理.

引理 3.2.4. 假设（H_1）-（H_9）成立. 假设

$$u \in L^\infty([0,T];(L^1 \cap L^\infty)(\mathbb{R}^d)) \cap L^\infty([0,T];L^\infty_{x_1,x_2}(\mathbb{R}^{d_1+d_2};L^1_{x_3}(\mathbb{R}^{d_3})))$$
$$\cap L^\infty([0,T];L^\infty_{x_1}(\mathbb{R}^{d_1};L^1_{x_2,x_3}(\mathbb{R}^{d_2+d_3})))$$

是输运方程（3.2.1）对应于初值 $u(t=0,\cdot)=u_0=0$ 的一个非负解，则 $u\equiv 0$.

证明. 设 u 是一个非负解. 在此，我们沿用引理 3.2.3 中引入了的记号，则有

$$\begin{aligned}\varepsilon_{\alpha_1,\alpha_2,\alpha_3}(x) &= \partial_t u_{\alpha_1,\alpha_2,\alpha_3}(t,x) + b_1(x_1)\cdot\nabla_{x_1}u_{\alpha_1,\alpha_2,\alpha_3}(t,x)\\ &\quad + b_2(x_1,x_2)\cdot\nabla_{x_2}u_{\alpha_1,\alpha_2,\alpha_3}(t,x) + b_3(x)\cdot\nabla_{x_3}u_{\alpha_1,\alpha_2,\alpha_3},\end{aligned} \tag{3.2.9}$$

其中

在函数空间 $L^\infty([0,T];(L^1_{x,loc}\cap L^\infty_{x,loc}))$ 中，$\lim\limits_{\alpha_3\to 0}\lim\limits_{\alpha_2\to 0}\lim\limits_{\alpha_1\to 0}\varepsilon_{\alpha_1,\alpha_2,\alpha_3}=0.$

关于变量 x_1，x_2 和 x_3，我们引入三个截断函数：φ，ψ，ξ. 对任意的正的自然数 m，n，k，定义

$$\varphi_n(x_1)=\varphi\left(\frac{x_1}{n}\right),\psi_m(x_2)=\psi\left(\frac{x_2}{m}\right),\xi_k(x_3)=\xi\left(\frac{x_3}{k}\right),$$

其中

$$\varphi\in\mathcal{D}_+(\mathbb{R}^{d_1}),\psi\in\mathcal{D}_+(\mathbb{R}^{d_2}),\xi\in\mathcal{D}_+(\mathbb{R}^{d_3})$$

在 $|x_1|\leqslant 1$，$|x_2|\leqslant 1$，$|x_3|\leqslant 1$ 中，φ，ψ，$\xi=1$，

和

在 $|x_1|\geqslant 2$，$|x_2|\geqslant 2$，$|x_3|\geqslant 2$ 中，φ，ψ，$\xi=0$.

首先，用 ξ_k 乘以（3.2.9）的两端，并关于变量 x_3 积分，这样就得到

$$\begin{aligned}&\int_{\mathbb{R}^{d_3}}\xi_k(x_3)\varepsilon_{\alpha_1,\alpha_2,\alpha_3}(t,x)dx_3\\ &= \frac{\partial}{\partial t}\int_{\mathbb{R}^{d_3}}u_{\alpha_1,\alpha_2,\alpha_3}(t,x)\xi_k(x_3)dx_3 + b_1(x_1)\cdot\nabla_{x_1}\int_{\mathbb{R}^{d_3}}u_{\alpha_1,\alpha_2,\alpha_3}(t,x)\xi_k(x_3)dx_3\\ &\quad + b_2(x_1,x_2)\cdot\nabla_{x_2}\int_{\mathbb{R}^{d_3}}u_{\alpha_1,\alpha_2,\alpha_3}(t,x)\xi_k(x_3)dx_3\\ &\quad + \int_{\mathbb{R}^{d_3}}b_3(x_1,x_2,x_3)\cdot\nabla_{x_3}u_{\alpha_1,\alpha_2,\alpha_3}(t,x)\xi_k(x_3)dx_3.\end{aligned} \tag{3.2.10}$$

通过分部积分公式和事实 $\mathrm{div}_{x_3}b_3=0$，于是

$$\int_{\mathbb{R}^{d_3}} b_3(x_1,x_2,x_3)\cdot\nabla_{x_3}u_{\alpha_1,\alpha_2,\alpha_3}(t,x)\xi_k(x_3)dx_3$$

$$=-\int_{\mathbb{R}^{d_3}} u_{\alpha_1,\alpha_2,\alpha_3}(t,x)\frac{b_3(x_1,x_2,x_3)}{k}\cdot\nabla_{x_3}\xi\left(\frac{x_3}{k}\right)dx_3$$

$$=-\int_{\mathbb{R}^{d_3}} u_{\alpha_1,\alpha_2,\alpha_3}(t,x)\frac{1+|x_3|}{k}\frac{b_3(x_1,x_2,x_3)}{1+|x_3|}\cdot\nabla_{x_3}\xi\left(\frac{x_3}{k}\right)dx_3. \qquad (3.2.11)$$

然后对（3.2.10）乘以 ψ_m，结合式子（3.2.11），得到

$$\int_{\mathbb{R}^{d_2+d_3}}\xi_k(x_3)\psi_m(x_2)\varepsilon_{\alpha_1,\alpha_2,\alpha_3}(t,x)dx_2dx_3$$

$$=\frac{\partial}{\partial t}\int_{\mathbb{R}^{d_2+d_3}}u_{\alpha_1,\alpha_2,\alpha_3}(t,x)\xi_k(x_3)\psi_m(x_2)dx_2dx_3$$

$$+b_1(x_1)\cdot\nabla_{x_1}\int_{\mathbb{R}^{d_2+d_3}}u_{\alpha_1,\alpha_2,\alpha_3}(t,x)\xi_k(x_3)\psi_m(x_2)dx_2dx_3$$

$$+\int_{\mathbb{R}^{d_2}}b_2(x_1,x_2)\cdot\nabla_{x_2}\int_{\mathbb{R}^{d_3}}u_{\alpha_1,\alpha_2,\alpha_3}(t,x)\xi_k(x_3)\psi_m(x_2)dx_3dx_2$$

$$-\int_{\mathbb{R}^{d_2+d_3}}u_{\alpha_1,\alpha_2,\alpha_3}(t,x)\frac{1+|x_3|}{k}\frac{b_3(x)}{1+|x_3|}\cdot\nabla_{x_3}\xi\left(\frac{x_3}{k}\right)\psi_m(x_2)dx_2dx_3. \quad (3.2.12)$$

对右边的第三个项做个类似于（3.2.10）中的第四项的处理，即按分部积分得出如下结论：

$$\int_{\mathbb{R}^{d_2+d_3}}\xi_k(x_3)\psi_m(x_2)\varepsilon_{\alpha_1,\alpha_2,\alpha_3}(t,x)dx_2dx_3$$

$$=\frac{\partial}{\partial t}\int_{\mathbb{R}^{d_2+d_3}}u_{\alpha_1,\alpha_2,\alpha_3}(t,x)\xi_k(x_3)\psi_m(x_2)dx_2dx_3$$

$$+b_1(x_1)\cdot\nabla_{x_1}\int_{\mathbb{R}^{d_2+d_3}}u_{\alpha_1,\alpha_2,\alpha_3}(t,x)\xi_k(x_3)\psi_m(x_2)dx_2dx_3$$

$$-\int_{\mathbb{R}^{d_2+d_3}}\frac{b_2(x_1,x_2)}{1+|x_2|}\cdot\nabla_{x_2}\psi\left(\frac{x_2}{m}\right)\frac{1+|x_2|}{m}u_{\alpha_1,\alpha_2,\alpha_3}(t,x)\xi_k(x_3)dx_3dx_2$$

$$-\int_{\mathbb{R}^{d_2+d_3}}u_{\alpha_1,\alpha_2,\alpha_3}(t,x)\frac{1+|x_3|}{k}\frac{b_3(x_1,x_2,x_3)}{1+|x_3|}\cdot\nabla_{x_3}\xi\left(\frac{x_3}{k}\right)\psi_m(x_2)dx_2dx_3.$$

$$(3.2.13)$$

对第一个变量 x_1，通过重复以上的计算，即乘以一个截断函数 φ_n，关于变量 x_1 在空间 $\mathbb{R}^{d_1}$ 上积分，再用分部积分公式，于是得到

$$\int_{\mathbb{R}^d}\xi_k(x_3)\psi_m(x_2)\varphi_n(x_1)\varepsilon_{\alpha_1,\alpha_2,\alpha_3}(t,x)dx$$

$$
\begin{aligned}
&= \frac{d}{dt}\int_{\mathbb{R}^d} u_{\alpha_1,\alpha_2,\alpha_3}(t,x)\xi_k(x_3)\psi_m(x_2)\varphi_n(x_1)dx \\
&\quad - \int_{\mathbb{R}^{d_1}} b_1(x_1)\cdot\nabla_{x_1}\int_{\mathbb{R}^{d_2+d_3}} u_{\alpha_1,\alpha_2,\alpha_3}(t,x)\xi_k(x_3)\psi_m(x_2)\varphi_n(x_1)dx_2dx_3dx_1 \\
&\quad - \int_{\mathbb{R}^d}\frac{b_2(x_1,x_2)}{1+|x_2|}\cdot\nabla_{x_2}\psi\left(\frac{x_2}{m}\right)\frac{1+|x_2|}{m}\varphi_n(x_1)u_{\alpha_1,\alpha_2,\alpha_3}(t,x)\xi_k(x_3)dx \\
&\quad - \int_{\mathbb{R}^d} u_{\alpha_1,\alpha_2,\alpha_3}(t,x)\varphi_n(x_1)\psi_m(x_2)\frac{1+|x_3|}{k}\frac{b_3(x_1,x_2,x_3)}{1+|x_3|}\cdot\nabla_{x_3}\xi\left(\frac{x_3}{k}\right)dx.
\end{aligned}
\tag{3.2.14}
$$

通过使用引理 3.2.1，如果对固定的 k，m 和 n，依次让 α_1，α_2，α_3 趋于零，得到

$$
\begin{aligned}
0 &= \frac{d}{dt}\int_{\mathbb{R}^d} u(t,x)\xi_k(x_3)\psi_m(x_2)\varphi_n(x_1)dx \\
&\quad - \int_{\mathbb{R}^{d_1}} b_1(x_1)\cdot\nabla_{x_1}\int_{\mathbb{R}^{d_2+d_3}} u(t,x)\xi_k(x_3)\psi_m(x_2)\varphi_n(x_1)dx_2dx_3dx_1 \\
&\quad - \int_{\mathbb{R}^d}\frac{b_2(x_1,x_2)}{1+|x_2|}\cdot\nabla_{x_2}\psi\left(\frac{x_2}{m}\right)\frac{1+|x_2|}{m}\varphi_n(x_1)u(t,x)\xi_k(x_3)dx \\
&\quad - \int_{\mathbb{R}^d} u(t,x)\varphi_n(x_1)\psi_m(x_2)\frac{1+|x_3|}{k}\frac{b_3(x_1,x_2,x_3)}{1+|x_3|}\cdot\nabla_{x_3}\xi\left(\frac{x_3}{k}\right)dx.
\end{aligned}
\tag{3.2.15}
$$

注意到

$$u\in L^\infty([0,T];(L^1\cap L^\infty)(\mathbb{R}^d))\cap L^\infty([0,T];L^\infty_{x_1,x_2}(\mathbb{R}^{d_1+d_2};L^1_{x_3}(\mathbb{R}^{d_3})))$$

和

$$\frac{|b_3(x)|}{1+|x_3|}\in L^1_{x_1,x_2,loc}(\mathbb{R}^{d_1+d_2};L^1_{x_3}(\mathbb{R}^{d_3})+L^\infty_{x_3}(\mathbb{R}^{d_3}))$$

和 u 是非负的，对任意给定的自然数 n 和 m

$$\text{当 } k \text{ 趋于无穷时}, u\varphi_n\psi_m\frac{1+|x_3|}{k}\frac{b_3(x_1,x_2,x_3)}{1+|x_3|}\cdot\nabla_{x_3}\xi\left(\frac{x_3}{k}\right)1_{k\leqslant|x_3|\leqslant 2k}\to 0.$$

固定 n 和 m，使用 Lebesgue 控制收敛定理，当 k 趋于无穷时，第四项趋于零.

现在估计第三项

$$\int_{\mathbb{R}^d}\frac{b_2(x_1,x_2)}{1+|x_2|}\cdot\nabla_{x_2}\psi\left(\frac{x_2}{m}\right)\frac{1+|x_2|}{m}\varphi_n(x_1)u(t,x)\xi_k(x_3)dx. \tag{3.2.16}$$

注意到

$$\frac{|b_2(x_1,x_2)|}{1+|x_2|}\in L^1_{x_1}(\mathbb{R}^{d_1};L^1_{x_2}(\mathbb{R}^{d_2})+L^\infty_{x_2}(\mathbb{R}^{d_2})),$$

如果我们记 $\left|\frac{b_2(x_1,x_2)}{1+|x_2|}\right|=b_2^1+b_2^2$,

其中

$$b_2^1\in L^1_{x_1,loc}(\mathbb{R}^{d_1};L^1_{x_2}(\mathbb{R}^{d_2})),b_2^2\in L^1_{x_1,loc}(\mathbb{R}^{d_1};L^\infty_{x_2}(\mathbb{R}^{d_2})),$$

于是可得

$$\varphi_n\left|\frac{b_2(x_1,x_2)}{1+|x_2|}\right|=\varphi_n b_2^1+\varphi_n b_2^2\in L^1_{x_1,x_2}(\mathbb{R}^{d_1+d_2})+L^1_{x_1}(\mathbb{R}^{d_1};L^\infty_{x_2}(\mathbb{R}^{d_2})).$$

另一方面，对上面固定的 n，因为

$$u\in L^\infty([0,T];(L^1\cap L^\infty)(\mathbb{R}^d))\cap L^\infty([0,T];L^\infty_{x_1}(\mathbb{R}^{d_1};L^1_{x_2,x_3}(\mathbb{R}^{d_2+d_3}))),$$

所以

$$\int_{\mathbb{R}^{d_1+d_3}}\frac{|b_2(x_1,x_2)|}{1+|x_2|}\varphi_n(x_1)u(t,x)dx_1dx_3\in L^1_{x_2}(\mathbb{R}^{d_2}).$$

因此，当 m 趋于无穷时，积分项（3.2.16）式趋于零. 通过使用控制收敛定理，当 m 趋于无穷时，于是得到第三项趋于零.

通过使用同样的计算方法，我们也可以得到：当 m 趋于无穷时，第二项（3.2.15）趋于零. 通过计算最后三个项，并使用 Bochner 定理，得到：当 k，m，n，依次趋于无穷时，(3.2.15) 趋于零,

$$\lim_{n\to\infty}\lim_{m\to\infty}\lim_{k\to\infty}\frac{d}{dt}\int_{\mathbb{R}^d}u(t,x)\xi_k(x_3)\psi_m(x_2)\varphi_n(x_1)dx=\frac{d}{dt}\int_{\mathbb{R}^d}u(t,x)dx=0.$$

因为 $u_0=0$，所以对所有的 $t\geqslant0$，得到 $u=0$. 因为 u 是非负的，这样就完成了证明.

已经证明了引理 3.2.3 和引理 3.2.4，我们现在来证明定理 3.2.1.

(唯一性) 对满足定理 3.2.1 的条件，并含有相同的初值的 Cauchy 问题(3.2.1)，我们假设同时有两个解 u_1 和 u_2. 通过引理 3.2.3，则 u_1 和 u_2 的差 $u=u_1-u_2$ 满足

$$\frac{\partial u_{\alpha_1,\alpha_2,\alpha_3}}{\partial t}+b\cdot\nabla u_{\alpha_1,\alpha_2,\alpha_3}=\varepsilon_{\alpha_1,\alpha_2,\alpha_3},$$

其中

在函数空间 $L^\infty([0,T];(L^1_{x,loc}\cap L^\infty_{x,loc})(\mathbb{R}^d))$ 中，$\lim\limits_{\alpha_3\to0}\lim\limits_{\alpha_2\to0}\lim\limits_{\alpha_1\to0}\varepsilon_{\alpha_1,\alpha_2,\alpha_3}=0$.

对上述方程的两边乘以 $\beta'(u_{\alpha_1,\alpha_2,\alpha_3})$，得到

$$\frac{\partial\beta(u_{\alpha_1,\alpha_2,\alpha_3})}{\partial t}+b\cdot\nabla\beta(u_{\alpha_1,\alpha_2,\alpha_3})=\varepsilon_{\alpha_1,\alpha_2,\alpha_3}\beta'(u_{\alpha_1,\alpha_2,\alpha_3}),$$

其中 $\beta\in C(\mathbb{R})$，β'是有界的.

通过依次令 α_1，α_2，α_3 趋于零，对上述的容许函数 β，可得

$$\frac{\partial\beta(u)}{\partial t}+b\cdot\nabla\beta(u)=0.$$

通过一个逼近讨论，我们可以选择一个合适的容许的函数序列 $\beta_k(x)$，使得当 k 趋于无穷时，$\beta_k(x)\to|x|$. 这样就得到

$$\frac{\partial|u|}{\partial t}+b\cdot\nabla|u|=0.$$

使用引理3.2.4，可知 $u=0$，于是唯一性证明完成.

（存在性） 借助于文献［92］中的推论Ⅱ.1，可以直接得到：在函数空间 $L^\infty([0,T];(L^1\cap L^\infty)(\mathbb{R}^d))$ 中，方程的解的存在性. 接下来需要证明的是，此时解也在如下的空间中：

$$L^\infty([0,T];L^\infty_{x_1,x_2}(\mathbb{R}^{d_1+d_2};L^1_{x_3}(\mathbb{R}^{d_3})))\cap L^\infty([0,T];L^\infty_{x_1}(\mathbb{R}^{d_1};L^1_{x_2,x_3}(\mathbb{R}^{d_2+d_3}))).$$

设 $b_\varepsilon=\rho_\varepsilon*b$，$u_0^\varepsilon=\rho_\varepsilon*u_0$，其中 ρ_ε 是一个光滑核，特别地，我们选择 ρ_ε 作为三个正则化内核的乘积 $\rho_{1,\varepsilon}(x_1),\rho_{2,\varepsilon}(x_2),\rho_{3,\varepsilon}(x_3)$，然后重新记 b_ε 为

$$b_\varepsilon=(b_1^\varepsilon,\ b_2^\varepsilon,\ b_3^\varepsilon),$$

其中

$$b_1^\varepsilon=(b_1*\rho_{1,\varepsilon})*\rho_{2,\varepsilon}*\rho_{3,\varepsilon},b_2^\varepsilon=(b_2*\rho_{1,\varepsilon}*\rho_{2,\varepsilon})*\rho_{3,\varepsilon},$$

$$b_3^\varepsilon=b_3*\rho_{1,\varepsilon}*\rho_{2,\varepsilon}*\rho_{3,\varepsilon}.$$

考虑正则化方程

$$\begin{cases}\dfrac{\partial u_\varepsilon}{\partial t}+b_\varepsilon\cdot\nabla u_\varepsilon=0,(t,x)\in(0,T)\times\mathbb{R}^d,\\ u(t=0,\cdot)=u_0^\varepsilon,\ x\in\mathbb{R}^d,\end{cases}\tag{3.2.17}$$

很明显，正则化方程（3.2.17）有一个唯一的解 u_ε. 此解是光滑解，且

$$u_\varepsilon\in L^\infty([0,T];(L^1\cap L^\infty)(\mathbb{R}^d)).$$

此外，当 $\varepsilon\to0$ 时，$u_\varepsilon\to u$ 和 $u_0^\varepsilon\to u_0$. 因此用 ξ_k 乘以（3.2.17）（使用引理3.2.4中的符号）并对 x_3 在空间 $\mathbb{R}^{d_1}$ 上积分，通过分部积分公式，并令 k 趋于无穷大可以推导出

$$\begin{cases}\dfrac{\partial}{\partial t}\int_{\mathbb{R}^{d_3}} u_\varepsilon dx_3 + (b_1^\varepsilon, b_2^\varepsilon)\cdot \nabla_{x_1,x_2}\int_{\mathbb{R}^{d_3}} u_\varepsilon dx_3 = 0, \ (t,x_1,x_2) \in (0,T)\times \mathbb{R}^{d_1+d_2}, \\ \int_{\mathbb{R}^{d_3}} u_\varepsilon(t=0,\cdot) = \int_{\mathbb{R}^{d_3}} u_0^\varepsilon dx_3, \ (x_1,x_2) \in \mathbb{R}^{d_1+d_2}.\end{cases} \tag{3.2.18}$$

通过守恒律方程的 Kruzkov 定理，我们知道

$$\left\| \int_{\mathbb{R}^{d_3}} u_\varepsilon dx_3 \right\|_{L^\infty_{x_1,x_2,t}} = \left\| \int_{\mathbb{R}^{d_3}} u_0^\varepsilon dx_3 \right\|_{L^\infty_{x_1,x_2}}.$$

令 ε 趋于零，并注意到 $u_0 \in L^\infty_{x_1,x_2}(\mathbb{R}^{d_1+d_2};\ L^1_{x_3}(\mathbb{R}^{d_3}))$，因此

$$u \in L^\infty([0,T];L^\infty_{x_1,x_2}(\mathbb{R}^{d_1+d_2};L^1_{x_3}(\mathbb{R}^{d_3}))).$$

类似的，将（3.2.18）式在全空间上对变量 x_2 积分，通过使用分部积分公式，以及 $u_0 \in L^\infty_{x_1}(\mathbb{R}^{d_1};\ L^1_{x_2,x_3}(\mathbb{R}^{d_2+d_3}))$，以及当 $\varepsilon\to 0$ 时，$u_0^\varepsilon \to u_0$，令 ε 趋于零，我们得到

$$u \in L^\infty([0,T];L^\infty_{x_1}(\mathbb{R}^{d_1};L^1_{x_2,x_3}(\mathbb{R}^{d_2+d_3}))).$$

注记 3.2.5. 为了简单起见，我们假设向量场 b 不依赖于时间变量，但是定理 3.2.1 的结论对于向量场 $b=b(t,x)$ 关于时间依赖的情况下也是适用的，如果我们假设向量场关于时间 L^1 可积的. 此时，假设条件（H_1）-（H_9）需要修改为：

$$\begin{cases}(H_{1'}): b_1 = b_1(t,x_1) \in L^1([0,T];W^{1,1}_{x_1,loc}(\mathbb{R}^{d_1}));\\ (H_{2'}): \dfrac{b_1(x_1)}{1+|x_1|} \in L^1([0,T];L^1_{x_1}+L^\infty_{x_1});\\ (H_{4'}): b_2 = b_2(t,x_1,x_2) \in L^1([0,T];L^1_{x_1,loc}(\mathbb{R}^{d_1};W^{1,1}_{x_2,loc}(\mathbb{R}^{d_2})));\\ (H_{5'}): \dfrac{b_2(t,x_1,x_2)}{1+|x_2|} \in L^1([0,T];L^1_{x_1}(\mathbb{R}^{d_1};L^1_{x_2}(\mathbb{R}^{d_2})+L^\infty_{x_2}(\mathbb{R}^{d_2})));\\ (H_{7'}): b_3 = b_3(t,x_1,x_2,x_3) \in L^1([0,T];L^1_{x_1,x_2,loc}(\mathbb{R}^{d_1+d_2};W^{1,1}_{x_3,loc}(\mathbb{R}^{d_3})));\\ (H_{8'}): \dfrac{b_3(t,x_1,x_2,x_3)}{1+|x_3|} \in L^1([0,T];L^1_{x_1,x_2,loc}(\mathbb{R}^{d_1+d_2};L^1_{x_3}(\mathbb{R}^{d_3})+L^\infty_{x_3}(\mathbb{R}^{d_3}))).\end{cases}$$

注记 3.2.6. 类似的，定理 3.2.1 的结论依然是成立的如果向量场 $b=b(t,x)$ 的散度仅仅是 L^∞ 的，即

$$\begin{cases}(H_{3''}): \mathrm{div}_{x_1} b_1 \in L^\infty_{x_1}(\mathbb{R}^{d_1});(H_{6''}): \mathrm{div}_{x_2} b_2 \in L^\infty_{x_1,x_2}(\mathbb{R}^{d_1+d_2});\\ (H_{9''}): \mathrm{div}_{x_3} b_3 \in L^\infty_x(\mathbb{R}^d).\end{cases}$$

3.3 微分方程解的高阶可微性

3.3.1 预备知识

在这一节给出线性输运方程重整化解的第一个应用，即对常微分方程（3.1.1）当向量场 b 属于 Sobolev 空间时，建立解的存在唯一性及对初值的高阶可微性．为此，让我们先回顾一些概念和已有的结果．

在文献［92］中，Di Perna 和 Lions 首次引入

$$L^0 = \{u \in L; \text{measure}\{|u| > \lambda\} < \infty, \forall \lambda > 0\},$$

其中 L 表示所有可测函数取值在$\overline{\mathbb{R}}$上的函数所构成的集合．定义容许函数如下：

$$A = \{\beta \in C(\mathbb{R}); \beta \text{ 是有界的，在零附近取值为零}\}.$$

下面，给出线性输运方程重正化解的概念，并通过常微分方程和相关的线性输运方程之间的等价性证明当向量场 b 属于空间 L^1_{loc}时，常微分方程的几乎处处流解的存在性和唯一性．类似于文献［92］，在［58］中，Bris 和 Lions 引入

$$L^{0,0} = \{u \in L^0; \text{measure}\{x_2; |u(x_1, x_2)| > \delta\} < c_\delta(x_1) \in L^\infty_{x_1}, \forall \delta > 0\}.$$

并假设可容许函数 $\mathcal{A}$ 和之前一样，则他们得到了，当向量场 b 属于 $W^{1,1}_{loc}$和 $W^{2,1}$时，几乎处处的流解对初值的 1 阶可微性和 2 阶可微性．

但现在我们应该稍微改变一下，通过加上一些额外的条件，以便在 Bris 和 Lions 提出的的几乎处处流解的基础上，建立解对初值的高阶可微性．为了这个目的，先引入一个新的记号 L_0 如下．

定义集合 L_0 为

$$\{u \in L^0; |\{x_3; |u(x_1, x_2, x_3)| > \delta\}| < c_\delta(x_1, x_2) \in L^\infty_{x_1, x_2}(\mathbb{R}^{d_1 + d_2}),$$

$$|\{(x_2, x_3); |u(x_1, x_2, x_3)| > \delta\}| < c_\delta(x_1) \in L^\infty_{x_1}(\mathbb{R}^{N_1}), \forall \delta > 0\},$$

其中$|\cdot|$表示集合的 Lebesgue 测度．

则对任意的并在区间［0，δ］上取值为零的容许函数β，我们得到

$$\int_{\mathbb{R}^{Nd_3}}|\beta(u(x_1,x_2,x_3))|dx_3$$
$$=\int_{\{x_3;\,|u(x_1,x_2,x_3)|>\delta\}}|\beta(u(x))|dx_3+\int_{\{x_3;\,|u(x_1,x_2,x_3)|<\delta\}}|\beta(u(x))|dx_3$$
$$\leqslant\left\|\beta\right\|_{L^\infty}c_\delta(x_1,x_2)\in L^\infty_{x_1,x_2}(\mathbb{R}^{d_1+d_2})\tag{3.3.1}$$

和

$$\int_{\mathbb{R}^{d_2+d_3}}|\beta(u(x_1,x_2,x_3))|dx_3dx_2$$
$$=\int_{\{(x_2,x_3);\,|u(x)|>\delta\}}|\beta(u(x))|dx_3dx_2+\int_{\{(x_2,x_3);\,|u(x)|<\delta\}}|\beta(u(x))|dx_3dx_2$$
$$\leqslant\left\|\beta\right\|_{L^\infty}c_\delta(x_1)\in L^\infty_{x_1}(\mathbb{R}^{d_1}),\tag{3.3.2}$$

于是可以推出

$$\beta(u)\in L^\infty_{x_1,x_2}(\mathbb{R}^{d_1+d_2};L^1_{x_3}(\mathbb{R}^{d_3}))\cap L^\infty_{x_1}(\mathbb{R}^{d_1};L^1_{x_2,x_3}(\mathbb{R}^{d_2+d_3})),$$

其中 L_0 是 L^0 的子集，其上的拓扑是由 L^0 诱导的拓扑.

称 u 是（3.2.1）满足初值条件 $u_0\in L_0$ 的一个重整化解，如果 $\beta(u)$ 是（3.2.1）满足初值条件 $\beta(u_0)$ 的一个弱解.

从文献［121］的推论 1，我们得到下面的结论：

引理 3.3.1. 考虑常微分方程

$$\begin{cases}\dot{X}(t,x)=b(X(t,x)),\\X(t=0,x)=x,\end{cases}\tag{3.3.3}$$

其中 b 是由式子（3.2.1）给出. 则 X 是（3.3.3）的一个几乎处处的流解，即 X 满足（3.3.3），对几乎所有的 x，在分布的意义下：

$$\begin{cases}(\mathrm{i})X\in C(\mathbb{R};L^1(\mathbb{R}^d));\\(\mathrm{ii})\int\varphi(X(t,x))dx=\int\varphi(x)dx,\forall\varphi\in\mathcal{D}(\mathbb{R}^d),\forall t\in\mathbb{R};\\(\mathrm{iii})X(t+s,x)=X(t,X(s,x)),\forall t,s\in\mathbb{R},\text{a. e. }x\in\mathbb{R}^d;\end{cases}\tag{3.3.4}$$

当且仅当 $[S(t)u_0](x)=u_0(X(t,x))$ 是下列输运方程的重整化解

$$\begin{cases}\frac{\partial}{\partial t}u(x)=b(x)\cdot\nabla u(x),\\u(t=0,x)=u_0(x),\end{cases}\tag{3.3.5}$$

即

$$\begin{cases}(\mathrm{i})\, S(t)u_0 \in \mathcal{C}(\mathbb{R};L^1(\mathbb{R}^d));\\ (\mathrm{ii})\, S(t)\beta(u_0)=\beta(S(t)u_0),\ \forall\beta\in\mathcal{D}(\mathbb{R}^d),\ \forall u_0\in L^\infty(\mathbb{R}^d),\ \forall t\in\mathbb{R};\\ (\mathrm{iii})\, S(t)\text{是线性的},\ \forall t\in\mathbb{R};\\ (\mathrm{iv})\, S(t+s)=S(t)\circ S(s),\ \forall t,s\in\mathbb{R};\\ (\mathrm{v})\, u(t,x)=[S(t)u_0](x)=u_0(X(t,x))\ (3.3.5)\text{的一个解},\end{cases}$$

其中我们用了如下的概念：如果 b 满足（$H_{1'}$）-（$H_{9'}$），对所有的 $\beta\in\mathcal{D}(\mathbb{R}^d)$，在分布意义下有

$$\begin{cases}\dfrac{\partial}{\partial t}\beta(X)=\nabla\beta(X(t,y))\cdot b(X(t,y)),\\ \beta(X)(t=0,y)=\beta(y),\end{cases}\tag{3.3.6}$$

则称 X 是（3.3.3）的一个解.

注记 3.3.2. 值得注意的是，上面提到的等价性是在圆环面上成立的. 如果向量场 b 在无穷远处有一定的衰减性，此时上面提到的等价性在全空间上也是成立的. 此处，对于我们研究的问题，条件（$H_{2'}$），（$H_{5'}$）和（$H_{8'}$）正是起到了这样的作用. 此外，如果用 L^1_{loc}，L^0 或者 L^0_{loc} 取代 L^1，通过借助文献［92］（P_{527}）中的方法，依然可以得到类似的结论，只不过我们在需要用 $\varphi\in\mathcal{A}$ 去替代 $\varphi\in\mathcal{D}(\mathbb{R}^d)$.

3.3.2　*k* 阶可微性

考虑常微分方程（3.3.3），为了简单起见，在这里用一个向量 c 来表示外力项，于是常微分方程（3.3.3）可以重新写为：

$$\begin{cases}\dot{Y}(t,y)=c(Y(t,y)),\\ Y(t=0,y)=y.\end{cases}\tag{3.3.7}$$

假设 c 满足下面性质

$$(P_1):c\in W^{2,1}_{y,loc};(P_2):\frac{c}{1+|y|}\in(L^1+L^\infty)(\mathbb{R}^d);(P_3):\mathrm{div}_y c=0.$$

对于固定的 $r\in\mathbb{R}^d$，通过对 Y 沿着 r 方向关于初值 y 求导，我们得到

$$\frac{\partial}{\partial t}(r\cdot\nabla_y Y)(t,y)=\nabla_y c(Y)(r\cdot\nabla_y Y)(t,y).$$

将这两个方程组合在一起我们可以写成

$$\begin{cases}\dot{Y}(t,y)=c(Y(t,y)),\\ \dot{R}(t,y,r)=\nabla_y c(Y)R(t,y,r),\\ Y(t=0,y)=y,\\ R(t=0,y,r)=r,\end{cases}\tag{3.3.8}$$

其中 $R(t,y,r)=(r\cdot\nabla_y Y)(t,y)$.

我们固定 $(y',r')\in\mathbb{R}^{2d}$，并对 Y 和 R 沿着 (y', r') 方向关于 (y, r) 求导，我们得到

$$\begin{cases}\dot{Y}'(t,y,y')=\nabla_y c(Y(t,y))Y'(t,y,y'),\\ \dot{R}'(t,y,r,y',r')=\nabla_y c(Y(t,y))R'+\nabla^2_{y,y}c(Y(t,y))\cdot(R,Y'(t,y,y')),\\ Y'(t=0,y,y')=y',\\ R'(t=0,y,r,y'r')=r',\end{cases}\tag{3.3.9}$$

其中 $Y'=y'\cdot\nabla_y Y, R'=R'(t,y,r,y'r')=(y',r')\cdot\nabla_{y,r}R(t,y,r)$.

结合（3.3.9）和（3.3.8），得到封闭系统：

$$\begin{cases}\dot{Y}(t,y)=c(Y(t,y)),\\ \dot{R}(t,y,r)=\nabla_y c(Y)R(t,y,r),\\ \dot{Y}'(t,y,y')=\nabla_y c(Y(t,y))Y'(t,y,y'),\\ R'(t,y,r,y',r')=\nabla_y c(Y(t,y))R'+\nabla^2_{y,y}c(Y(t,y))\cdot(R(t,y,r),Y'),\\ Y(t=0,y)=y,\\ R(t=0,y,r)=r,\\ Y'(t=0,y,y')=y',\\ R'(t=0,y,r,y',r')=r'.\end{cases}\tag{3.3.10}$$

很容易看出，这个常微分方程组与下列输运方程相关联：

$$\begin{aligned}&\frac{\partial}{\partial t}u-c(y)\cdot\nabla_y u-\nabla_y c(y)r\,\nabla_r u-\nabla_y c(y)y'\nabla_{y'}u\\&\quad-(\nabla_y c(y)r'+\nabla^2_{y,y}c(Y(t,y))\cdot(r,y'))\nabla_{r'}u=0.\end{aligned}\tag{3.3.11}$$

设函数 $u=u(t,y,r,y',r')$．记

$$b_1(x_1)=-c(x_1),b_2(x_1,x_2)=-\nabla_{x_1}c(x_1)x_2,$$

$$b_3(x)=-\nabla_{x_1}c(x_1)x_3-\nabla^2_{x_1,x_1}c(x_1)x_2,$$

其中 $x_1=y$，$x_2=(r,y')$，$x_3=r'$，然后将式（3.11）重新写如下

$$\frac{\partial}{\partial t}u + b(x)\cdot\nabla_x u = 0,$$

其中

$$b(x) = b(x_1, x_2, x_3) = (b_1(x_1), b_2(x_1, x_2), b_3(x_1, x_2, x_3)).$$

很容易验证，此时向量场 b 满足条件（H_1）-（H_9）. 通过定理 3.2.1 和引理 3.3.1，当向量场 $b\in W^{2,1}_{loc}$时，此时流 $Y(t,y)$ 关于 y 是2 阶可微的. 简而言之，我们有：

定理 3.3.3. 我们假设条件（P_1）-（P_3）成立，则微分方程（3.3.10）存在唯一的几乎处处的流(Y, R, Y', R')，使得

- Y, R 满足定理 4.1（见文献［58］）；
- Y'从［0, T］到（y, y'）的函数空间是连续的，即对几乎所有的 y，Y'属于函数空间 $L^1_{y',loc}$，对几乎所有的 y'，Y'属于函数空间 $L_{y,loc}$，i. e. ，Y'关于 y 是几乎有限的可测函数；
- R'从［0, T］到（y, r, y', r'）的函数空间是连续的，即对几乎所有的 y，R'属于函数空间 $L^1_{r,y',r'loc}$，对几乎所有的 r, y', r', R'属于函数空间 $L_{y,loc}$；
- （Y, R, Y', R'）关于变量（Y, R, Y', R'）满足守恒性质（3.4）：(ii)，和半群性质（3.4）：(iii)；
- （Y, R, Y', R'）在（3.3.6）的意义下，满足式子（3.3.10）.

更进一步，假设 $c(y)\in L^p+(1+|y|)L^\infty, p\in[1,\infty]$，则

$$(Y,R,Y')\in(\mathcal{C}([0,T];L^1_{y,loc}),\mathcal{C}([0,T];L^1_{y,r,loc}),\mathcal{C}([0,T];L^1_{y,y',loc}))$$

和

$$R'\in\mathcal{C}([0,T];L^1_{y,r,y',r',loc}).$$

注记 3.3.4. 上述定理的第一部分的结论已经在文献［58］中由 Bris 和 Lions 给出，在此为了读者读起来方便我们把所有的结论全部列出. 现在，我们来证明本节的第二个核心结果.

定理 3.3.5. 假设 $b\in W^{k,1}_{loc}(\mathbb{R}^d)$，考虑下面的常微分方程

$$\begin{cases}\dot{X}(t,x) = b(X(t,x)),\\ X(0) = x.\end{cases}$$

更进一步地，我们假设 $b\in L^1+(1+|x|)L^\infty(\mathbb{R}^d)$，$\mathrm{div}\, b=0$，则上述常微分方程存在唯一的几乎处处的流 $X(t,x)$，使得 $X(t,x)\in\mathcal{C}([0,T];W^{k,1}_{loc}(\mathbb{R}^d))$.

证明. 把证明分成三个步骤. 因为证明的过程是程序化的，且已经证明了

$k=2$ 的情形，为了避免不必要的重复，现在只介绍下基本的思路.

Step 1. 通过推广引理 3.2.3 和引理 3.2.4，构造下列线性输运方程解的存在唯一性

$$\frac{\partial}{\partial t}u+b\cdot\nabla u=0,$$

其中

$$b(x)=b(x_1,x_2,\cdots,x_{k+1})=(b_1(x_1),b_2(x_1,x_2),\cdots,b_{k+1}(x_1,x_2,\cdots,x_{k+1})),$$

关于某些空间变量是 $W_{loc}^{1,1}$ 的.

Step 2. 类似 3.1 的部分，定义输运方程的重整化解，可以得到常微分方程 $\dot{X}=-b$ 和上述线性输运方程之间的等价性.

Step 3. 通过第一步和第二步得到结论.

注记 3.3.6. (i) 如果仅假设 $\frac{b}{1+|x|}\in L^1+L^\infty$，我们只能得到一个相对较弱的结果：

$$X(t,x)\in\mathcal{C}([0,T];L_{x,loc}),\nabla^m X(t,x)y_1y_2\cdots y_m\in\mathcal{C}([0,T];L_{x,loc}\times L^1_{y_1,y_2,\cdots,y_m,loc}),$$

其中 $y_m\in\mathbb{R}^d$，$1\leqslant m\leqslant k$.

(ii) 对任意的 $p\geqslant1$，如果用条件 $b(x)\in L^p+(1+|x|)L^\infty(\mathbb{R}^d)$ 去取代条件 $b(x)\in L^1+(1+|x|)L^\infty(\mathbb{R}^d)$，则上述结论也是成立的.

(iii) 此外，对几乎所有的 x，y_1，y_2，$\cdots$，$y_m\in\mathbb{R}^d$，有

$$\nabla^m X(t,x)y_1y_2\cdots y_m\in\mathcal{C}^1([0,T]).$$

3.4 微观宏观模型

作为另一个应用，在本节中，我们讨论了一类带有黏性项的输运方程，即考虑具有特殊形式的 Fokker - Planck 方程

$$\begin{cases}\partial_t u(t,x)+(b_1(x_1),b_2(x_1,x_2),b_3(x))\cdot\nabla u(t,x)\\ \quad -\frac{1}{2}\Delta_{x_3}u=0,(t,x)\in(0,T)\times\mathbb{R}^d,\\ u(t=0,\cdot,\cdot,\cdot)=u_0,x\in\mathbb{R}^d.\end{cases}\tag{3.4.1}$$

为了更好地理解上述方程的意义，首先需要建立上述方程解的存在性和唯

一性.

注意到，如果黏性项消失了，那么定理 3.2.1 告诉我们，如果

$$u_0 \in (L^1 \cap L^\infty)(\mathbb{R}^d) \cap L^\infty_{x_1,x_2}(\mathbb{R}^{d_1+d_2}; L^1_{x_3}(\mathbb{R}^{d_3})) \cap L^\infty_{x_1}(\mathbb{R}^{d_1}; L^1_{x_2,x_3}(\mathbb{R}^{d_2+d_3})),$$

向量场 b 满足假设条件 $(H_1)-(H_9)$，则 (3.4.1) 存在唯一的解

$$u \in L^\infty([0,T];(L^1 \cap L^\infty)(\mathbb{R}^d)) \cap L^\infty([0,T]; L^\infty_{x_1,x_2}(\mathbb{R}^{d_1+d_2}; L^1_{x_3}(\mathbb{R}^{d_3})))$$
$$\cap L^\infty([0,T]; L^\infty_{x_1}(\mathbb{R}^{d_1}; L^1_{x_2,x_3}(\mathbb{R}^{d_2+d_3}))).$$

在此，由于黏性项的存在，我们希望解 u 具有更好的性质. 事实上，确实如此. 具体地说，我们有

定理 3.4.1. 在定理 3.2.1 中，用条件 (I_7)：$b_3 = b_3(x) \in L^2_{x,loc}(\mathbb{R}^d)$ 取代 (H_7)，并假设此时向量场 $b=(b_1,b_2,b_3)$ 满足定理 3.2.1 中的所有假设. 更进一步，假设，

$$\text{对 } 1 \leqslant i,j \leqslant d_3,\ \frac{\partial b_3^i}{\partial x_3^j} + \frac{\partial b_3^j}{\partial x_3^i} \geqslant cId \text{ 一致正定}, \qquad (Q_1)$$

其中 b_3^j 和 x_3^j 表示向量场 b_3 和变量 x_3 的第 j 个分量. 设

$$u_0 \in (L^1 \cap L^\infty)(\mathbb{R}^d) \cap L^\infty_{x_1,x_2}(\mathbb{R}^{d_1+d_2}; L^1_{x_3}(\mathbb{R}^{d_3})) \cap L^\infty_{x_1}(\mathbb{R}^{d_1}; L^1_{x_2,x_3}(\mathbb{R}^{d_2+d_3})),$$

则对于初始条件 $u(t=0,\cdot)=u_0$，Cauchy 问题 (3.4.1) 存在唯一的解 u. 此时 u 满足:

$$u \in L^\infty([0,T];(L^1 \cap L^\infty)(\mathbb{R}^d)) \cap L^\infty([0,T]; L^\infty_{x_1,x_2}(\mathbb{R}^{d_1+d_2}; L^1_{x_3}(\mathbb{R}^{d_3})))$$
$$\cap L^\infty([0,T]; L^\infty_{x_1}(\mathbb{R}^{d_1}; L^1_{x_2,x_3}(\mathbb{R}^{d_2+d_3})))$$
$$\cap L^2([0,T]; L^2_{x_1,x_2}(\mathbb{R}^{d_1+d_2}; H^1_{x_3}(\mathbb{R}^{d_3}))).$$

此外，我们还有:

$$t^{\frac{1}{2}} u \in L^2([0,T]; L^2_{x_1,x_2}(\mathbb{R}^{d_1+d_2}; H^2_{x_3}(\mathbb{R}^{d_3})))$$
$$\cap L^\infty([0,T]; L^2_{x_1,x_2}(\mathbb{R}^{d_1+d_2}; H^1_{x_3}(\mathbb{R}^{d_3}))).$$

证明. 我们将证明分为两个部分：存在唯一性部分、正则性部分. 正则性部分是核心问题，我们最后证明了这一点. 首先证明在 L^2 空间，解的存在唯一性，然后通过正则化得到 L^1 正则性. 现在来给出一些细节.

步骤 1　L^2 – 理论

- 解 u 的先验估计

用 u 乘以恒等式 (3.4.1) 两边，对空间变量在全空间 $\mathbb{R}^d$ 积分，通过使用分部积分公式和假设条件 (H_3)，(H_6) 和 (H_9)，这样得到

$$\frac{1}{2}\frac{d}{dt}\int u^2 + \frac{1}{2}\int |\nabla_{x_3} u|^2 = 0. \tag{3.4.2}$$

通过应用 Gronwall 引理，对 $u_0\in L^2(\mathbb{R}^d)$得到

$$u\in L^2([0,T];L^2_{x_1,x_2}(\mathbb{R}^{d_1+d_2};H^1_{x_3}(\mathbb{R}^{d_3})))\cap L^\infty([0,T];L^2(\mathbb{R}^d)).$$

另一方面，因为 $u_0\in L^\infty(\mathbb{R}^d)$，使用极大值原理也得到 $u\in L^\infty([0,T]\times\mathbb{R}^d)$，因此

$$u\in L^\infty([0,T];L^2\cap L^\infty(\mathbb{R}^d))\cap L^2([0,T];L^2_{x_1,x_2}(\mathbb{R}^{d_1+d_2};H^1_{x_3}(\mathbb{R}^{d_3}))).$$

- L^2 弱解的正则性和存在性

这里我们称 u 是 Cauchy 问题（3.4.1）满足初值 u_0 的解，即对任意 $\varphi\in\mathcal{D}([0,\mathrm{T})\times\mathbb{R}^d)$，$u$ 满足下面的恒等式：

$$\int_0^T dt\int_{\mathbb{R}^d}dxu\varphi_t+\int_{\mathbb{R}^d}u_0\varphi(0,x)dx+\int_0^T dt\int_{\mathbb{R}^d}dxu\mathrm{div}(\varphi b)$$
$$-\frac{1}{2}\int_0^T dt\int_{\mathbb{R}^d}dxu\Delta_{x_3}\varphi=0. \tag{3.4.3}$$

通过使用 $b^\varepsilon\in\mathcal{D}(\mathbb{R}^d)$ 逼近向量场 b，然后使用第一步的计算和紧性讨论，我们很容易得到存在性和唯一性.

步骤 2　正则性

在这一部分中，将证明解 u 确实具有良好的性质，确切地说：

$$u\in L^\infty([0,T];(L^1\cap L^\infty)(\mathbb{R}^d))\cap L^\infty([0,T];L^\infty_{x_1,x_2}(\mathbb{R}^{d_1+d_2};L^1_{x_3}(\mathbb{R}^{d_3})))$$
$$\cap L^\infty([0,T];L^\infty_{x_1}(\mathbb{R}^{N_1};L^1_{x_2,x_3}(\mathbb{R}^{d_2+d_3}))).$$

为此，首先来验证

$$t^{\frac{1}{2}}u\in L^2([0,T];L^2_{x_1,x_2}(\mathbb{R}^{d_1+d_2};H^2_{x_3}(\mathbb{R}^{d_3})))$$
$$\cap L^\infty([0,T];L^2_{x_1,x_2}(\mathbb{R}^{d_1+d_2};H^1_{x_3}(\mathbb{R}^{d_3}))).$$

记 u^i 为$\frac{\partial}{\partial x_3^i}u$，然后对 u^i 乘以 $t^{\frac{1}{2}}$，然后关于 t 求微分，我们得到

$$\partial_t(t^{\frac{1}{2}}u^i)=\frac{1}{2}t^{-\frac{1}{2}}u^i-b\cdot\nabla(t^{\frac{1}{2}}u^i)-\frac{\partial b_3^j}{\partial x_3^i}(t^{\frac{1}{2}}u^j)+\frac{1}{2}\Delta_{x_3}(t^{\frac{1}{2}}u^i). \tag{3.4.4}$$

在等式两边，通过乘以 $t^{\frac{1}{2}}u^i\xi_k$，并关于 i 求和，然后在全空间上积分，通过分部积分公式，和令 k 趋于无穷，我们得到

$$\frac{1}{2}\frac{d}{dt}\int|\nabla_{x_3}(t^{\frac{1}{2}}u)|^2=\frac{1}{2}\int|\nabla_{x_3}u|^2-\int\frac{\partial b_3^j}{\partial x_3^i}(t^{\frac{1}{2}}u^i)(t^{\frac{1}{2}}u^j)-\frac{1}{2}\int|\nabla^2_{x_3,x_3}(t^{\frac{1}{2}}u)|^2. \tag{3.4.5}$$

使用条件（Q_1），进而可得

$$\frac{1}{2}\frac{d}{dt}\int|\nabla_{x_3}(t^{\frac{1}{2}}u)|^2+\frac{1}{2}\int|\nabla^2_{x_3,x_3}(t^{\frac{1}{2}}u)|^2\leqslant\frac{1}{2}\int|\nabla_{x_3}u|^2+c\int|\nabla_{x_3}(t^{\frac{1}{2}}u)|^2. \tag{3.4.6}$$

对（3.4.6）使用 Gronwall 引理

$$t^{\frac{1}{2}}u\in L^2([0,T];L^2_{x_1,x_2}(\mathbb{R}^{d_1+d_2};H^2_{x_3}(\mathbb{R}^{d_3})))$$
$$\cap L^\infty([0,T];L^2_{x_1,x_2}(\mathbb{R}^{d_1+d_2};H^1_{x_3}(\mathbb{R}^{d_3})))$$

类似的讨论可以得到：u 是属于 L^1 的. 现在来验证剩余的部分.

假设正则核 ρ_{α_3} 是在引理 3.2.3 中给出. 关于空间变量 x_3，通过使用正则核 ρ_{α_3} 正则化方程

$$\partial_t u(x)+(b_1(x_1),b_2(x_1,x_2),b_3(x_1,x_2,x_3))\cdot\nabla u(x)-\frac{1}{2}\Delta_{x_3}u(x)=0,$$

我们得到

$$[b_3\cdot\nabla_{x_3},\rho_{\alpha_3}](u)-\frac{1}{2}[\Delta_{x_3},\rho_{\alpha_3}](u)$$
$$=\partial_t u_{\alpha_3}+b_1(x_1)\cdot\nabla_{x_1}u_{\alpha_3}+b_2\cdot\nabla_{x_2}u_{\alpha_3}+b_3(x_1,x_2,x_3)\cdot\nabla_{x_3}u_{\alpha_3}-\frac{1}{2}\Delta_{x_3}u_{\alpha_3}, \tag{3.4.7}$$

其中

$$[b_3\cdot\nabla_{x_3},\rho_{\alpha_3}](u)=b_3\cdot\nabla_{x_3}u_{\alpha_3}-(b_3\cdot\nabla_{x_3}u)*\rho_{\alpha_3}=:\varepsilon^1_{\alpha_3},$$
$$\frac{1}{2}[\Delta_{x_3},\rho_{\alpha_3}](u)=\frac{1}{2}\Delta_{x_3}u_{\alpha_3}-\frac{1}{2}\Delta_{x_3}u*\rho_{\alpha_3}=:\varepsilon^2_{\alpha_3}.$$

为了简单起见，在此用 u_{α_3} 表示 $u*\rho_{\alpha_3}$. 此时，显然有

在函数空间 $L^\infty([0,T];L^1_{loc}(\mathbb{R}^d))$ 中，当 $\alpha_3\to0$，$\varepsilon^1_{\alpha_3}\to0$，

在函数空间 $L^\infty([0,T]\times\mathbb{R}^{d_1+d_2};\dot{H}^{-1}(\mathbb{R}^{d_3}))$，当 $\alpha_3\to0$，$\varepsilon^2_{\alpha_3}\to0$.

设 ξ_k 是在定理 3.2.4 给出的关于变量 x_3 的截断函数，然后用 $\xi_k(x_3)$ 乘以（3.4.7），再在全空间上关于 x_3 积分，我们得到

$$\int_{\mathbb{R}^{d_3}}(\varepsilon^1_{\alpha_3}+\varepsilon^2_{\alpha_3})\xi_k(x_3)dx_3$$
$$=\frac{\partial}{\partial t}\int_{\mathbb{R}^{d_3}}u_{\alpha_3}\xi_k(x_3)dx_3+b_1(x_1)\cdot\nabla_{x_1}\int_{\mathbb{R}^{d_3}}u_{\alpha_3}\xi_k(x_3)dx_3-\frac{1}{2}\int_{\mathbb{R}^{d_3}}\Delta_{x_3}u_{\alpha_3}\xi_k(x_3)dx_3$$
$$+b_2(x_1,x_2)\cdot\nabla_{x_2}\int_{\mathbb{R}^{d_3}}u_{\alpha_3}\xi_k(x_3)dx_3+\int_{\mathbb{R}^{d_3}}b_3(x)\cdot\nabla_{x_3}u_{\alpha_3}\xi_k(x_3)dx_3. \tag{3.4.8}$$

令 α_3 先趋于零，k 再趋于无穷，通过应用分部积分公式，得到

$$\begin{cases} \partial_t v(t,x_1,x_2) + (b_1(x_1), b_2(x_1,x_2)) \cdot \nabla_{x_1,x_2} v(t,x_1,x_2) = 0, \\ \qquad (t,x_1,x_2) \in (0,T) \times \mathbb{R}^{d_1+d_2}, \\ v(t=0,\cdot,\cdot) = v_0, \ (x_1,x_2) \in \mathbb{R}^{d_1+d_2}, \end{cases} \tag{3.4.9}$$

其中

$$v_0 = \int_{\mathbb{R}^{d_3}} u_0 \in (L^1 \cap L^\infty)(\mathbb{R}^{d_1+d_2}) \cap L^\infty_{x_1}(\mathbb{R}^{d_1}; L^1_{x_2}(\mathbb{R}^{d_2})), v = \int_{\mathbb{R}^{d_3}} u(t,x) dx_3.$$

通过定理 3.2.1（$b_3=0$），得到

$$v \in L^\infty([0,T]; (L^1 \cap L^\infty)(\mathbb{R}^{d_1+d_2})) \cap L^\infty([0,T]; L^\infty_{x_1}(\mathbb{R}^{d_1}; L^1_{x_2}(\mathbb{R}^{d_2}))).$$

等价的

$$u \in L^\infty([0,T]; (L^1 \cap L^\infty)(\mathbb{R}^d)) \cap L^\infty([0,T]; L^\infty_{x_1,x_2}(\mathbb{R}^{d_1+d_2}; L^1_{x_3}(\mathbb{R}^{d_3})))$$
$$\cap L^\infty([0,T]; L^\infty_{x_1}(\mathbb{R}^{d_1}; L^1_{x_2,x_3}(\mathbb{R}^{d_2+d_3}))).$$

注记 3.4.2. (i) 如果向量场 $b=b(t,x)$，假设 b 关于时间是 L^1 可积的，此时，此处的结果依然是成立的. 具体地说，需要用条件 $b_3 = b_3(t,x_1,x_2,x_3) \in L^1([0,T]; L^2_{loc}(\mathbb{R}^d))$ 来取代 $(H_{7'})$.

(ii) 类似的，定理 3.4.1 的结论依然是成立的如果向量场 $b=b(t,x)$ 的散度仅仅是 L^∞ 的.

3.5 注　记

早在 1876 年 Lipschitz 就对 Cauchy 提出的微分方程初值问题解的存在唯一性定理作了改进，得到了今天众所周知的 Cauchy - Lipschitz 定理. 接着 1890 年 Peano 对单调向量场也得到了解的存在唯一性. 1898 年 Osgood 提出了 Osgood 条件也得到了解的存在性和唯一性. 在随后的 100 多年里，Montel，Nagumo，Witte，Kamke，Wend，Lakshmikantham 等许多优秀数学家也都从事过此方面的研究（关于此方面的综述可参看 [4]），试图将解的存在唯一性推广到更一般的向量场，然而直到 20 世纪末，此方面研究才有突破性的进展. 这个工作是 1989 年 DiPerna 和 Lions [92] 给出的. 他们首先建立了输运方程（2.1.1）在 L^P 空间中的适定性，然后引入重整化概念得到了输运方程（2.1.1）重整化解的存在唯一性. 借助于输运方程和常微分方程之间的关系，他们在 Sobolev 向量场的框架下

建立了今天我们所知的 DiPerna - Lions 流的存在唯一性. 由于此工作的重要性，关于微分方程在弱可微向量场下的研究再次被掀起了一股热潮，可看［48—52，75—78］.

关于常微分方程研究的另一个划时代的工作是 Ambrosio［12］在 2004 年给出的，注意到连续性方程和微分方程之间的关系，借助于 DiPerna - Lions 引入的重整化概念，他在 *BV* 量场的框架下得到了正则 Lagrange 流的存在性，并在后续工作中［9 - 11］，作为应用他和合作者也得到了几类具有特殊结构守恒律系统的适定性. 事实上，这也是 Ambrosio 本人研究 BV 向量场下 ODE 问题的一个很大的动因. 关于此方面的详述，读者可参看 2002 年 Bressan 在世界数学家大会上做的报告或参看［55］.

关于输运方程应用到流的可微性可看［58］，应用到 Hamiltionian 系统可看［135］，应用到 Vlasov 系统可看［53］，关于无穷维空间中的微分方程的研究可看［13，107］. 关于 DiPerna - Lions 理论的新的进展和应用可看［59，93，179］，关于输运方程方面的文章还可参看［14 - 17，95，108，134，136］.

本章内容，主要通过研究一类特殊结构的输运方程，进而建立微分方程的高阶可微性，此处的结果是［58］中结果的补充和继续，具体细节可看［225］.

第 4 章　Fokker – Planck 方程

本章主要研究在 L^P 空间中 Fokker – Planck 方程解的存在性与唯一性.

4.1　问题的来源

考虑如下的 ODE

$$\begin{cases} \frac{d}{dt}X(t,s,x) = b(t,X), t > s, \\ X(t,s,x)\big|_{t=s} = x. \end{cases} \tag{4.1.1}$$

经典的 Cauchy – Lipschitz 定理告诉我们：若 b 是线性增长的且关于第二个变量是一致（关于 t）Lipschitz 的，则问题（4.1.1）存在唯一的解. 若 b 还关于第二个变元还是 C^k 的，则（4.1.1）的唯一解关于 x 也是 C^k 的. 此外 Cauchy – Lipschitz 定理还告诉我们其他许多事情. 如果我们考虑由解 X 所对应的 $\mathcal{L}^d$ 的像测度 $\mathcal{L}^d \circ X := \lambda$，定义如下

$$\int_{\mathbb{R}^d} \varphi d\lambda = \int_{\mathbb{R}^d} \varphi(X(t,x))dx, \varphi \in \mathcal{D}(\mathbb{R}^d), \tag{4.1.2}$$

则 $\lambda(t)$ 满足如下的连续性方程：

$$\partial_t \lambda + \operatorname{div}(b\lambda) = 0, (t,x) \in (s,T) \times \mathbb{R}^d, \lambda\big|_{t=s} = \mathcal{L}^d. \tag{4.1.3}$$

事实上，对任意的 $\varphi \in \mathcal{D}(\mathbb{R}^d)$，我们有

$$\begin{aligned} \left\langle \frac{\partial \lambda}{\partial t} + \operatorname{div}(b\lambda), \varphi \right\rangle &= \frac{d}{dt}\langle \lambda, \varphi \rangle - \langle b\lambda, \nabla\varphi \rangle \\ &= \frac{d}{dt}\int_{\mathbb{R}^d} \varphi(X(t))dx - \int_{\mathbb{R}^d} \nabla\varphi(X(t)) \cdot b(t,X(t,x))dx \\ &= \int_{\mathbb{R}^d} \nabla\varphi(X(t)) \cdot \left(\frac{dX}{dt} - b(t,X(t,x))\right)dx \\ &= 0, \end{aligned}$$

即 $\lambda(t)$ 满足连续性方程，且（4.1.3）以 Liouville 定理著称.

受以上启发，如果我们讨论的方程是 SDE，自然也希望得到一个随机版本的 Liouville 定理. 考虑以下的 SDE

$$\begin{cases} dX(t) = b(t,X)dt + \sigma(t,X)dW_t, t > s, \\ X(t)|_{t=s} = X_0, \end{cases} \tag{4.1.4}$$

其中 X_0 是 $\mathcal{F}_s$ 可测随机变量，$W_t = (W_t^1, \cdots, W_t^n)^T$，$\sigma \in \mathbb{R}^{d\times n}$ 为一矩阵值函数. 若 b 和 σ 是线性增长的且关于第二个变量是一致 Lipschitz 的，则（4.1.4）存在唯一的强解，此时如果我们仍按照（4.1.2）来定义 $\mathcal{L}^d \circ X:=\lambda$，由 Itô公式，形式上我们有

$$\begin{aligned} \int_{\mathbb{R}^d} \varphi d\lambda &= \int_{\mathbb{R}^d} \varphi(X(t,x))dx \\ &= \int_{\mathbb{R}^d} \varphi(X_0(x))dx + \int_s^t \int_{\mathbb{R}^d} \nabla\varphi(X(r,x)) \cdot b(r,X(r,x))dxdr \\ &\quad + \int_s^t \int_{\mathbb{R}^d} \partial_i \varphi(X(r,x))\sigma_{i,k}(r,X_r)dxdW_r^k \\ &\quad + \frac{1}{2}\int_s^t \int_{\mathbb{R}^d} \partial_{i,j}^2 \varphi(X(r,x))\sigma_{i,k}(r,X_r)\sigma_{j,k}(r,X_r)dxdr. \end{aligned} \tag{4.1.5}$$

所以在平均的意义下，$\overline{\lambda} = \mathbb{E}\lambda$ 满足

$$\partial_t \overline{\lambda} + \operatorname{div}(\overline{b\lambda}) - \frac{1}{2}\partial_{i,j}^2(\sigma_{i,k}\sigma_{j,k}\overline{\lambda}) = 0, (t,x) \in (s,T) \times \mathbb{R}^d, \overline{\lambda}|_{t=s} = \lambda_0, \tag{4.1.6}$$

即 $\overline{\lambda}$ 满足 Fokker - Planck 方程或前向 Kolmogorov 方程（由此形式推导或许我们也可以将其称为随机版本的 Liouville 定理），其中 λ_0 表示 X_0 分布.

引理 4.1.1. 假设 X_t 是 SDE（4.1.4）的解，则 X_t 是扩散过程，且转移概率 $P_{s_0,x_0}(\cdot,\cdot):=\overline{\lambda}$ 满足 Fokker - Planck 方程（4.1.6）.

证明. 对任意的 $\varepsilon > 0$，我们有

$$\begin{aligned} &(1) \int_{|y-x|\geqslant c} P_{t,x}(t+\varepsilon, dy) \\ &= \mathbb{P}[|X_{t+\varepsilon} - X_t| \geqslant c \mid X_t = x] \\ &\leqslant \mathbb{P}\left[\left|\int_t^{t+\varepsilon} b(r,X_r)dr\right| \geqslant \frac{c}{2} \mid X_t = x\right] + \mathbb{P}\left[\left|\int_t^{t+\varepsilon} \sigma(r,X_r)dW_r\right| \geqslant \frac{c}{2} \mid X_t = x\right] \\ &\approx \mathbb{P}\left[|b(t,x)|\varepsilon \geqslant \frac{c}{2}\right] + \mathbb{P}\left[|\sigma(t,x)(W_{t+s} - W_t)| \geqslant \frac{c}{2}\right] \\ &\Rightarrow \frac{1}{\varepsilon}\int_{|y-x|>c} P_{t,x}(t+\varepsilon, dy) \leqslant \frac{C}{\varepsilon}\mathbb{P}\left[|b(t,x)|\varepsilon \geqslant \frac{c}{2}\right] \end{aligned}$$

$$+\frac{C}{\varepsilon}\mathbb{P}\left[\ |\sigma(t,x)(W_{t+\varepsilon}-W_t)|\geqslant\frac{c}{2}\right]\leqslant\frac{C}{\varepsilon}\mathbb{P}\left[\ |b(t,x)|\varepsilon\geqslant\frac{c}{2}\right]$$

$$+\frac{C}{\varepsilon}\mathbb{P}[\ |W_\varepsilon|\geqslant c_1]\Rightarrow\lim_{\varepsilon\downarrow 0}\frac{1}{\varepsilon}\int_{[y-x]\geqslant c}P_{t,x}(t+\varepsilon,dy)=0,$$

其中 c_1 是一个与 c 有关的常数.

(2) 由上述结论，所以

$$\lim_{\varepsilon\downarrow 0}\frac{1}{\varepsilon}\int_{|y-x|<c}(y_i-x_i)P_{t,x}(t+\varepsilon,dy)=\lim_{\varepsilon\downarrow 0}\frac{1}{\varepsilon}\mathbb{E}\left[\int_t^{t+\varepsilon}b_i(s,X_s)ds\mid X_t=x\right]$$

$$=b_i(t,x)$$

(3) $\lim\limits_{\varepsilon\downarrow 0}\frac{1}{\varepsilon}\int_{|y-x|<c}(y_i-x_i)(y_j-x_j)P_{t,x}(t+\varepsilon,dy)$

$$=\lim_{\varepsilon\downarrow 0}\frac{1}{\varepsilon}\mathbb{E}\left[\left(\int_t^{t+\varepsilon}b_i(r,X_r)dr+\int_t^{t+\varepsilon}\sigma_{i,k}(r,X_r)dW_r^k\right)\left(\int_t^{t+\varepsilon}b_jdr+\int_t^{t+\varepsilon}\sigma_{j,k}dW_r^k\right)\middle| X_t=x\right]$$

$$=\lim_{\varepsilon\downarrow 0}\frac{1}{\varepsilon}\mathbb{E}\left[\int_t^{t+\varepsilon}\sigma_{i,k}(s,X_s)\sigma_{j,k}(s,X_s)ds\mid X_t=x\right]$$

$$=\sigma_{i,k}(t,x)\sigma_{j,k}(t,x),$$

因此 X_t 是扩散过程.

对 $\varphi\in\mathbb{R}^d$，我们定义

$$\vartheta(t+\varepsilon)=\int_{\mathbb{R}^d}\varphi(x)P_{s_0,x_0}(t+\varepsilon,dx)$$

$$=\int_{\mathbb{R}^d}\varphi(x)\int_{\mathbb{R}^d}P_{t,y}(t+\varepsilon,dx)P_{s_0,x_0}(t,dy),$$

其中在上面的第二个等式，我们用到了 Chapman – Kolmogorov 方程

$$P_{s,x}(t,A)=\int_{\mathbb{R}^d}P_{r,y}(t,A)P_{s,x}(r,dy)$$

因此

$$\vartheta(t+\varepsilon)=\int_{\mathbb{R}^d}P_{t,y}(t+\varepsilon,dx)\int_{\mathbb{R}^d}\varphi(x)P_{s_0,x_0}(t,dy)$$

$$\approx\int_{\mathbb{R}^d}P_{t,y}(t+\varepsilon,dx)\int_{\mathbb{R}^d}\Big[\varphi(y)+\nabla\varphi(y)\cdot(x-y)$$

$$+\frac{1}{2}(x-y)^{\mathrm{T}}D^2\varphi(y)(x-y)\Big]P_{s_0,x_0}(t,dy)$$

$$=\int_{\mathbb{R}^d}P_{s_0,x_0}(t,dy)\int_{\mathbb{R}^d}\Big[\varphi(y)+\nabla\varphi(y)\cdot(x-y)$$

$$+\frac{1}{2}(x-y)^{\mathrm{T}}D^2\varphi(y)(x-y)\Big]P_{t,y}(t+\varepsilon,dx)$$

$$\approx \int_{\mathbb{R}^d} \varphi(y) P_{s_0,x_0}(t,dy) + \varepsilon \int_{\mathbb{R}^d} \Big[\nabla\varphi(y) \cdot b(t,y)$$

$$+ \frac{1}{2}\partial_{i,j}^2 \varphi(y) \sigma_{i,k}(t,y) \sigma_{j,k}(t,y) \Big] P_{s_0,x_0}(t,dy)$$

$$= \vartheta(t) + \varepsilon \left\langle -\operatorname{div}(bP_{s_0,x_0}) + \frac{1}{2}\partial_{i,j}^2(\sigma_{i,k}\sigma_{j,k}P_{s_0,x_0}), \varphi \right\rangle$$

$$\Rightarrow \langle \partial_t P_{s_0,x_0}, \varphi \rangle = \langle -\operatorname{div}(bP_{s_0,x_0}) + \frac{1}{2}\partial_{i,j}^2(\sigma_{i,k}\sigma_{jk}P_{s_0,x_0}), \varphi \rangle,$$

即此时的转移概率满足 Fokker - Planck 方程（关于此方面的更多细节我们可以看［175，216］）.

为了更好地研究扩散过程，我们有必要研究 Fokker - Planck 方程（4.1.6）. 首先我们要建立（4.1.6）解的存在性与唯一性，为此先给出一些注记.

注记 4.1.2.（i）如果 $\overline{\lambda} \ll \mathcal{L}^d$，$\lambda_0 \ll \mathcal{L}^d$，此时密度 $\rho(t,x) \in L^\infty([s,T]; L^1(\mathbb{R}^d))$（其中 $s<T$，在此我们不妨设 $s=0$ 好了），$\rho_0 \in L^1(\mathbb{R}^d)$ 且

$$\begin{cases} \partial_t \rho(t,x) + \operatorname{div}(b\rho(t,x)) - \frac{1}{2}\partial_{x_i,x_j}^2(\sigma_{i,k}\sigma_{j,k}\rho(t,x)) = 0, (t,x) \in (0,T) \times \mathbb{R}^d, \\ \rho(t,x)|_{t=0} = \rho_0(x), x \in \mathbb{R}^d. \end{cases} \tag{4.1.7}$$

（ii）如果考虑随机连续性方程（或随机输运问题），

$$\begin{cases} \partial_t u(t,x) + \operatorname{div}(b(t,x)u) + \partial_{x_i} u \circ \dot{M}_t^i = 0, (\omega,t,x) \in \Omega \times (0,T) \times \mathbb{R}^d, \\ u(t,x)|_{t=0} = \rho_0(x), x \in \mathbb{R}^d, \end{cases} \tag{4.1.8}$$

其中 $M_t = (M_t^1, M_t^2, \cdots, M_t^d), M_t^i = \int_0^t \sigma_{i,k}(r,x) dW_r^k, (i = 1,2,\cdots,d)$. 若 u 是（4.1.8）的弱解，则 $\mathbb{E}u$ 是（4.1.7）的弱解. 另一方面，借助于重整化技术，可以将随机连续性方程（4.1.8）转化为带有随机系数而不含随机积分的连续性方程，即

$$\begin{cases} \partial_t u(t,x+M_t) + \operatorname{div}(b(t,x+M_t)u(t,x+M_t)) = 0, \\ (\omega,t,x) \in \Omega \times (0,T) \times \mathbb{R}^d, \\ u(t,x+M_t)|_{t=0} = \rho_0(x), x \in \mathbb{R}^d. \end{cases} \tag{4.1.9}$$

我们期望借助于连续性方程的一些基本理论（或输运理论）来得到 Fokker - Planck 方程解的存在唯一性.

（iii）当考虑 Fokker - Planck 方程时，首先遇到的一个问题就是扩散矩阵

σ 的退化性，因为目前关于 Fokker – Planck 方程的大部分工作都是集中在非退化的情形，特别集中在矩阵为一致正定的，即 $\sigma\sigma^{\mathrm{T}}\geqslant cI$（$c>0$ 是一常数）. 借助于能量估计和极大值原理，在 L^2 的框架下很容易的就可以建立解的适定性. 另一方面，对 Fokker – Planck 方程而言，比如我们考虑系统（4.1.7），此时 ρ 表示一密度，所以在 L^1 的框架下来研究解看起来好像更合理. 我们可以利用（4.1.9）来研究（4.1.7），而当考虑连续性方程时，以上两个困难都是可以克服的，因此我们希望通过研究随机连续性方程建立 Fokker – Planck 方程的 L^1 理论.

为了建立 Fokker – Planck 解的适定性，首先我们来建立随机连续性方程和随机输运方程的适定性.

4.2 随机输运方程

在这一节，我们考虑下面的随机输运问题：

$$\begin{cases}\partial_t u(t,x)+b(t,x)\cdot\nabla u(t,x)+c(t,x)u(t,x)\\ \qquad+\partial_{x_i}u(t,x)\circ\dot{M}_t^i(x)=f(t,x),(\omega,t,x)\in\Omega\times(0,T)\times\mathbb{R}^d,\\ u(t,x)\mid_{t=0}=u_0(x),x\in\mathbb{R}^d,\end{cases}\tag{4.2.1}$$

其中 b: $[0,T]\times\mathbb{R}^d\to\mathbb{R}^d,c,f:[0,T]\times\mathbb{R}^d\to\mathbb{R}$, $u_0:\mathbb{R}^d\to\mathbb{R}$ 都是 Borel 可测函数，$M_t(x)=\int_0^t\sigma(s,x)dW_s$, σ 是一个矩阵值的函数，即 $\sigma:[0,T]\times\mathbb{R}^d\to\mathbb{R}^{d\times n}$. 为简单起见，我们假设 σ 与 $x_2\in\mathbb{R}^{d_2}(d=d_1+d_2,x=(x_1,x_2)\in\mathbb{R}^{d_1}\times\mathbb{R}^{d_2})$ 是无关的且有如下的表示

$$\sigma=\begin{pmatrix}0\\ A\end{pmatrix},\quad A\in\mathbb{R}^{d_2\times n}$$

此时（4.2.1）可写为

$$\begin{cases}\partial_t u(t,x)+b(t,x)\cdot\nabla u(t,x)+c(t,x)u(t,x)+\sum_{i=1}^{d_2}\partial_{d_1+i}u(t,x)\circ\dot{M}_t^i(x_1)\\ =f(t,x),(\omega,t,x)\in\Omega\times(0,T)\times\mathbb{R}^d,\\ u(t,x)\mid_{t=0}=u_0(x),x\in\mathbb{R}^d,\end{cases}\tag{4.2.2}$$

其中 $M_t=\int_0^t\sigma(s,x_1)dW_s$.

在此小节，我们的目的是建立（4.2.2）L^1 解的存在性与唯一性或一般的，对给定的初值 $u_0\in L^p(\mathbb{R}^d)$（$1\leqslant p\leqslant\infty$），我们来建立（4.2.2）$L^p$ 解的存在唯一性．在此我们设（2.1.3）成立．

定义 4.2.1. 设 $u_0\in L^p(\mathbb{R}^d)$．我们称随机场 $u\in L^\infty(\Omega\times[0,T];L^p(\mathbb{R}^d))$ 是（4.2.2）的一个弱 L^p - 解，如果对任意的检验函数 $\varphi\in\mathcal{D}(\mathbb{R}^d)$，过程 $\int_{\mathbb{R}^d}u(t,x)\varphi(x)dx$ 是一个有连续磨光的（$\mathcal{F}_t)_{t\geqslant0}$-半鞅且等式

$$\begin{aligned}&\int_{\mathbb{R}^d}u(t,x)\varphi(x)dx\\ &=\int_{\mathbb{R}^d}u_0(x)\varphi(x)dx+\int_0^t\int_{\mathbb{R}^d}\partial_{d_1+i\varphi}(x)u(s,x)dx_2M^i(dx_1,\circ ds)\\ &\quad+\int_0^t\int_{\mathbb{R}^d}[b(s,x)\cdot\nabla\varphi(x)+(\mathrm{div}\ b-c)(s,x)\varphi(x)]u(s,x)dxds\\ &\quad+\int_0^t\int_{\mathbb{R}^d}f(s,x)\varphi(x)dxds\end{aligned}\tag{4.2.3}$$

成立．

注记 4.2.2.（i）因为 Itô 积分和 Stratonovich 积分有以下关系（[115]）

$$\begin{aligned}&\int_0^t\int_{\mathbb{R}^d}\partial_{d_1+i}\varphi(x)u(s,x)dx_2M^i(dx_1,\circ ds)\\ &=\int_0^t\int_{\mathbb{R}^d}\partial_{d_1+i}\varphi(x)udx_2M^i(dx_1,ds)\\ &\quad+\frac{1}{2}\int_0^t\int_{\mathbb{R}^{d_1}}\left\langle d\int_{\mathbb{R}^{d_2}}\partial_{d_1+i}\varphi(x)udx_2,dM_\cdot^i(x_1)\right\rangle_s dx_1,\end{aligned}$$

其中 $\langle\cdot,\cdot\rangle_s$ 表示二次变差，如果我们将定义 4.2.1 中的 φ 换成 $\partial_{d_1+i}\varphi(x)$，由 Fubini 定理，鞅部分 $\int_{\mathbb{R}^{d_2}}\partial_{d_1+i}\varphi(x)u(s,x)dx_2$ 为 $\int_0^s\int_{\mathbb{R}^{d_2}}\partial^2_{d_1+i,d_1+j}\varphi(x)u(r,x)dx_2dM_r^j$，因此

$$\int_{\mathbb{R}^{d_1}}\left\langle d\int_{\mathbb{R}^{d_2}}\partial_{d_1+i}\varphi(x)u(s,x)dx_2,dM_\cdot^i(dx_1)\right\rangle_s$$

$$=\int_{\mathbb{R}^d}\partial^2_{d_1+i,d_1+j}\varphi(x)(\sigma_{i,k}\sigma_{j,k})(s,x_1)u(s,x)dxds.$$

所以（4.2.3）可以写成如下的 Itô 形式

$$\int_{\mathbb{R}^d}u(t,x)\varphi(x)dx$$

$$=\int_{\mathbb{R}^d}u_0(x)\varphi(x)dx+\int_0^t\int_{\mathbb{R}^d}\partial_{d_1+i}\varphi(x)u(s,x)\sigma_{i,j}(s,x_1)dxdW_s^j$$

$$+\int_0^t\int_{\mathbb{R}^d}[b(s,x)\cdot\nabla\varphi(x)+(\mathrm{div}\,b-c)\varphi(x)]u(s,x)dxds$$

$$+\frac{1}{2}\int_0^t\int_{\mathbb{R}^d}\partial^2_{d_1+i,d_1+j}\varphi(x)\sigma_{i,k}\sigma_{j,k}udxds+\int_0^t\int_{\mathbb{R}^d}f\varphi dxds. \tag{4.2.4}$$

相反的事实也是很容易证明的，因此（4.2.3）和（4.2.4）是等价的.

（ii）由（4.2.4），我们还需假设

$$\sigma_{i,k}\in L^2([0,T];L^{2q}(\mathbb{R}^{d_1})).$$

此外由于 $L^2([0,T])\times L^{2q}(\mathbb{R}^{d_1})$，在 $L^2([0,T];L^{2q}(\mathbb{R}^{d_1}))$ 中稠密，我们还可以设 σ 具有以下结构：

$$\sigma_{i,j}(t,x_1)=\bar{\sigma}_{i,j}(t)\ \tilde{\sigma}_{i,j}(x_1) \tag{4.2.5}$$

其中 $\sigma_{i,j}$ 表示矩阵 σ 的第 i－行，j－列的元素．首先我们给出一个引理.

引理 4.2.3. 设 $0\neq f\in L^2([0,T])$，则

$$\mathbb{P}\left[\limsup_{t\downarrow 0}\left|\int_0^t f(s)dW_s\right|\Big/\left(2\int_0^t f^2(s)ds\log\log\left(1\Big/\int_0^t f^2(s)ds\right)\right)^{1/2}=1\right]=1. \tag{4.2.6}$$

证明． 显然只需证明（4.2.6）对 $T=1,\int_0^1 f^2(t)dt=1$ 成立即可，这是因为如果 $T\neq 1$，做变换：$t=Ts$，则 $s\in[0,1]$，如果 $\int_0^1 f^2(s)ds\neq 1$，令 $g(s)=f(s)\Big/\left(\int_0^1 f^2(s)ds\right)^{1/2}$，则 $\int_0^1 g^2(s)ds=1$.

记 $h(t)=(2t\log\log(1/t))^{1/2}$，并取（0，1）中的两个数 ε 和 ϵ，我们令 $\alpha_n=(1+\epsilon)\varepsilon^{-n}h(\varepsilon^n),\beta_n=h(\varepsilon^n)/2$．首先我们证明

$$\mathbb{P}\left[\sup_{t\leqslant 1}\left(\int_0^t f(s)dW_s-\alpha_n\int_0^t f^2(s)ds/2\right)\geqslant\beta_n\right]\leqslant\exp(-\alpha_n\beta_n).$$

事实上，借助于 Doob－L^p 不等式，则

$$\mathbb{P}\Big[\sup_{t\leqslant 1}\Big(\int_0^t f(s)\,dW_s - \alpha_n\int_0^t f^2(s)\,ds/2\Big)\geqslant \beta_n\Big]$$

$$= \mathbb{P}\Big[\sup_{t\leqslant 1}\exp\Big(\alpha_n\int_0^t f(s)\,dW_s - \alpha_n^2\int_0^t f^2(s)\,ds/2\Big)\geqslant \exp(\alpha_n\beta_n)\Big]$$

$$\leqslant \exp(-\alpha_n\beta_n)\sup_{t\leqslant 1}\mathbb{E}\Big[\Big(\alpha_n\int_0^t f(s)\,dW_s - \alpha_n^2\int_0^t f^2(s)\,ds/2\Big)\Big]$$

$$= \exp(-\alpha_n\beta_n).$$

注意到

$$\exp(-\alpha_n\beta_n) = \frac{1}{n^{1+\varepsilon}(\log(1/\varepsilon))^{1+\varepsilon}},$$

由 Borel - Cantelli 引理可得

$$\mathbb{P}\Big[\lim_{n\to\infty}\inf\sup_{t\leqslant 1}\int_0^t f(s)\,dW_s - \alpha_n\int_0^t f^2(s)\,ds/2\Big) < \beta_n\Big] = 1.$$

如果我们将 t 限制在 $[0,\ t_{n-1}]$ 上，($t_{n-1}\in(0,1)$，满足 $\int_0^{t_{n-1}} f^2(s)\,ds \in [0,\theta^{n-1}]$)，则

$$\int_0^t f(s)\,dW_s \leqslant \frac{\alpha_n}{2}\int_0^t f^2(s)\,ds + \beta_n \leqslant \Big[\frac{1+\epsilon}{2\theta}+\frac{1}{2}\Big]h(\varepsilon^n).$$

特别的，对任意的 $t\in(0,1)$ 满足 $\int_0^t f^2(s)\,ds \in [\varepsilon^n,\varepsilon^{n-1}]$，我们有

$$\int_0^t f(s)\,dW_s \leqslant \frac{\alpha_n}{2}\int_0^t f^2(s)\,ds + \beta_n \leqslant \Big[\frac{1+\epsilon}{2\varepsilon}+\frac{1}{2}\Big]h\Big(\int_0^t f^2(s)\,ds\Big). \tag{4.2.7}$$

从 (4.2.7) 可得

$$\lim_{t\downarrow 0}\sup\Big[\int_0^t f(s)\,dW_s/h\Big(\int_0^t f^2(s)\,ds\Big)\Big]\leqslant \frac{1+\epsilon}{2\varepsilon}+\frac{1}{2},\ \mathbb{P}-a.s.\ \omega\in\Omega.$$

首先令 ε 趋近于 1，然后令趋近于 0 得

$$\limsup_{t\downarrow 0}\Big[\int_0^t f(s)\,dW_s/h\Big(\int_0^t f^2(s)\,ds\Big)\Big]\leqslant 1,\ \mathbb{P}-a.s.\ \omega\in\Omega. \tag{4.2.8}$$

下面我们来证明相反的不等式.

对 $\varepsilon\in[0,1)$，事件

$$A_n = \Big\{\int_0^{t_n} f(s)\,dW_s - \int_0^{t_{n+1}} f(s)\,dW_s \geqslant (1-\varepsilon^{1/2})h(\varepsilon^n)\Big\}$$

是相互独立的，其中 $t_n\geqslant t_{n+1}$，$\varepsilon^n = \int_0^{t_n} f^2(s)\,ds$，$\varepsilon^{n+1} = \int_0^{t_{n+1}} f^2(s)\,ds$，令 $a=(1-\varepsilon^{1/2})(2\log\log\varepsilon^{-n}/(1-\varepsilon))^{1/2}>0$，则

$$\mathbb{P}(A_n) = \frac{1}{(2\pi)^{1/2}}\int_a^{\infty}\exp(-x^2/2)\,dx.$$

注意到以下事实

$$\int_a^{\infty}\exp(-x^2/2)\,dx \geqslant a^2\int_a^{\infty}\frac{\exp(-x^2/2)}{x^2}dx$$

$$= a\exp(-a^2/2) - a^2\int_a^{\infty}\exp(-x^2/2)\,dx,$$

即

$$\int_a^{\infty}\exp(-x^2/2)\,dx \geqslant \frac{a}{1+a^2}\exp(-a^2/2),$$

所以

$$\mathbb{P}(A_n) \geqslant \frac{1}{(2\pi)^{1/2}}\frac{a}{1+a^2}\log(1/\varepsilon)^{-(1-\varepsilon^{1/2})^2/(1-\varepsilon)}n^{-(1-\varepsilon^{1/2})^2/(1-\varepsilon)}.$$

因此 $\sum_{n=1}^{\infty}\mathbb{P}(A_n) = \infty$．由 Borel – Cantelli 引理，对几乎所有的 $\omega \in \Omega$，下面的事件

$$\int_0^{t_n}f(s)\,dW_s \geqslant \int_0^{t_{n+1}}f(s)\,dW_s + (1-\varepsilon^{1/2})h(\varepsilon^n)$$

会发生无穷多次.

对于 $-\int_0^t f(s)\,dW_s$，以上的证明依然有效，于是对几乎所有的 $\omega \in \Omega$ 的事件

$$\int_0^{t_n}f(s)\,dW_s > (1-\varepsilon^{1/2})h(\varepsilon^n) - 2h\left(\int_0^{t_{n+1}}f^2(s)\,ds\right) > h(\varepsilon^n)(1-5\varepsilon^{1/2})$$

也会发生无穷次，因而

$$\limsup_{t\downarrow 0}\int_0^t f(s)\,dW_s/h\left(\int_0^t f^2(s)\,ds\right) > 1-5\varepsilon^{1/2}, \mathbb{P}-a.s.\ \omega \in \Omega$$

令 ε 趋近于 0，我们得

$$\mathbb{P}\left[\limsup_{t\downarrow 0}\int_0^t f(s)\,dW_s/h\left(\int_0^t f^2(s)\,ds\right) \geqslant 1\right] = 1. \quad (4.2.9)$$

从（4.2.8），（4.2.9），因此

$$\mathbb{P}\left[\lim_{t\downarrow 0}\sup\int_0^t f(s)\,dW_s/h\left(\int_0^t f^2(s)\,ds\right) = 1\right] = 1.$$

如果我们以 $-\int_0^t f(s)\,dW_s$ 去代换 $\int_0^t f(s)\,dW_s$ 并重复以上的计算，

$$\mathbb{P}\left[\lim_{t\downarrow 0}\inf\int_0^t f(s)\,dW_s/h\left(\int_0^t f^2(s)\,ds\right) = -1\right] = 1,$$

这样我们就完成了证明.

注记 4.2.4. (i) 如果我们将 $\int_0^t f(s)dW_s$ 换成 $\int_r^{t+r} f(s)dW_s, (r>0)$，类似的证明我们也可以得

$$\mathbb{P}\left[\limsup_{t\downarrow 0}\left|\int_r^{t+r} f dW_s\right| \Big/ \left(2\int_r^{t+r} f^2 ds \log\log\left(1\Big/\int_r^{t+r} f^2(s)ds\right)\right)^{1/2} = 1\right] = 1. \tag{4.2.10}$$

(ii) 此处的证明是受［202］中关于 $f=1$ 的论证的启发给出的，关于此方面的更多细节读者可以参考［1，202］.

下面我们来给出这一节的第一个主要结果.

定理 4.2.5. 设 $p\in[1,\infty]$，$u_0\in L^p(\mathbb{R}^d)$，b,c,σ 和 f 满足 (2.1.3)，(2.1.9)，(4.2.5). 此外我们还设

$$f(t,x)\in L^p([0,T]\times\mathbb{R}^d), \tag{4.2.11}$$

$$\sigma(t,x_1)\in L^2([0,T];L^\infty_{loc}(\mathbb{R}^{d_1};\mathbb{R}^{d_2\times n}))\cap L^2([0,T];W^{1,1}_{loc}(\mathbb{R}^{d_1};\mathbb{R}^{d_2\times n})) \tag{4.2.12}$$

$$\sum_{i=1}^{d_1} b_i(t,x)\partial_{x_1^i}\sigma_{k,j}(t,x_1) = 0, \tag{4.2.13}$$

其中 $x_1=(x_1^1,\cdots,x_1^{d_1})$，则 Cauchy 问题 (4.2.2) 存在一个弱 L^p - 解.

证明. 考虑如下的输运问题

$$\begin{cases}\partial_t\nu(t,x)+b(t,x_1,x_2+M_t)\cdot\nabla\nu(t,x)+c(t,x_1,x_2+M_t)\nu(t,x)\\ =f(t,x_1,x_2+M_t),(\omega,t,x)\in\Omega\times(0,T)\times\mathbb{R}^d,\\ \nu(t,x)\mid_{t=0}=u_0(x),x\in\mathbb{R}^d,\end{cases} \tag{4.2.14}$$

首先，我们来验证 Cauchy 问题 (4.2.14) 是适定的. 由假设 (4.2.5)，所以

$$\begin{aligned}M_t(x_1) &= (M_t^1(x_1),M_t^2(x_1),\cdots,M_t^{d_2}(x_1)),M_t^i(x_1)\\ &= \sum_{j=1}^n \tilde{\sigma}_{i,j}(x_1)\int_0^t\bar{\sigma}_{i,j}(s)dW_s^j.\end{aligned}$$

此外由 (4.2.12)，

$$\bar{\sigma}_{i,j}\in L^2([0,T]),\ \tilde{\sigma}_{i,j}\in W^{1,1}_{loc}(\mathbb{R}^{d_1})\cap L^\infty_{loc}(\mathbb{R}^{d_1}).$$

对充分小的 $T_0\in(0,T)$，从 (4.2.6) 我们有：对任意的 $t\in[0,T_0]$，

$$\begin{aligned}\sup_{i,j}\left|\int_0^t\bar{\sigma}_{i,j}(s)dW_s^j\right| &\leqslant \sup_{i,j}\left[2\int_0^t\bar{\sigma}_{i,j}^2 ds\log\log\left(1\Big/\int_0^t\bar{\sigma}_{i,j}^2(s)ds\right)\right]^{1/2}+\frac{1}{4K},\\ &\leqslant 2^{1/2}\sup_{i,j}\left(\int_0^t\bar{\sigma}_{i,j}^2(s)ds\right)^{1/3}+\frac{1}{3K}\end{aligned}$$

$$\leqslant \frac{1}{2K}, \qquad \mathbb{P}-a.s.\,\omega\in\Omega, \tag{4.2.15}$$

其中 $K>0$ 是一个给定的常数.

对使得（4.2.15）成立的固定的 $\omega\in\Omega$，则 $f(t,x_1,x_2+M_t(x_1))$ 满足假设（4.2.11），$b(t,x_1,x_2+M_t(x_1))\in L^1([0,T_0];L^q_{loc}(\mathbb{R}^d;\mathbb{R}^d))$. 下面我们来验证（2.1.9）成立. 事实上对 $b(t,x_1,x_2+M_t(x_1))$ 和 $c(t,x_1,x_2+M_t(x_1))$，借助于假设（4.2.12）和（4.2.13），所以

$$\begin{aligned}
&\operatorname{div}(b(t,x_1,x_2+M_t(x_1)))\\
&=\operatorname{div} b(t,x_1,x_2+M_t(x_1))+\sum_{k=1}^{d_2}\partial_{x_2^k}\Big[\sum_{i=1}^{d_1}\partial_{x_1^i}\ \tilde{\sigma}_{k,j}b_i\Big]\int_0^t\bar{\sigma}_{k,j}(s)dW_s^j\\
&=\operatorname{div} b(t,x_1,x_2+M_t(x_1)).
\end{aligned}$$

当 $p>1$ 时，

$$\begin{aligned}
&\Big[\frac{1}{p}\operatorname{div}(b(t,x_1,x_2+M_t(x_1)))-c(t,x_1,x_2+M_t(x_1))\Big]_+\\
&=\Big[\Big(\frac{1}{p}\operatorname{div} b-c\Big)(t,x_1,x_2+M_t(x_1))\Big]_+\in L^1([0,T_0];L^\infty(\mathbb{R}^d)),
\end{aligned}$$

当 $p=1$ 时，

$$\begin{aligned}
&[\operatorname{div}(b(t,x_1,x_2+M_t(x_1)))]_+\\
&=[\operatorname{div} b(t,x_1,x_2+M_t(x_1))]_t\in L^1([0,T_0];L^\infty(\mathbb{R}^d)),\\
&[c(t,x_1,x_2+M_t(x_1))]_-\in L^1([0,T_0];L^\infty(\mathbb{R}^d)),
\end{aligned}$$

因此（2.1.9）成立. 由注记 2.1.6（i），对任意的 $p\in[1,\infty]$，（4.2.14）存在一个弱 L^P - 解 ν，*i. e.* $\nu\in L^\infty([0,T_0];L^p(\mathbb{R}^d))$. 因为（4.2.15）对几乎所有的 $\omega\in\Omega$ 都成立，所以对几乎所有的 $\omega\in\Omega$，（4.2.14）都存在一个弱 L^P - 解. 此外我们还有 $\nu\in L^\infty(\Omega\times[0,T_0];L^p(\mathbb{R}^d))$.

接下来，我们对

$$F(y_2)=\int\nu(t,x)\varphi(x_1,x_2+y_2)dx,$$

使用 Itô - Wentzell 公式（可参看［114］），于是对任意 $\varphi(x)\in\mathcal{D}(\mathbb{R}^d)$ 就有

$$\begin{aligned}
&\int_{\mathbb{R}^d}\nu(t,x)\varphi(x_1,x_2+M_t(x_1))dx\\
&=\int_{\mathbb{R}^d}u_0(x)\varphi(x)dx+\int_0^t\int_{\mathbb{R}^d}f(s,x)\varphi(x)dxds\\
&\quad+\int_0^t\int_{\mathbb{R}^d}\nu(s,x)(\operatorname{div} b-c)(s,x_1,x_2+M_s(x_1))\varphi(x_1,x_2+M_s(x_1))dxds
\end{aligned}$$

$$+\int_0^t\int_{\mathbb{R}^d}\nu(s,x)b(s,x_1,x_2+M_s(x_1))\cdot\nabla\varphi(x_1,x_2+M_s(x_1))dxds$$

$$+\int_0^t\int_{\mathbb{R}^d}\nu(s,x)\cdot\partial_{d_1+i}\varphi(x_1,x_2+M_s(x_1))dx_2M^i(dx_1,\circ ds).$$

通过做变量替换就得

$$\begin{aligned}&\int_{\mathbb{R}^d}\nu(t,x_1,x_2-M_t(x_1))\varphi(x)dx\\&=\int_{\mathbb{R}^d}u_0(x)\varphi(x)dx+\int_0^t\int_{\mathbb{R}^d}f(s,x)\varphi(x)dxds\\&\quad+\int_0^t\int_{\mathbb{R}^d}\nu(s,x_1,x_2-M_s(x_1))[(\mathrm{div}\ b-c)\varphi(x)+b(s,x)\cdot\nabla\varphi(x)]dxds\\&\quad+\int_0^t\int_{\mathbb{R}^d}\nu(s,x_1,x_2-M_s(x_1))\partial_{d_1+i}\varphi(x)dx_2M^i(dx_1,\circ ds).\end{aligned}\tag{4.2.16}$$

如果令 $u(t,x)=\nu(t,x_1,x_2-M_t)$，则

$$u\in L^\infty(\Omega\times[0,T_0],L^p(\mathbb{R}^d)),$$

且对任意的 $\varphi\in\mathcal{D}(\mathbb{R}^d)$，$\left\{\int_{\mathbb{R}^d}u(t,x)\varphi(x)dx,t\in[0,T_0]\right\}$是一个（$\mathcal{F}_t)_{t\geq0}$半鞅，$\int_{\mathbb{R}^d}u(t,x)\varphi(x)dx$ 具有连续磨光. 这样我们证明了（4.2.2）的局部可解性.

对固定的 T_0，考虑下面的问题

$$\begin{cases}\partial_t\tilde{u}(t,x)+b(t,x)\cdot\nabla\tilde{u}(t,x)+c\tilde{u}(t,x)+\partial_{d_1+i}\tilde{u}(t,x)\circ\dot{M}_t^i(x_1)\\=f(t,x),(\omega,t,x)\in\Omega\times(T_0,2T_0)\times\mathbb{R}^d,\\\tilde{u}(t,x)|_{t=T_0}=u(T_0,x),(\omega,x)\in\Omega\times\mathbb{R}^d.\end{cases}\tag{4.2.17}$$

如果取

$$\partial_t\tilde{\nu}(t,x)+b(t,x_1,x_2+M_{tT_0}(x_1))\cdot\nabla\tilde{\nu}(t,x)+c(t,x_1,x_2+M_{tT_0}(x_1))$$
$$=f(t,x_1,x_2+M_{tT_0}(x_1)),$$

满足初值

$$\tilde{\nu}(t,x)|_{t=T_0}=u(T_0,x),\tag{4.2.18}$$

作为目前的辅助输运问题，其中 $M_{tT_0}(x_1)=M_t(x_1)-M_{T_0}(x_1)$. 借助于（4.2.10）并重复以上的讨论，我们可得：（4.2.17）在（T_0，$2T_0$）上存在一弱解 $\tilde{u}(t,x)$. 定义

$$\bar{u}(t,x)=\begin{cases}u(t,x), & t\in(0,T_0),\\\tilde{u}(t,x), & t\in[T_0,2T_0).\end{cases}$$

对任意的 $t\in(T_0, 2T_0)$ 我们可以得

$$
\begin{aligned}
&\int_{\mathbb{R}^d}\bar{u}(t,x)\varphi(x)dx\\
&=\int_{\mathbb{R}^d}u(T_0,x)\varphi(x)dx+\int_{T_0}^{t}\int_{\mathbb{R}^d}[b\cdot\nabla\varphi(x)+(\operatorname{div}b-c)\varphi(x)]\ \tilde{u}(s,x)dxds\\
&\quad+\int_{T_0}^{t}\int_{\mathbb{R}^d}\partial_{d_1+i}\varphi(x)\ \tilde{u}(s,x)dx_2M^i(dx_1,\circ ds)+\int_{T_0}^{t}\int_{\mathbb{R}^d}f(s,x)\varphi(x)dxds\\
&=\int_{\mathbb{R}^d}u_0(x)\varphi(x)dx+\int_{0}^{T_0}\int_{\mathbb{R}^d}[b\cdot\nabla\varphi(x)+(\operatorname{div}b-c)\varphi(x)]u(s,x)dxds\\
&\quad+\int_{0}^{T_0}\int_{\mathbb{R}^d}\partial_{d_1+i}\varphi(x)u(s,x)dx_2M^i(dx_1,\circ ds)+\int_{0}^{T_0}\int_{\mathbb{R}^d}f(s,x)\varphi(x)dxds\\
&\quad+\int_{T_0}^{t}\int_{\mathbb{R}^d}[b(s,x)\cdot\nabla\varphi(x)+(\operatorname{div}b-c)(s,x)\varphi(x)]\ \tilde{u}(s,x)dxds\\
&\quad+\int_{T_0}^{t}\int_{\mathbb{R}^d}\partial_{d_1+i}\varphi(x)\ \tilde{u}(s,x)dx_2M^i(dx_1,\circ ds)+\int_{T_0}^{t}\int_{\mathbb{R}^d}f(s,x)\varphi(x)dxds\\
&=\int_{\mathbb{R}^d}u_0(x)\varphi(x)dx+\int_{T_0}^{t}\int_{\mathbb{R}^d}[b\cdot\nabla\varphi(x)+(\operatorname{div}b-c)\varphi(x)]\bar{u}(s,x)dxds\\
&\quad+\int_{0}^{t}\int_{\mathbb{R}^d}\partial_{d_1+i}\varphi(x)\bar{u}(s,x)dx_2M^i(dx_1,\circ ds)+\int_{0}^{t}\int_{\mathbb{R}^d}f(s,x)\varphi(x)dxds.
\end{aligned}
$$

因此 $\bar{u}(t,x)$ 是 Cauchy 问题（4.2.2）在 $[0, 2T_0)$ 上的弱解. 重复以上的讨论，我们就得到了问题（4.2.2）在（0，T）上的可解性.

注记 4.2.6. 因为对任意 $\varphi\in\mathcal{D}(\mathbb{R}^d)$，$\int_{\mathbb{R}^d}u(t,x)\varphi(x)dx$ 关于 t 是连续的，所以（4.2.18）中关于 $\tilde{\nu}$ 的定义是合理的且 $\tilde{\nu}(t,x)|_{t=T_0}=u(T_0,x)\in L^\infty(\Omega;L^p(\mathbb{R}^d))$.

下面我们给出唯一性结果.

定理 4.2.7.（唯一性） 设 u_0，b，σ 和 f 满足定理 4.2.5 中的假设，此外我们还设（2.1.7），（2.1.8），（2.1.10）成立，

$$\sigma(t,x_1)\in L^2([0,T];L^\infty(\mathbb{R}^{d_1};\mathbb{R}^{d_2\times n}))\cap L^2([0,T];W^{1,\infty}_{loc}(\mathbb{R}^{d_1};\mathbb{R}^{d_2\times n})),$$

则 Cauchy 问题（4.2.2）的弱 L^P－解是唯一的.

证明. 因为方程是线性的，所以只需证：当 $f=u_0=0$ 时，（4.2.2）的弱解是0.

首先我们断言：如果

$$b(t,x)\in L^1([0,T];W^{1,q}_{loc}(\mathbb{R}^d;\mathbb{R}^d)),$$

$$\frac{b(t,x)}{1+|x|}\in L^1([0,T];L^1(\mathbb{R}^d;\mathbb{R}^d)+L^\infty(\mathbb{R}^d;\mathbb{R}^d)),$$

对充分小的 T_0（定理 4. 2. 6 中所给，此时我们取 $K=\|\tilde{\sigma}\|_\infty$）和几乎所有的 $\omega\in\Omega$，

$$b(t,x_1,x_2+M_t(x_1))\in L^1([0,T_0];W^{1,q}_{loc}(\mathbb{R}^d;\mathbb{R}^d)),$$

$$\frac{b(t,x_1,x_2+M_t(x_1))}{1+|x|}\in L^1([0,T_0];L^1(\mathbb{R}^d;\mathbb{R}^d))+L^1([0,T_0];L^\infty(\mathbb{R}^d;\mathbb{R}^d)).$$

因为 $b(t,x_1,x_2+M_t(x_1))\in L^1([0,T_0];L^q_{loc}(\mathbb{R}^d;\mathbb{R}^d))$ 是显然的，所以我们只需验证

$$|\nabla(b(t,x_1,x_2+M_t(x_1)))|\in L^1([0,T_0];L^q_{loc}(\mathbb{R}^d))$$

和

$$\frac{b(t,x_1,x_2+M_t(x_1))}{1+|x|}\in L^1([0,T_0];L^1(\mathbb{R}^d;\mathbb{R}^d))+L^1([0,T_0];L^\infty(\mathbb{R}^d;\mathbb{R}^d)). \tag{4.2.19}$$

对任意的紧集 $O\subset\mathbb{R}^d$，

$$\begin{aligned}
&\int_0^{T_0}\int_O|\nabla(b(t,x_1,x_2+M_t))|^q dxdt\\
&\leqslant\int_0^{T_0}\int_O\Big[|\nabla b(t,x_1,x_2+M_t)|\\
&\quad+\left|\nabla_{x_2}b(t,x_1,x_2+M_t)\right|\left\|\nabla_{x_1}\tilde{\sigma}_{i,j}(x_1)\right\|\left|\int_0^t\overline{\sigma}_{i,j}(s)dW^j_s\right|\Big]^q dxdt\\
&\leqslant C\Big(\int_0^{T_0}\int_{K_1}|\nabla b(t,x)|^q dxdt+\int_0^{T_0}\int_{K_1}|\nabla_{x_2}b(t,x)|^q dxdt\Big),\\
&<\infty,\quad \mathbb{P}-a.s.\ \omega\in\Omega,
\end{aligned}$$

其中 $K_1(x)=\{y\in\mathbb{R}^d;|y-x|\leqslant1,x\in O\}$.

另一方面，因为

$$\sup_{x\in\mathbb{R}^d,t\in[0,T_0]}\frac{1+|x|+|M_t(x_1)|}{1+|x|}\leqslant C,$$

所以（4. 2. 19）成立，因此我们的断言是正确的. 此外，我们还有

$$[\operatorname{div}(b(t,x_1,x_2+M_t(x_1))]_+,\ [c(t,x_1,x_2+M_t(x_1))]_-\in L^1([0,T_0];L^\infty(\mathbb{R}^d))$$

借助于注记 2. 1. 6（ii），Cauchy 问题（4. 2. 2）弱解在 $[0,T_0]$ 上是唯一性，即 $u\equiv0$. 对 $t\in[T_0,2T_0]$，重复以上的讨论，在 $[T_0,2T_0]$，u 也是恒为

0 的. 经过有限次讨论后，我们就完成了证明.

注记 4.2.8. 对于 $p=\infty$ 和空间 Holder 连续向量场 b，Flandoli 以及他的合作者讨论了特殊的随机输运方程（4.2.1），即 $n=d$，$\sigma=I$，$c=0$，借助于 Itô－Tanaka 型的技巧，他们得到了解的存在性和唯一性. 然而这种技术对于我们当前的问题是否仍然有效，这看起来好像是一个十分有意思的问题. 我们打算在今后的工作中来研究此问题.

4.3 Fokker－Planck 方程：弱解的存在性

在这一节，我们来建立如下的 Fokker－Planck 方程弱解的存在性.

$$\begin{cases}\partial_t u(t,x)+\operatorname{div}(bu)(t,x)-\dfrac{1}{2}\partial^2_{d_1+i,d_1+j}(\sigma_{i,k}(t,x_1)\sigma_{j,k}(t,x_1)u(t,x))\\ =f(t,x),(t,x)\in(0,T)\times\mathbb{R}^d,\\ u(t,x)\mid_{t=0}=u_0(x),x\in\mathbb{R}^d,\end{cases}\tag{4.3.1}$$

其中 $p\in[1,\infty]$（尽管 Fokker－Planck 方程是齐次的，这里我们仍称上述的非齐次方程为 Fokker－Planck 方程）.

定义 4.3.1. 我们称 $u(t,x)\in L^\infty([0,T];L^p(\mathbb{R}^d))$ 是 Cauchy 问题（4.3.1）相应于初值 $u_0\in L^p(\mathbb{R}^d)$ 的一个弱 L^P－解，如果对任意的 $\varphi\in\mathcal{D}(\mathbb{R}^d)$ 和所有的 $t\in(0,T)$，下面的等式成立

$$\begin{aligned}\int_{\mathbb{R}^d}u(t,x)\varphi(x)dx&=\int_{\mathbb{R}^d}u_0(x)\varphi(x)dx+\int_0^t\int_{\mathbb{R}^d}u(s,x)b(s,x)\cdot\nabla\varphi(x)dxds\\&\quad+\frac{1}{2}\int_0^t\int_{\mathbb{R}^d}\partial^2_{d_1+i,d_1+j}\varphi(x)\sigma_{i,k}(s,x_1)\sigma_{j,k}(s,x_1)u(s,x)dxds\\&\quad+\int_0^t\int_{\mathbb{R}^d}f(s,x)\varphi(x)dxds.\end{aligned}\tag{4.3.2}$$

为了使（4.3.2）中的每一项都有意义，我们还需假设

$b\in L^1([0,T];L^q_{loc}(\mathbb{R}^d;\mathbb{R}^d)),\sigma_{i,k}\sigma_{j,k}\in L^1([0,T];L^q_{loc}(\mathbb{R}^{d_1}))$.

下面我们给出这节的主要结果.

定理 4.3.2.（存在性） 设 $u_0\in L^p(\mathbb{R}^d)$. b，σ 和 f 满足定理 3.2.5 中的假设（此时 $c=\operatorname{div} b$），则（4.3.1）存在一个弱 L^P－解.

证明. 考虑系统（4.2.2）的特殊形式：$c(t,x)=\operatorname{div} b(t,x)$. 由定理4.2.5，（4.2.2）存在一个弱 L^p - 解 ν（t，x）且以下等式成立：

$$\int_{\mathbb{R}^d}\nu(t,x)\varphi(x)dx = \int_{\mathbb{R}^d}u_0(x)\varphi(x)dx + \int_0^t\int_{\mathbb{R}^d}\nu(s,x)b(s,x)\cdot\nabla\varphi(x)dxds$$

$$+\int_0^t\int_{\mathbb{R}^d}\partial_{d_1+i}\varphi(x)\nu(s,x)dx_2M^i(dx_1,\circ ds)$$

$$+\int_0^t\int_{\mathbb{R}^d}f(s,x)\varphi(x)dxds.$$

由注记4.2.2，上面的等式等价于

$$\int_{\mathbb{R}^d}\nu(t,x)\varphi(x)dx = \int_{\mathbb{R}^d}u_0(x)\varphi(x)dx + \int_0^t\int_{\mathbb{R}^d}\nu(s,x)b(s,x)\cdot\nabla\varphi(x)dxds$$

$$+\int_0^t\int_{\mathbb{R}^d}\partial_{d_1+i}\varphi(x)\nu(s,x)\sigma_{i,j}(s,x_1)dxdW_s^j$$

$$+\frac{1}{2}\int_0^t\int_{\mathbb{R}^d}\partial^2_{d_1+i,d_1+j}\varphi(x)\sigma_{i,k}(s,x_1)\sigma_{j,k}(s,x_1)\nu(s,x)dxds$$

$$+\int_0^t\int_{\mathbb{R}^d}f(s,x)\varphi(x)dxds,$$

所以，如果在以上等式中关于 ω 取期望且记 $u(t,x)=\mathbb{E}\nu(t,x)$，则

$$\int_{\mathbb{R}^d}u(t,x)\varphi(x)dx = \int_0^t\int_{\mathbb{R}^d}u(s,x)b(s,x)\cdot\nabla\varphi dxds + \int_0^t\int_{\mathbb{R}^d}f(s,x)\varphi(x)dxds$$

$$+\frac{1}{2}\int_0^t\int_{\mathbb{R}^d}\partial^2_{d_1+i,d_1+j}\varphi(x)\sigma_{i,k}(s,x_1)\sigma_{j,k}(s,x_1)u(s,x)dxds$$

$$+\int_{\mathbb{R}^d}u_0(x)\varphi(x)dx.$$

因为 $\nu(t,x,\omega)\in L^\infty(\Omega\times[0,T];L^p(\mathbb{R}^d))$，所以 $u(t,x)\in L^\infty([0,T];L^p(\mathbb{R}^d))$. 因此 $u(t,x)$ 是（4.3.1）的一个弱解.

4.4 弱解的唯一性

这节中我们来给出唯一性.

定理 4.4.1.（唯一性） 设 u_0，b，σ 和 f 满足定理 4.2.7 中的条件（此时 $c=\operatorname{div} b$），此外我们还设 b 满足（2.1.7）和

$$\frac{b(t,x)}{1+|x|}\in L^1([0,T];L^\infty(\mathbb{R}^d;\mathbb{R}^d))+L^1([0,T];L^q(\mathbb{R}^d;\mathbb{R}^d)),\qquad(4.4.1)$$

则 Cauchy 问题（4.4.1）的弱 L^P 解是唯一的.

证明. 只需证当 $u_0=f=0$ 时，（4.3.1）的弱解都是 0. 我们首先证 $p=1$.

对任意的 α_1，$\alpha_2>0$，令 $u_{\alpha_1,\alpha_2}:=(u*\varrho_{1,\alpha_1})*\varrho_{2,\alpha_2}=(u*\varrho_{2,\alpha_2})*\varrho_{1,\alpha_1}=:u_{\alpha_2,\alpha_1}$，则 u_{α_1,α_2}关于 x 光滑且满足

$$\partial_t u_{\alpha_1,\alpha_2}+\mathrm{div}(bu_{\alpha_1,\alpha_2})-\frac{1}{2}\partial^2_{d_1+i,d_1+j}(\sigma_{i,k}\sigma_{j,k}u_{\alpha_1,\alpha_2})=r_{\alpha_1,\alpha_2},\qquad(4.4.2)$$

其中

$$\begin{aligned}r_{\alpha_1,\alpha_2}(t,x)&=\mathrm{div}(b(t,x)u_{\alpha_1,\alpha_2}(t,x))-(\mathrm{div}(bu)*\partial_{1,\alpha_1}*\partial_{2,\alpha_2})(t,x)\\&\quad-\frac{1}{2}\partial^2_{d_1+i,d_1+j}(\sigma_{i,k}(t,x_1)\sigma_{j,k}(t,x_1)u_{\alpha_1,\alpha_2}(t,x))\\&\quad+\frac{1}{2}\partial^2_{d_1+i,d_1+j}((\sigma_{i,k}(t,\cdot)\sigma_{j,k}(t,\cdot)u_{\alpha_2})(t,\cdot,x_2)*\partial_{1,\alpha_1})(x_1).\end{aligned}\qquad(4.4.3)$$

定义

$$\beta_\epsilon(\tau)=(\sqrt{\tau^2+\varepsilon^2}-\varepsilon)\in C^2(\mathbb{R}),\qquad(4.4.4)$$

则 β_ε 是凸的，且

当 $\varepsilon\to0$ 时，$\beta_\epsilon(\tau)\to|\tau|$.

因为$\beta'_\varepsilon\in W^{1,\infty}$，从（4.4.2）和（4.4.3）对任意的 n_1，$n_2\in\mathbb{N}$，所以

$$\begin{aligned}I^\varepsilon_{\alpha_1,\alpha_2}(t):&=\int_0^t\int_{\mathbb{R}^d}r_{\alpha_1,\alpha_2}(s,x)\beta'_\varepsilon(u_{\alpha_1,\alpha_2}(s,x))\phi_{1,n_1}(x_1)\phi_{2,n_2}(x_2)dxds\\&=\int_0^t\int_{\mathbb{R}^d}\beta'_\epsilon(u_{\alpha_1,\alpha_2}(s,x))[\partial_s u_{\alpha_1,\alpha_2}(s,x)+\mathrm{div}(bu_{\alpha_1,\alpha_2})(s,x)\\&\quad-\frac{1}{2}\partial^2_{d_1+i,d_1+j}(\sigma_{i,k}(s,x_1)\sigma_{j,k}(s,x_1)u_{\alpha_1,\alpha_2}(s,x))]\phi_{1,n_1}\phi_{2,n_2}dxds.\end{aligned}$$

借助于分部积分，从上面的等式我们可得

$$\begin{aligned}I^\varepsilon_{\alpha_1,\alpha_2}(t)&=\int_{\mathbb{R}^d}\beta_\varepsilon(u_{\alpha_1,\alpha_2}(t,x))\phi_{1,n_1}(x_1)\phi_{2,n_2}(x_2)dx\\&\quad+\int_0^t\int_{\mathbb{R}^d}\mathrm{div}\,b(s,x)[u_{\alpha_1,\alpha_2}\beta'_\varepsilon(u_{\alpha_1,\alpha_2}(s,x))-\beta_\varepsilon(u_{\alpha_1,\alpha_2}(s,x))]\phi_{1,n_1}\phi_{2,n_2}dxds\\&\quad-\int_0^t\int_{\mathbb{R}^d}\beta_\varepsilon(u_{\alpha_1,\alpha_2}(s,x))b(s,x)\cdot(\nabla_{x_1}\phi_{1,n_1}(x_1),\nabla_{x_2}\phi_{2,n_2}(x_2))dx_1dx_2ds\\&\quad+\frac{1}{2}\int_0^t\int_{\mathbb{R}^d}(\sigma_{i,k}\sigma_{j,k})(s,x_1)\partial_{d_1+i}u_{\alpha_1,\alpha_2}\partial_{d_1+j}u_{\alpha_1,\alpha_2}\beta''_\varepsilon(u_{\alpha_1,\alpha_2})\phi_{1,n_1}\phi_{2,n_2}dxds\end{aligned}$$

$$+\frac{1}{2}\int_0^t\int_{\mathbb{R}^d}(\sigma_{i,k}\sigma_{j,k})(s,x_1)\partial_{d_1+i}u_{\alpha_1,\alpha_2}\beta'_\varepsilon(u_{\alpha_1,\alpha_2})\phi_{1,n_1}\partial_{d_1+j}\phi_{2,n_2}dxds. \tag{4.4.5}$$

因为β_ε是凸的且

$$|\tau\beta'_\epsilon(\tau)-\beta_\epsilon(\tau)|=\left|\epsilon-\frac{\epsilon^2}{\sqrt{\tau^2+\epsilon^2}}\right|\leqslant\epsilon,$$

从（4.4.5），可以推得

$$\begin{aligned}
&I^\varepsilon_{\alpha_1,\alpha_2}(t)\\
\geqslant&\int_{\mathbb{R}^d}\beta_\epsilon(u_{\alpha_1,\alpha_2}(t,x))\phi_{1,n_1}(x_1)\phi_{2,n_2}(x_2)dx\\
&-\epsilon\int_0^t\int_{\mathbb{R}^d}|\operatorname{div} b|(s,x)\phi_{1,n_1}\phi_{2,n_2}dxds\\
&-\int_0^t\int_{\mathbb{R}^d}\beta_\epsilon(u_{\alpha_1,\alpha_2}(s,x))b(s,x)\cdot(\nabla_{x_1}\phi_{1,n_1}(x_1),\nabla_{x_2}\phi_{2,n_2}(x_2))dx_1dx_2ds\\
&+\frac{1}{2}\int_0^t\int_{\mathbb{R}^d}(\sigma_{i,k}\sigma_{j,k})(s,x_1)\partial_{d_1+i}u_{\alpha_1,\alpha_2}\beta'_\varepsilon(u_{\alpha_1,\alpha_2})\phi_{1,n_1}(x_1)\partial_{d_1+j}\phi_{2,n_2}dxds.
\end{aligned}$$

关于变元x_2再用一次分部积分，

$$\begin{aligned}
&I^\varepsilon_{\alpha_1,\alpha_2}(t)\\
\geqslant&\int_{\mathbb{R}^d}\beta_\epsilon(u_{\alpha_1,\alpha_2}(t,x))\phi_{1,n_1}(x_1)\phi_{2,n_2}(x_2)dx\\
&-\epsilon\int_0^t\int_{\mathbb{R}^d}|\operatorname{div} b|(s,x)\phi_{1,n_1}\phi_{2,n_2}dxds\\
&-\int_0^t\int_{\mathbb{R}^d}\beta_\epsilon(u_{\alpha_1,\alpha_2}(s,x))b(s,x)\cdot(\nabla_{x_1}\phi_{1,n_1}(x_1),\nabla_{x_2}\phi_{2,n_2}(x_2))dx_1dx_2ds\\
&-\frac{1}{2}\int_0^t\int_{\mathbb{R}^d}(\sigma_{i,k}\sigma_{j,k})(s,x_1)\beta_\epsilon(u_{\alpha_1,\alpha_2}(s,x))\phi_{1,n_1}\partial^2_{d_1+i,d_1+j}\phi_{2,n_2}dxds.
\end{aligned}\tag{4.4.6}$$

注意到

$$\begin{aligned}
&I^\varepsilon_{\alpha_1,\alpha_2}(t)\\
=&\int_0^t\int_{\mathbb{R}^d}r_{\alpha_1,a_2}(s,x)\beta'_\varepsilon(u_{\alpha_1,\alpha_2}(s,x))\phi_{1,n_1}(x_1)\phi_{2,n_2}(x_2)dxds\\
=&\int_0^t\int_{\mathbb{R}^d}[\operatorname{div}(bu_{\alpha_1,a_2})-(\operatorname{div}(bu)*\varrho_{1,\alpha_1}*\varrho_{2,\alpha_2})]\beta'_\epsilon(u_{\alpha_1,\alpha_2})\phi_{1,n_1}\phi_{2,n_2}dxds\\
&+\frac{1}{2}\int_0^t\int_{\mathbb{R}^d}[\partial_{d_1+i,d_1+j}((\sigma_{i,k}\sigma_{j,k}u*\varrho_{2,\alpha_2})*\varrho_{1,\alpha_1})-\partial^2_{d_1+i,d_1+j}(\sigma_{i,k}\sigma_{j,k}u_{\alpha_1,\alpha_2})]\\
&\times\beta'_\varepsilon(u_{\alpha_1,\alpha_2})\phi_{1,n_1}(x_1)\phi_{2,n_2}(x_2)dxds.
\end{aligned}$$

因此对固定的 n_1, n_2，如果我们先令 α_1 趋近于0，然后令 α_2 趋近于0，最后令 ε 趋近于0，借助于2.2.1中的DiPerna - Lions 引理，从上面的等式中，我们得到

$$\lim_{\varepsilon\to 0}\lim_{\alpha_2\to 0}\lim_{\alpha_1\to 0}\int_0^t\int_{\mathbb{R}^d} r_{\alpha_1,\alpha_2}(s,x)\beta'_\epsilon(u_{\alpha_1,\alpha_2}(s,x))\phi_{1,n_1}(x_1)\phi_{2,n_2}(x_2)dxds = 0,$$

这样就有

$$\begin{aligned} 0 \geqslant & \int_{\mathbb{R}^d}|u(t,x)|\phi_{1,n_1}(x_1)\phi_{2,n_2}(x_2)dx \\ & -\int_0^t\int_{\mathbb{R}^d}|u(s,x)|b(s,x)\cdot(\nabla_{x_1}\phi_{1,n_1},\nabla_{x_2}\phi_{2,n_2})dxds \\ & -\frac{1}{2}\int_0^t\int_{\mathbb{R}^d}\sigma_{i,k}(s,x_1)\sigma_{j,k}(s,x_1)\,|u(s,x)|\,\phi_{1,n_1}(x_1)\partial^2_{d_1+i,d_1+j}\phi_{2,n_2}(x_2)dxds. \end{aligned} \tag{4.4.7}$$

另一方面，b 满足（4.4.1），由Lebesgue控制收敛定理，在（4.4.7）中，如果先令 $n_2\to\infty$，然后令 $n_1\to\infty$，则可得

$$\int_{\mathbb{R}^d}|u(t,x)|dx \leqslant 0.$$

因此 $p=1$ 时，$u=0$.

对 $1<p<\infty$，我们可以取 $\beta_\epsilon(\tau)=(\beta_M*\tilde{\varrho}_\varepsilon)(\tau)$，其中

$$\beta_M(\tau)=\begin{cases}|\tau|^p, & \text{当 } |\tau|\leqslant K,\\ pK^{p-1}(\tau-K)+K^p, & \text{当 } \tau>K,\\ -pK^{p-1}(\tau+K)+K^p, & \text{当 } \tau<-K,\end{cases} \tag{4.4.8}$$

$K>0$ 是一个常数.

注意到凸函数 $\beta_K(\tau)\in C^1(\mathbb{R})$，$\beta'_K\in L^\infty$ 且

$$0\leqslant\beta_K(\tau)\leqslant\beta'_K(\tau)\tau\leqslant p\beta_K(\tau). \tag{4.4.9}$$

重复（4.4.5）—(4.4.7）的计算我们得

$$\begin{aligned} 0 \geqslant & \int_{\mathbb{R}^d}\beta_K(u(t,x))\phi_{1,n_1}(x_1)\phi_{2,n_2}(x_2)dx \\ & +\int_0^t\int_{\mathbb{R}^d}\operatorname{div} b(s,x)[u\beta'_K(u(s,x))-\beta_K(u(s,x))]\phi_{1,n_1}\phi_{2,n_2}dxds \\ & -\int_0^t\int_{\mathbb{R}^d}\beta_K(u(s,x))b(s,x)\cdot(\nabla_{x_1}\phi_{1,n_1}(x_1),\nabla_{x_2}\phi_{2,n_2}(x_2))dxds \\ & -\frac{1}{2}\int_0^t\int_{\mathbb{R}^d}\sigma_{i,k}(s,x_1)\sigma_{j,k}(s,x_1)\beta_K(u)\phi_{1,n_1}(x_1)\partial^2_{d_1+i,d_1+j}\phi_{2,n_2}dxds. \end{aligned} \tag{4.4.10}$$

由于（4.4.1）成立，令 n_2，n_1 依次趋近于正无穷，则

$$\int_{\mathbb{R}^d}\beta_K(u(t,x))dx+\int_0^t\int_{\mathbb{R}^d}\mathrm{div}\, b(s,x)[u\beta'_K(u(s,x))-\beta_K(u(s,x))]dxds\leqslant 0. \tag{4.4.11}$$

借助于（2.1.10），（4.4.9）和 Gronwall 型的讨论，所以 $\beta_K(u)=0$. 因为 $K>0$ 是任意的，因此 $u=0$.

对于 $p=\infty$，这里的证明有点复杂，我们打算用对偶方法来给出证明.

考虑如下的抛物问题

$$\begin{cases}\partial_t\Phi(t,x)+b(t,x)\cdot\nabla\Phi(t,x)+\dfrac{1}{2}\partial^2_{d_1+i,d_1+j}(\sigma_{i,k}(t,x_1)\sigma_{j,k}(t,x_1)\Phi)\\ =\psi(t,x),(\omega,t,x)\in\Omega\times(0,T)\times\mathbb{R}^d,\\ \Phi(t,x)\mid_{t=T}=0,x\in\mathbb{R}^d,\end{cases} \tag{4.4.12}$$

其中 $\psi\in\mathcal{D}((0,T)\times\mathbb{R}^d)$.

对 $p<\infty$ 的证明过程做一个微小的改变，我们得：对任意的 $\psi\in\mathcal{D}((0,T)\times\mathbb{R}^d)$，（4.4.12）存在唯一的弱解 $\Phi\in L^\infty([0,T];L^1\cap L^\infty(\mathbb{R}^d))$. 此外做个逼近讨论，还可以得到

$$\frac{d}{dt}\int_{\mathbb{R}^d}u(t,x)\Phi(t,x)dx=\int_{\mathbb{R}^d}u(t,x)\psi(t,x)dx.$$

对上述等式两边关于时间在 0 到 T 上积分，则

$$\int_0^T\int_{\mathbb{R}^d}u(t,x)\psi(t,x)dxdt=\int_{\mathbb{R}^d}u(T,x)\Phi(T,x)dx-\int_{\mathbb{R}^d}u_0(x)\Phi(0,x)dx=0.$$

因为 ψ 是任意的，所以 $u\equiv0$.

注记 4.4.2. 从以上的证明可以看出，我们仅需对 σ 作如下的假设

$$\sigma_{i,k}\sigma_{j,k}\in L^1([0,T];L^\infty_{loc}(\mathbb{R}^{d_1}))$$

就可以得到 L^p－解的唯一性.

事实上，唯一性也可从下面的比较定理得到. 在此我们仅考虑 $p=1$ 的情形.

定理 4.4.3. 设 $p=1$，b，σ，u_0 和 f 满足定理 4.4.1 中的条件. 此外，我们还假设 $f\leqslant0$，$u_0\leqslant0$，那么 $u\leqslant0$.

证明. 设 u_{α_1,α_2} 由定理 4.4.1 中的证明给出，则 u_{α_1,α_2} 满足

$$\partial_t u_{\alpha_1,\alpha_2}+\mathrm{div}(bu_{\alpha_1,\alpha_2})-\frac{1}{2}\partial^2_{d_1+i,d_1+j}(\sigma_{i,k}\sigma_{j,k}u_{\alpha_1,\alpha_2})=r^1_{\alpha_1,\alpha_2}(t,x), \tag{4.4.13}$$

这里 $r^1_{\alpha_1,\alpha_2}=r_{\alpha_1,\alpha_2}+f_{\alpha_1,\alpha_2}$，且 r_{α_1,α_2} 由（4.4.3）给出.

如果在定理 4.4.1 的证明中，我们用

$$\gamma_\epsilon(\tau)=(\sqrt{\tau^2+\epsilon^2}+\tau-\epsilon)/2 \tag{4.4.14}$$

代换 $\beta_\epsilon(\tau)=(\sqrt{\tau^2+\epsilon^2}-\epsilon)$，类似的计算可以得到

$$0\geqslant\int_0^t\int_{\mathbb{R}^d}f(s,x)1_{\{u(s,x)>0\}}\phi_{1,n_1}(x_1)\phi_{2,n_2}(x_2)\,dxds$$

$$=\lim_{\alpha_2\to0}\lim_{\alpha_1\to0}\lim_{\varepsilon\to0}\int_0^t\int_{\mathbb{R}^d}f_{\alpha_1,\alpha_2}(s,x)\gamma'_\epsilon(u_{\alpha_1,\alpha_2}(s,x))\phi_{1,n_1}(x_1)\phi_{2,n_2}(x_2)\,dxds.$$

因为当 $\epsilon\to0$，$\gamma_\epsilon(\tau)\to\tau_+$，所以

$$\int_{\mathbb{R}^d}u_+(t,x)\,dx\leqslant\int_{\mathbb{R}^d}[u_0]_+(x)\,dx,$$

因此 $u\leqslant0$.

4.5　Fokker - Planck - Boltzmann 方程

在以上两节中，我们考虑了 Fokker - Planck 方程，在假设条件（2.1.3），（2.1.9），（4.2.5）（4.2.11）—（4.2.13），（4.4.1）下，我们得到了解的存在唯一性. 这些假设看起来好像并不合理，然而实际中许多模型自然而然地满足这里的假设. 下面我们就给出一个具体的实例来说明这些，这里我们考虑 $p=1$ 的情形.

经典的 Fokker - Planck - Boltzmann 方程（可参看［94］）可以写成如下形式

$$\partial_t u(t,x,\xi)+\xi\cdot\nabla_x u(t,x,\xi)-\Delta_\xi u=Q(u,u),(t,x,\xi)\in(0,T)\times\mathbb{R}^d\times\mathbb{R}^d, \tag{4.5.1}$$

为了构成 Cauchy 问题，我们还需设

$$u(t,x,\xi)\mid_{t=0}=u_0(x,\xi),(x,\xi)\in\mathbb{R}^d\times\mathbb{R}^d, \tag{4.5.2}$$

其中 $d\geqslant1$，x，$\xi\in\mathbb{R}^d$，$Q(u,u)$ 表示碰撞算子（这里假设它等于 0. 但严格地说，此时方程不能称为 Fokker - Planck - Boltzmann 方程了，在不引起混淆的情形下，此处我们仍将其称为 Fokker - Planck - Boltzmann 方程）.

对于 Cauchy 问题（4.3.1），如果我们以 d 去代 $2d$，x 代 (x,ξ)，$d_1=d_2=d$，并且取 $b(t,x,\xi)=(\xi,0)$，$\sigma_{i,k}=\tilde{\sigma}_{i,k}=(2\nu)^{1/2}\delta_{i,k}$（$1\leqslant i$，$k\leqslant d$，$\delta_{i,k}$ 表示 Kroneck - delta 符号）和 $f=0$，则上述的 Fokker - Planck - Boltzmann 方程很容易的可以从（4.3.1）得到. 此外上述假设条件自然的成立，并且

$$b(t,x,\xi)\in C^{\infty}([0,T]\times\mathbb{R}^d\times\mathbb{R}^d).$$

所以由定理4.4.1，可得：如果 $u_0\in L^1$，则（4.5.1），（4.5.2）存在唯一的弱 L^1 解 $u(t,x,\xi)\in L^{\infty}([0,T];L^1(\mathbb{R}^d\times\mathbb{R}^d))$.

众所周知，对于 Fokker - Planck - Boltzmann 方程，此时 u（t, x, ξ）表示粒子的密度，所以自然的应该有

$$u_0\in L^1_+(\mathbb{R}^d\times\mathbb{R}^d)=\{\nu\in L^1(\mathbb{R}^d\times\mathbb{R}^d);\nu\geqslant 0\},$$

且我们希望此时的唯一解落在 $L^{\infty}_+([0,T];L^1(\mathbb{R}^d\times\mathbb{R}^d))$ 里面. 由第四节中的比较定理这也是显然的，于是我们得到了：

定理 4.5.1. 设 $u_0\geqslant 0,\int_{\mathbb{R}^d\times\mathbb{R}^d}u_0(x,\xi)dxd\xi<\infty$，则（4.5.1），（4.5.2）存在一个 L^1 解

$$u(t,x,\xi)\in L^{\infty}_+([0,T];L^1(\mathbb{R}^d\times\mathbb{R}^d))=\{u\in L^{\infty}([0,T];L^1(\mathbb{R}^d\times\mathbb{R}^d)),u\geqslant 0\}.$$

此外，如果 u_0 还满足

$$\int_{\mathbb{R}^d\times\mathbb{R}^d}u_0(x,\xi)(|\xi|^2+x|^2)dxd\xi<\infty, \tag{4.5.3}$$

那么 u 也满足

$$\int_{\mathbb{R}^d\times\mathbb{R}^d}u(t,x,\xi)(|\xi|^2+x|^2)dxd\xi<\infty. \tag{4.5.4}$$

证明. 显然，只需证明（4.5.4）. 事实上，如果（4.5.3）成立，作个逼近讨论，我们可得 u（t, x, ξ）$|\xi|^2$ 满足以下的 Cauchy 问题

$$\begin{cases}\partial_t(u(t,x,\xi)|\xi|^2)+\xi\cdot\nabla_x(u(t,x,\xi)|\xi|^2)-\Delta_{\xi}(u(t,x,\xi)|\xi|^2)\\=-2(du(t,x,\xi)+\xi\cdot\nabla_{\xi}u(t,x,\xi)),(t,x,\xi)\in(0,T)\times\mathbb{R}^d\times\mathbb{R}^d,\\u(t,x,\xi)|\xi|^2|_{t=0}=u_0(x,\xi)|\xi|^2,(x,\xi)\in\mathbb{R}^d\times\mathbb{R}^d.\end{cases} \tag{4.5.5}$$

重复定理4.4.1中 $p=1$ 部分的证明，则有

$$\frac{d}{dt}\int_{\mathbb{R}^d\times\mathbb{R}^d}u(t,x,\xi)|\xi|^2dxd\xi\leqslant 4d\int_{\mathbb{R}^d\times\mathbb{R}^d}u(t,x,\xi)dxd\xi.$$

对上述等式两边关于时间在［0，t）上积分，

$$\int_{\mathbb{R}^d\times\mathbb{R}^d}u(t,x,\xi)|\xi|^2dxd\xi$$

$$\leqslant 4d\int_0^t\int_{\mathbb{R}^d\times\mathbb{R}^d}u(s,x,\xi)dxd\xi ds+\int_{\mathbb{R}^d\times\mathbb{R}^d}u_0(x,\xi)|\xi|^2dxd\xi$$

$$\leqslant 4d\int_0^T\int_{\mathbb{R}^d\times\mathbb{R}^d}u(s,x,\xi)dxd\xi ds+\int_{\mathbb{R}^d\times\mathbb{R}^d}u_0(x,\xi)|\xi|^2dxd\xi. \tag{4.5.6}$$

对 $u(t,x,\xi)|x|^2$，此时的讨论是类似的，于是 $u(t,x,\xi)|x|^2$ 满足

$$\partial_t(u(t,x,\xi)|x|^2)+\xi\cdot\nabla_x(u(t,x,\xi)|x|^2)-\Delta_\xi(u(t,x,\xi)|x|^2)$$
$$=2\langle x,\xi\rangle u(t,x,\xi) \tag{4.5.7}$$

和初值 $u_0(x,\xi)|x|^2$.

类似的计算，可得

$$\frac{d}{dt}\int_{\mathbb{R}^d\times\mathbb{R}^d}u(t,x,\xi)|x|^2dxd\xi$$
$$\leqslant 2\int_{\mathbb{R}^d\times\mathbb{R}^d}\langle x,\xi\rangle u(t,x,\xi)dxd\xi$$
$$\leqslant \int_{\mathbb{R}^d\times\mathbb{R}^d}u(t,x,\xi)|x|^2dxd\xi+\int_{\mathbb{R}^d\times\mathbb{R}^d}u(t,x,\xi)|\xi|^2dxd\xi.$$

因此

$$\int_{\mathbb{R}^d\times\mathbb{R}^d}u(t,x,\xi)|x|^2dxd\xi$$
$$\leqslant C\Big(\int_0^T\int_{\mathbb{R}^d\times\mathbb{R}^d}u(t,x,\xi)|\xi|^2dxd\xi dt+\int_{\mathbb{R}^d\times\mathbb{R}^d}u_0|x|^2dxd\xi\Big). \tag{4.5.8}$$

由（4.5.6）和（4.5.8），这样就证明了结论.

注记 4.5.2.（i）对于 $p\in(1,\infty]$ 的情形也是可以证明的，这里为了简便起见，我们仅考虑了 $p=1$ 的情形.

（ii）对于 Fokker－Planck－Boltzmann 方程，积分

$$\int_{\mathbb{R}^d\times\mathbb{R}^d}u(t,x,\xi)dxd\xi,\ \int_{\mathbb{R}^d\times\mathbb{R}^d}u(t,x,\xi)|\xi|^2dxd\xi,\ \int_{\mathbb{R}^d\times\mathbb{R}^d}u(t,x,\xi)|x|^2dxd\xi$$

分别表示粒子在时刻 t 的质量，动能和转动惯量. 上述定理说明，如果粒子的初始质量，动能和转动惯量都有限，则任意时刻后，粒子的质量，动能和转动惯量依然有限. 此外我们还有

质量守恒：$\int_{\mathbb{R}^d\times\mathbb{R}^d}u(t,x,\xi)dxd\xi=$ 常数，

能量不减：$\int_{\mathbb{R}^d\times\mathbb{R}^d}u(t,x,\xi)|\xi|^2dxd\xi$ 关于时间不减.

4.6　分数阶 Fokker - Planck 方程

作为第三小节和第四小节方法上的应用，这一节我们来考虑如下的分数阶 Fokker - Planck 方程

$$\begin{cases}\partial_t u(t,x)+\operatorname{div}(b(t,x)u(t,x))+\mu(-\Delta)^{\frac{\alpha}{2}}u(t,x)=f(t,x),\\ \quad (t,x)\in(0,T)\times\mathbb{R}^d,\\ u(t,x)|_{t=0}=u_0(x),x\in\mathbb{R}^d,\end{cases}\tag{4.6.1}$$

其中 $\mu>0$ 是一个常数，$(-\Delta)^{\frac{\alpha}{2}}$ 是通常的分数阶 Laplacian 算子，定义如下：对任意的 $\varphi\in S(\mathbb{R}^d)$

$$\begin{aligned}-(-\Delta)^{\frac{\alpha}{2}}\varphi(x)&=c_0\lim_{\varepsilon\downarrow 0}\int_{|y-x|>\varepsilon}\frac{\varphi(y)-\varphi(x)}{|x-y|^{d+\alpha}}dy\\ &=c_0 P.V.\int_{\mathbb{R}^d}\frac{\varphi(y)-\varphi(x)}{|x-y|^{d+\alpha}}dy,\end{aligned}$$

这里 $c_0=c_0(d,\alpha)$ 是一个仅依赖于 d 和 $\alpha\in(0,2)$ 的常数.

此处的想法和 4.3，4.4 节中一样，即对 $p\in[1,\infty]$，我们打算建立一个弱 L^p - 解，这里解的定义和 4.3 节中关于解的定义是类似的，即在分布意义下满足 (4.3.2)，只不过在 (4.3.2) 中我们要把倒数第二项换成：

$$-\mu\int_0^t\int_{\mathbb{R}^d}u(s,x)(-\Delta)^{\frac{\alpha}{2}}\varphi(x)dxds.$$

注记 4.6.1. 如果我们考虑如下的 Langevin 型的 SDE

$$dX(t)=b(t,X(t))dt+\sigma(t,X)dL_t\tag{4.6.2}$$

其中 $\sigma\in\mathbb{R}^{d\times d}$（为简单起见），$L_t$ 是一个 d - 维对称 α - 稳定过程，且若记 $\nu(t,x)$ 为其起点为 (0，0) 的转移概率密度，那么 $\nu(t,x)$ 满足

$$\partial_t u(t,x)+\operatorname{div}(b(t,x)u(t,x))+\mu(-\Delta)^{\frac{\alpha}{2}}(|\sigma(t,x)|^{\alpha}u(t,x))=0.\tag{4.6.3}$$

为了使得问题叙述起来较为简便，这里不妨设扩散矩阵为恒等矩阵，则此时的分数阶 Fokker - Planck 方程即为 $(4.6.1)_1$（只不过 $f=0$）. 这里为一般起见我们讨论非齐次的情形，但我们仍称其为分数阶 Fokker - Planck 方程. 借助于第三小节的方法，我们有以下的结果.

定理 4.6.2. 设 $p\in[1,\infty]$, $u_0\in L^p(\mathbb{R}^d)$, $f\in L^p([0,T]\times\mathbb{R}^d)$, b 满足定理 4.3.2 中的条件，则问题（4.6.1）存在一个弱解.

证明之前，我们首先回顾一些概念.

记（$\Omega,\{G_t\}_{t\geqslant 0},\mathbb{P}$）为一流概率空间，满足通常条件：它是完备的且是右连续的. 记 L_t 为一（d－维标准 $\mathcal{G}_t$－适应的对称 α－稳定 Lévy 过程，满足 $L_0=0$. 我们定义一个点过程. 设 $0\leqslant t<T$, $A\in\mathcal{B}(\mathbb{R}^d\setminus\{0\})$，在 $\mathcal{B}(\mathbb{R}^d\setminus\{0\})$ 上定义一个计数测度，

$$N(t,A)(\omega)=\#\{0<s\leqslant t:\Delta L_s(\omega)\in A\},$$

其中 $\Delta L_s=L_s-L_{s^-}$, $L_{s^-}=\lim\limits_{r\uparrow s}L_r$. 则它是一个平稳的 Poisson 随机测度. 记 $\nu(\cdot)=\mathbb{E}N(1,\cdot)$ 我们称它为相应于 L 的紧测度，它满足：$\nu(\{0\})=0$,

$$\int_{\mathbb{R}^d\setminus\{0\}}(|y|^2\wedge 1)\nu(dy)<\infty.$$

此外，对任意 $a>0$, ν 限制在 $\mathbb{R}\setminus[-a,a]$ 上是一个有限测度，且它可以表示为

$$L_t=\int_{\mathbb{R}^d\setminus\{0\}}y1_{|y|\geqslant 1}N(t,dy)+\int_{\mathbb{R}^d\setminus\{0\}}y1_{|y|<1}\tilde{N}(t,dy),$$

其中 $\tilde{N}(t,dy)=N(t,dy)-\nu(dy)t$ 是一个补偿随机鞅值测度，$\nu(dy)=c_\alpha/|y|^{d+\alpha}dy$.

旋转不变对称 α－稳定 Lévy 过程 $\{L_t,\ t\geqslant 0\}$ 的生成元由以下给出：对任意的 $\varphi\in\mathcal{D}(\mathbb{R}^d)$,

$$\begin{aligned}\mathcal{L}\varphi(x):&=c_\alpha\int_{\mathbb{R}^d\setminus\{0\}}[\varphi(x+y)-\varphi(x)-y_i1_{|y|<1}\partial_i\varphi(x)]\nu(dy)\\&=-\mu(-\Delta)^{\frac{\alpha}{2}}\varphi(x),\end{aligned}\tag{4.6.4}$$

其中 $y=(y_1,y_2,\cdots,y_d)$, 常数 μ 满足 $\mu=c_\alpha/c_0$.

定理 4.6.2 的证明． 考虑如下的输运方程：

$$\begin{cases}\partial_t\nu(t,x)+\mathrm{div}(b(t,x+L_t)\nu(t,x))=f(t,x+L_t),(t,x)\in(0,T)\times\mathbb{R}^d,\\ \nu(t,x)|_{t=0}=u_0(x),x\in\mathbb{R}^d,\end{cases}\tag{4.6.5}$$

对几乎所有的固定的 $\omega\in\Omega$，（4.6.5）变为一个线性连续性方程. 重复定理 4.3.2 的证明，（4.6.5）存在一个弱 L^p－解 ν，即 $\nu(t,x)\in L^\infty([0,T];L^p(\mathbb{R}^d))$ 且满足

$$\int_{\mathbb{R}^d} \nu(t,x)\varphi(x)dx$$
$$= \int_{\mathbb{R}^d} u_0(x)\varphi(x)dx + \int_0^t \int_{\mathbb{R}^d} \nu(s,x)b(s,x + L_s(\omega)) \cdot \nabla\varphi(x)dxds$$
$$+ \int_0^t \int_{\mathbb{R}^d} f(s,x + L_s(\omega))\varphi(x)dxds.$$

接下来，我们用一次广义 Itô 公式，

$$\int_{\mathbb{R}^d} \nu(t,x)\varphi(x + L_t)dx$$
$$= \int_{\mathbb{R}^d} u_0(x)\varphi(x)dx + \int_0^t \int_{\mathbb{R}^d} \nu f(s,x + L_s)\varphi(x + L_s)dxds$$
$$+ \int_0^t \int_{\mathbb{R}^d} \nu(s,x)b(s,x + L_s(\omega)) \cdot \nabla\varphi(x + L_s)dxds$$
$$+ \int_0^t \int_{\mathbb{R}^d} \int_{\mathbb{R}^d\setminus\{0\}} \nu[\varphi(x + L_{s^-} + y) - \varphi(x + L_{s^-})]\ \tilde{N}(ds,dy)dx$$
$$+ \int_0^t \int_{\mathbb{R}^d} \nu(s,x)\mathcal{L}\varphi(x + L_{s^-})dxds. \tag{4.6.6}$$

注意到，以概率 1，L_t 至多有可数个跳跃点，所以

$$\int_0^t \int_{\mathbb{R}^d} \nu(s,x) \cdot \mathcal{L}\varphi(x + L_{s^-})dxds = \int_0^t \int_{\mathbb{R}^d} \nu(s,x) \cdot \mathcal{L}\varphi(x + L_s)dxds.$$

记 $u(t,x) = \mathbb{E}\nu(t,x - L_t)$，则它满足

$$\int_{\mathbb{R}^d} u(t,x)\varphi(x)dx$$
$$= \int_{\mathbb{R}^d} u_0(x)\varphi(x)dx + \int_0^t \int_{\mathbb{R}^d} u(s,x)b(s,x) \cdot \nabla\varphi(x)dxds$$
$$+ \int_0^t \int_{\mathbb{R}^d} f(s,x)\varphi(x)dxds - \mu \int_0^t \int_{\mathbb{R}^d} u(s,x)\ (-\Delta)^{\frac{\alpha}{2}}\varphi(x)dxds,$$

这样我们就证明了弱解的存在性.

下面我们给出一个唯一性结果.

4.7　弱解的唯一性

定理 4.7.1. 设 p，u_0，b 和 f 满足定理 4.4.1 中的条件，则弱 L^p - 解是唯一的.

证明. 我们仅需证：当$f=u_0=0$时，分数阶 Fokker－Planck 方程仅以 0 为其弱解. 我们首先证明当$p<\infty$的情形. 重复定理 4.4.1 中直到（4.4.2）的证明，可得

$$\partial_t u_\varepsilon(t,x)+b(t,x)\cdot\nabla u_\varepsilon(t,x)+\operatorname{div} b(t,x)u_\varepsilon(t,x)+\mu(-\Delta)^{\frac{\alpha}{2}}u_\varepsilon(t,x)$$
$$=r_\varepsilon(t,x), \tag{4.7.1}$$

其中

$$r_\varepsilon(t,x)=b(t,x)\cdot\nabla u_\varepsilon(t,x)-(b\cdot\nabla u)*\varrho_\varepsilon(t,x)$$
$$+\operatorname{div} b(t,x)u_\varepsilon(t,x)-(\operatorname{div} bu)*\varrho_\varepsilon(t,x).$$

因此，对任意的凸函数$\beta\in C^1(\mathbb{R})$，（β'是有界的），我们可得

$$r_\varepsilon\beta'(u_\varepsilon)=\partial_t\beta(u_\varepsilon)+b(t,x)\cdot\nabla\beta(u_\varepsilon)+\operatorname{div} b(t,x)u_\varepsilon\beta'(u_\varepsilon)$$
$$+\mu\beta'(u_\varepsilon)(-\Delta)^{\frac{\alpha}{2}}u_\varepsilon. \tag{4.7.2}$$

作个逼近讨论，我们可取$\beta(\tau)$为（4.4.8）. 注意到，当$u_\varepsilon\in L^\infty([0,T];S(\mathbb{R}^d))$，

$$(-\Delta)^{\frac{\alpha}{2}}u_\varepsilon(t,x)|u_\varepsilon(t,x)|^{p-2}u_\varepsilon(t,x)$$
$$=|u_\varepsilon|^{p-2}u_\varepsilon(t,x)c_0P.V.\int_{\mathbb{R}^d}\frac{u_\varepsilon(t,x)-u_\varepsilon(t,y)}{|x-y|^{d+\alpha}}dy$$
$$=c_0P.V.\int_{\mathbb{R}^d}\frac{|u_\varepsilon(t,x)|^p-u_\varepsilon(t,y)|u_\varepsilon(t,x)|^{p-2}u_\varepsilon(t,x)}{|x-y|^{d+\alpha}}dy.$$

由 Young 不等式，当$p>1$，

$$|u_\varepsilon(t,y)|u_\varepsilon(t,x)|^{p-2}u_\varepsilon(t,x)|\leqslant\frac{1}{p}|u_\varepsilon(t,y)|^p+\frac{p-1}{p}|u_\varepsilon(t,x)|^p.$$

因此

$$(-\Delta)^{\frac{\alpha}{2}}u_\varepsilon(t,x)\ |u_\varepsilon|^{p-2}u_\varepsilon(t,x)\geqslant\frac{1}{p}c_0P.V.\int_{\mathbb{R}^d}\frac{|u_\varepsilon(t,x)|^p-|u_\varepsilon(t,y)|^p}{|x-y|^{d+\alpha}}$$
$$=\frac{1}{p}(-\Delta)^{\frac{\alpha}{2}}|u_\varepsilon(t,x)|^p. \tag{4.7.3}$$

而$p=1$时，显然有

$$(-\Delta)^{\frac{\alpha}{2}}u_\varepsilon(t,x)\operatorname{sgn}u_\varepsilon(t,x)\geqslant c_0P.V.\int_{\mathbb{R}^d}\frac{|u_\varepsilon(t,x)|-|u_\varepsilon(t,y)|}{|x-y|^{d+\alpha}}dy$$
$$=(-\Delta)^{\frac{\alpha}{2}}|u_\varepsilon(t,x)|,$$

所以（4.7.3）对$p\in[1,\infty)$都成立. 与此同时，从（4.7.3），再加上一个逼近论证，我们得

$$\beta'(u_\varepsilon)(-\Delta)^{\frac{\alpha}{2}}u_\varepsilon \geqslant (-\Delta)^{\frac{\alpha}{2}}\beta(u_\varepsilon).$$

这样从（4.7.2）就有

$$\partial_t\beta(u_\varepsilon)+b\cdot\nabla\beta(u_\varepsilon)+\operatorname{div} b u_\varepsilon\beta'(u_\varepsilon)+\mu(-\Delta)^{\frac{\alpha}{2}}\beta(u_\varepsilon)\leqslant r_\varepsilon\beta'(u_\varepsilon). \quad (4.7.4)$$

对任意的 $t\in(0,T)$，$\epsilon>0$，我们取 θ_ϵ

$$\theta_\epsilon(s)=\begin{cases}1, & \text{当 } 0\leqslant s<t,\\ \dfrac{t-s}{\epsilon}+1, & \text{当 } t\leqslant s<t+\epsilon,\\ 0, & \text{当 } t+\epsilon\leqslant s\leqslant T,\end{cases} \quad (4.7.5)$$

并且取 ϕ_n，θ_ϵ 作为我们的检验函数，从（4.7.4）可得

$$\begin{aligned}&-\int_0^T\int_{\mathbb{R}^d}\partial_s\theta_\epsilon(s)\beta(u_\varepsilon)\phi_n dxds-\int_0^T\int_{\mathbb{R}^d}\theta_\epsilon(s)\operatorname{div} b(s,x)[\beta(u_\varepsilon)\\&-u_\varepsilon\beta'(u_\varepsilon)]\phi_n dxds-\int_0^T\int_{\mathbb{R}^d}b(s,x)\cdot\nabla\phi_n\theta_\epsilon(s)\beta(u_\varepsilon)dxds\\&+\mu\int_0^T\int_{\mathbb{R}^d}\beta(u_\varepsilon)\ (-\Delta)^{\frac{\alpha}{2}}\phi_n(x)\theta_\epsilon(s)dxds\\&\leqslant\int_0^T\int_{\mathbb{R}^d}r_\varepsilon\beta'(u_\varepsilon)\theta_\epsilon(s)\phi_n(x)dxds.\end{aligned} \quad (4.7.6)$$

借助于 DiPerna - Lions 引理，在 L^1_{loc} 中，$r_\varepsilon\to0$. 注意到 β 是有界的，从（4.7.6），对固定的 ϵ 和 n，如果令 $\varepsilon\downarrow0$，则有

$$\begin{aligned}&-\int_0^T\int_{\mathbb{R}^d}\partial_s\theta_\epsilon(s)\beta(u)\phi_n dxds-\int_0^T\int_{\mathbb{R}^d}\theta_\epsilon(s)\operatorname{div} b(s,x)[\beta(u)-u\beta'(u)]\phi_n dxds\\&-\int_0^T\int_{\mathbb{R}^d}b\cdot\nabla\phi_n\theta_\epsilon(s)\beta(u)dxds+\mu\int_0^T\int_{\mathbb{R}^d}\beta(u)\ (-\Delta)^{\frac{\alpha}{2}}\phi_n\theta_\epsilon(s)dxds\leqslant0.\end{aligned} \quad (4.7.7)$$

从（4.7.7），（4.7.5）和不等式 $0\leqslant\beta(\tau)\leqslant\beta'(\tau)\tau\leqslant p\beta(\tau)$，如令 ϵ 趋近于 0，则

$$\begin{aligned}&\int_{\mathbb{R}^d}\beta(u(t,x))\phi_n(x)dx\\&\leqslant\int_0^t\int_{\mathbb{R}^d}\operatorname{div} b(s,\cdot)[\beta(u)-u\beta'(u)]\phi_n(x)dxds\\&\quad+C\int_0^t\int_{n\leqslant|x|<2n}\frac{|b|}{1+|x|}\beta(u)dxds-\mu\int_0^t\int_{\mathbb{R}^d}\beta(u)\ (-\Delta)^{\frac{\alpha}{2}}\phi_n dxds\\&\leqslant\int_0^t g(s)\int_{\mathbb{R}^d}\beta(u)\phi_n(x)dxds+C\int_0^t\int_{n\leqslant|x|<2n}\tilde{b}(s,x)\beta(u)dxds\\&\quad-\mu\int_0^t\int_{\mathbb{R}^d}\beta(u)\ (-\Delta)^{\frac{\alpha}{2}}\phi_n dxds,\end{aligned} \quad (4.7.8)$$

其中

$$0\leqslant \tilde{b}(s,x)\in L^1([0,T];L^\infty(\mathbb{R}^d)+L^q(\mathbb{R}^d)),$$

$$g(s)=(p-1)\|[\operatorname{div} b]_-(s)\|_\infty\in L^1[0,T].$$

对固定的 $K>0$，$\beta(u)\in L^\infty([0,T];L^1(\mathbb{R}^d)\cap L^p(\mathbb{R}^d))$，因此

$$\frac{|b|}{1+|x|}\beta(u)\in L^1([0,T]\times\mathbb{R}^d).$$

在（4.7.8）中令 n 趋近于无穷，则

$$\int_{\mathbb{R}^d}\beta(u(t,x))dx\leqslant\int_0^t\Big[g(s)\int_{\mathbb{R}^d}\beta(u(s,x))dx\Big]ds.$$

所以 $\beta(u)=0$，进而令 K 趋近于无穷，我们得 $u=0$.

在 $p=\infty$ 的时候，我们的证明和定理 4.4.1 的证明类似，即通过对偶讨论，得到如下的等式

$$\frac{d}{dt}\int_{\mathbb{R}^d}u(t,x)\nu(t,x)dx=\int_{\mathbb{R}^d}u(t,x)\psi(t,x)dx, \tag{4.7.9}$$

其中 $\psi\in\mathcal{D}((0,T)\times\mathbb{R}^d)$，$\nu$ 满足

$$\begin{cases}\partial_t\nu(t,x)+b(t,x)\cdot\nabla_x\nu(t,x)-\mu(-\Delta)^{\frac{\alpha}{2}}\nu(t,x)=\psi(t,x),\\ \quad (t,x)\in(0,T)\times\mathbb{R}^d,\\ \nu(t,x)|_{t=T}=0,x\in\mathbb{R}^d.\end{cases} \tag{4.7.10}$$

两边关于 t 积分，则可得

$$0=\int_{\mathbb{R}^d}u(T,x)\nu(T,x)dx-\int_{\mathbb{R}^d}u_0(x)\nu(0,x)dx=\int_0^T\int_{\mathbb{R}^d}u(t,x)\psi(t,x)dxdt.$$

因为 $\psi\in\mathcal{D}((0,T)\times\mathbb{R}^d)$ 是任意的，所以 $u\equiv0$.

注记 4.7.2. (i) 在（4.7.6）第二行的最后一项，用到了分数阶 Laplacian 的分部积分公式. 事实上，对充分正则的 ν，我们有

$$\begin{aligned}\int_{\mathbb{R}^d}(-\Delta)^{\frac{\alpha}{2}}\nu(x)\varphi(x)dx&=c_0\int_{\mathbb{R}^d}\lim_{\varepsilon\downarrow0}\int_{|y-x|>\varepsilon}\frac{\nu(x)-\nu(y)}{|x-y|^{d+\alpha}}dy\varphi(x)dx\\&=c_1\int_{\mathbb{R}^d}\int_{\mathbb{R}^d}\frac{\Delta\nu(y)}{|x-y|^{d-2+\alpha}}\varphi(x)dydx,\end{aligned}$$

其中 $c_1=-\Gamma((d-2+\alpha)/2)/[\pi^{d/2}2^{2-\alpha}\Gamma((2-\alpha)/2)]$，$\Gamma$ 是通常的伽马函数. 用一次分部积分和 Fubini 定理，则

$$\int_{\mathbb{R}^d}(-\Delta)^{\frac{\alpha}{2}}\nu(x)\varphi(x)dx=c_1\int_{\mathbb{R}^d}\int_{\mathbb{R}^d}\frac{\Delta\nu(y)}{|x-y|^{d-2+\alpha}}\varphi(x)dydx$$

$$= c_1 \int_{\mathbb{R}^d} \int_{\mathbb{R}^d} \frac{\nu(y)}{|x-y|^{d-2+\alpha}} \Delta\varphi(x)\,dxdy$$

$$= \int_{\mathbb{R}^d} (-\Delta)^{\frac{\alpha}{2}} \varphi(x)\nu(x)\,dx.$$

对一般的非光滑的 ν，借助于逼近和正则化程序，就可以得到（4.7.6）.

（ii）此处的证明和定理4.4.1中部分是类似的，故省略了一些细节.

（iii）如果将条件 $b \in L^1([0,T];W^{1,1}_{loc}(\mathbb{R}^d;\mathbb{R}^d))$ 换为 $b \in L^1([0,T];BV_{loc}(\mathbb{R}^d))$，$D^c b = 0$（测度 D$b$ 的 Cantor 部分），并且我们设 $u \in L^\infty([0,T];L^1(\mathbb{R}^d))$，则类似的唯一性结果对 $p=\infty$ 的时候也是成立的. 确切地说，我们有

定理 4.7.3. 设向量场 b 满足（2.1.8）并且 div $b \in L^1([0,T];L^1_{loc}(\mathbb{R}^d))$. 此外还设

$$b \in L^1([0,T];BV_{loc}(\mathbb{R}^d;\mathbb{R}^d)), \tag{4.7.11}$$

则分数阶 Fokker－Planck 方程

$$\partial_t u(t,x) + \mathrm{div}(b(t,x)u(t,x)) + \mu(-\Delta)^{\frac{\alpha}{2}} u(t,x) = 0, (t,x) \in (0,T)\times\mathbb{R}^d, \tag{4.7.12}$$

满足 $u|_{t=0}=0$ 的弱 L^∞－解在 $L^\infty([0,T];L^1(\mathbb{R}^d))$ 中恒为0. 此外，如果 $0 \geqslant u_0 \in L^\infty(\mathbb{R}^d)$，则（4.7.12）满足初始条件 u_0 的任意弱解 $u \in L^\infty([0,T];L^1(\mathbb{R}^d)\cap L^\infty(\mathbb{R}^d))$ 也满足 $u \leqslant 0$.

证明. 由假设，对任意的 $u_0 \in L^\infty$，问题（4.7.12）存在一个弱解 $u \in L^\infty([0,T]\times\mathbb{R}^d)$，且由 Ambrosio 重整化定理，对任意的凸函数 $\beta \in C^2(\mathbb{R})$，可得

$$\partial_t \beta(u) + b(t,x)\cdot\nabla\beta(u) + \mathrm{div}\, b(t,x)u(t,x)\beta'(u) + \mu(-\Delta)^{\frac{\alpha}{2}}\beta(u) \leqslant 0. \tag{4.7.13}$$

事实上，如果我们记 $u_\varepsilon = u * \varrho_\varepsilon$，则它满足（4.7.1），进而对任意的凸函数 $\beta \in C^2(\mathbb{R})$，（4.7.4）成立. 因为（4.7.11）成立，由第2章2.2给出的 Ambrosio 重整化引理，所以（4.7.13）对 $\beta(u)$ 成立.

特别的，可以取 $\beta_\epsilon(\tau) = \sqrt{\epsilon^2 + \tau_+^2} - \epsilon$，从（4.7.13）和不等式 $|\beta_\epsilon(\tau) - \tau\beta'_\epsilon(\tau)| \leqslant \epsilon$，对任意的具有紧支柱的 $0 \leqslant \theta_1 \in C^1([0,T))$，得

$$0 \leqslant \int_0^T \int_{\mathbb{R}^d} \partial_t\theta_1(t)\beta_\epsilon(u)\phi_n\,dxdt + \int_{\mathbb{R}^d} \theta_1(0)\beta_\epsilon(u_0)\phi_n(x)\,dx$$
$$+ \epsilon\int_0^T \int_{\mathbb{R}^d} \theta_1(t)\,|\mathrm{div}\, b|\,\phi_n\,dxdt + \int_0^T \int_{n\leqslant|x|\leqslant 2n} \frac{|b(t,x)|}{1+|x|}\theta_1(t)\beta_\epsilon(u)\,dxdt$$

$$-\mu\int_0^T\int_{\mathbb{R}^d}\theta_1(t)\beta_\epsilon(u)(-\Delta)^{\frac{\alpha}{2}}\phi_n dxdt. \tag{4.7.14}$$

令 ϵ 趋近于0，则有

$$0\leqslant\int_0^T\int_{\mathbb{R}^d}\partial_t\theta_1(t)[u(t,x)]_+\phi_n dxdt+\int_0^T\int_{n\leqslant|x|\leqslant 2n}\frac{|b(t,x)|}{1+|x|}\theta_1(t)[u(t,x)]_+ dxdt$$

$$+\int_{\mathbb{R}^d}\xi(0)[u_0]_+\phi_n(x)dx-\mu\int_0^T\int_{\mathbb{R}^d}\theta_1(t)[u(t,x)]_+(-\Delta)^{\frac{\alpha}{2}}\phi_n dxdt. \tag{4.7.15}$$

由于 b 满足（2.1.8），如果 $u\in L^\infty([0,T];L^1(\mathbb{R}^d))$，令 n 趋近于无穷，得

$$0\leqslant\int_0^T\int_{\mathbb{R}^d}\partial_t\theta_1(t)[u(t,x)]_+dxdt+\int_{\mathbb{R}^d}\xi(0)[u_0(x)]_+dx. \tag{4.7.16}$$

特别的对任意固定的 $\varepsilon>0$，取

$$\theta_1(t)=\begin{cases}-\dfrac{t^2}{2\varepsilon}+T-2\varepsilon, & 当\ 0\leqslant t<\varepsilon,\\ -t+T-\dfrac{3\varepsilon}{2}, & 当\ \varepsilon\leqslant t<T-2\varepsilon,\\ \dfrac{(T-\varepsilon-t)^2}{2\varepsilon}, & 当\ T-2\varepsilon\leqslant t<T-\varepsilon\\ 0, & 当\ T-\varepsilon\leqslant t<T,\end{cases}$$

然后令 ε 趋近于0，这样就得

$$\int_{\mathbb{R}^d}[u(t,x)]_+dx\leqslant T\int_{\mathbb{R}^d}[u_0(x)]_+dx,$$

进而我们证明了结论的第二部分.

如果在以上的讨论中，我们 u_+ 换为 u_-，相同的证明可以使我们得到

$$\int_{\mathbb{R}^d}[u(t,x)]_-dx\leqslant T\int_{\mathbb{R}^d}[u_0(x)]_-dx,$$

所以结论的第一部分成立.

受以上证明的启发，我们引入如下概念

定义 4.7.4. 设 $b\in L^1([0,T];L^1_{loc}(\mathbb{R}^d;\mathbb{R}^d))$, $\mathrm{div}\ b\in L^1([0,T];L^1_{loc}(\mathbb{R}^d))$. 分数阶 Fokker – Planck 方程的弱 L^∞ – 解称为是重整化的，如果对任意的非负 Lipschitz 凸函数 β，在分布意义下（4.7.13）成立.

现在来证明以下结果，它说明了分数阶 Fokker – Planck 方程的重整化解关于加群是封闭的.

定理 4.7.5. 如果 u_1，u_2，…，u_n 分别是分数阶 Fokker – Planck 方程

(4.7.12) 的相应于初值 u_1^0，u_2^0，…，u_n^0 的弱解，则 $\sum_{i=1}^{n} c_i u_i (c_i \in \mathbb{R})$ 是 (4.7.12) 满足初值 $\sum_{i=1}^{n} c_i u_i^0$ 的重整化解.

证明. 显然，只需证：如果 u_1 和 u_2 分别是 (4.7.12) 满足初始条件 u_1^0 和的 u_2^0 重整化解，则 $u_1 + u_2$ 是 (4.7.12) 满足初值 $u_1^0 + u_2^0$ 的重整化解. 但是从定理 4.7.3 的证明，这是显然的，这样我们就完成了我们的证明.

从定理 4.7.3 和定理 4.7.5，以下的结论是显然的.

推论 4.7.6. 设 b 满足定理 4.7.3 中的假设，则满足初值 $u_0 \in L^\infty(\mathbb{R}^d)$ 的 (4.7.12) 存在一个重整化解. 此外，如果 u_1 和 u_2 分别是 (4.7.12) 相应于初值 u_1^0 和的 u_2^0（它们都在 L^1 中）的重整化解，那么如果 u_1，$u_2 \in L^\infty([0,T]; L^1(\mathbb{R}^d))$ 且 $u_1^0 \leqslant u_2^0$，则 $u_1 \leqslant u_2$.

4.8　注　　记

在扩散过程（包括反常扩散和标准扩散）以及动力学的研究中（分数阶）Fokker - Planck 方程起到了十分重要的作用，所以关于此方程的研究也越来越多地得到了人们的广泛关注. 基于此，在本章中我们从扩散过程（包括反常扩散中的次扩散）研究的角度说明了（分数阶）Fokker - Planck 方程，关于它的详细综述读者可以参考 [203].

在研究扩散过程时候，人们往往比较关心退化扩散的情形. 然而目前存在的大部分工作都是局限于非退化的情形（包括 Krylov，Rockner，DaPrato，Bogachev，Stannat，Bris，Lions 和 Figalli 等人的工作）. 对于光滑的退化扩散向量场的情形，目前也有许多研究，可看 Feller，Hasminskii，Oleinik，Stroock，Varadhan 等人的工作. 对于非光滑退化扩散向量场的研究目前来说还是比较少的. 值得注意的是，Figalli 在 [113] 中讨论了退化 Fokker - Planck 方程，在对 b 附加 BV 正则性的假设下，他得到了 L^∞ 解的存在性. Bris 和 Lions 在 [59] 中也考虑了退化情形，在 $L^2 \cap L^\infty$ 的框架下，他们建立了解的存在唯一性（关于此方面的研究还可看 [15，204，206，236]）. 然而对（分数阶）Fokker - Planck 方程，直接考虑 L^1 解的工作却是很少的. 在本章中我们以随机分析为工具，直接建立了退化（分数阶）Fokker – Planck 方程的 L^1 理论，这种方法也是比较新的，具体细节可以参看［226，227］. 除此之外，关于无穷维空间中的 Fokker – Planck 方程近些年来也得到了很大的发展，感兴趣的读者可以看［41—43］. 关于 Fokker – Planck 方程平稳测度的工作可看［145—148］，关于非线性 Fokker – Planck 方程的研究可看［19，23，24，44—46，122，123］.

值得注意的是，在本章中我们仅仅考虑具有特殊结构的 Fokker – Planck 方程（4. 3. 1）（和具有特殊结构的分数阶 Fokker – Planck 方程）. 我们的方法也是有局限的，对一般的退化情形，我们并没有给出在较弱条件下的解的存在唯一性结果，而且假设条件（4. 2. 13）对于一般的 Fokker – Planck 方程而言好像也不是很合理的. 所以从扩散过程研究的角度来说，本章中的结果还是需要优化的. 正如绪论中所述，我们考虑（分数阶）Fokker – Planck 方程的另一个动机是建立双曲平衡律系统在非线性（随机）扰动下的适定性. 如第 8 章 8. 2 中描述，当我们讨论如下的 Cauchy 问题

$$\begin{cases}\partial_t\rho+\mathrm{div}_xB(\rho)-\dfrac{\partial^2}{\partial x_i\partial x_j}A_{i,j}(t,\rho)=0\\ \rho(t,x)\mid_{t=0}=\rho_0(x),x\in\mathbb{R}^d\end{cases}\tag{4.8.1}$$

借助于定理 8. 2. 4 和注记 8. 2. 7（ii），它就等价于

$$\begin{cases}\partial_tu+b(\nu)\cdot\nabla_xu-a_{i,j}(t,\nu)\dfrac{\partial^2}{\partial x_i\partial x_j}u=\partial_\nu m,(t,x,\nu)\in(0,T)\times\mathbb{R}^{d+1}\\ u(t,x,\nu)\mid_{t=0}=\chi_{\rho_0(x)}(\nu),(x,\nu)\in\mathbb{R}^{d+1}\end{cases}\tag{4.8.2}$$

记$\partial_\nu m$ 为 f，则（4. 8. 2）成了（4. 3. 1）的特殊形式，且此时条件（4. 2. 12），（4. 2. 13）显然是满足的，所以从这个方面来说，本章中的研究内容已经够了. 但仍需指出的是此处的非齐次项是一个非负测度而在（4. 3. 1）中我们假设它为 L^p 中的元素，因此我们还需考虑一个正则化和逼近论证.

另一方面，在本章中也说明了：随机输运问题（4. 2. 1）依然保持着不带噪声的输运问题的结构. 从这个层面上来说此类噪声也是我们较关心的（从我们研究问题的角度出发），而且我们更关心的是，此时随机输运问题的解还具有哪些别于输运问题解的更好性质. 关于此的研究这里我们也没有给出，这也构成了今后研究工作的一部分.

第 5 章　随机输运扩散方程

这一章主要研究随机输运扩散方程温和解的存在唯一性及 Schauder 估计.

5.1　预备知识

假设 $(\Omega,\mathcal{F},\{\mathcal{F}_t\}_{t\geqslant 0},\mathbb{P})$ 是一个完备的概率空间，其中 $\mathcal{F}_t$ 是一个右连续递增流. 记 $\{W_t\}_{t\geqslant 0}$ 为完备概率空间 $(\Omega,\mathcal{F},\{\mathcal{F}_t\}_{t\geqslant 0},\mathbb{P})$ 上的一维标准 Wiener 过程. 我们用 E 表示 d 维空间中以 0 为心，c 为半径的去心球 $B_c(0)-\{0\}$，即 $B_c(0)-\{0\}=:E$.

首先，我们回顾下 Poisson 随机测度的概念.

定义 5.1.1　设 $(\Omega,\mathcal{F},\{\mathcal{F}_t\}_{t\geqslant 0},\mathbb{P})$ 是一个完备概率空间. N 是定义在 $(\Omega,\mathcal{F},\{\mathcal{F}_t\}_{t\geqslant 0},\mathbb{P})$ 上取值为 $(E,\mathcal{B}(E))$ 上测度的一个测度值可测函数. N 被称为带有强度测度 $\nu\times\lambda$ 的一个时齐 Poisson 随机测度，如果 $N:(\Omega,\mathcal{F})\to(M_+(E\times\mathbb{R}_+),\mathcal{M}_+(E\times\mathbb{R}_+))$ 是一个可测函数，且满足：

(i) 对每一个 $B\times I\in\mathcal{B}(E)\times\mathcal{B}(\mathbb{R}_+)$，如果 $\nu(B)<\infty$，则 $N(B\times I)$ 是一个带有参数 $\nu(B)\lambda(I)$ 的 Poisson 随机变量；

(ii) N 具有独立散射性，i. e.，如果集合 $E_j\times I_j\in\mathcal{B}(E)\times\mathcal{B}(\mathbb{R}_+)$，$j=1,\cdots,n$ 是两两互不相交的，那么随机变量 $N(B_j\times I_j)$，$j=1,\cdots,n$ 相互独立；

(iii) 对每一个 $U\in\mathcal{B}(E)$，取值 $\overline{\mathbb{N}}$ 的随机过程 $\{N((0,t],U)\}_{t>0}$ 是 $\{\mathcal{F}_t\}_{t\geqslant 0}$-适应，且它的增量是独立于过去的.

注记 5.1.2　在这个定义里，ν 被称作 Lévy 测度，其满足下面条件：

$$\int_E 1 \wedge |v|^2 \nu(dv) < \infty.$$

定义 5.1.3 设 N 是定义在完备概率空间 $(\Omega, \mathcal{F}, \{\mathcal{F}_t\}_{t\geq 0}, \mathbb{P})$ 上取值为 $(E, \mathcal{B}(E))$ 上的一个齐次 Poisson 随机测度定义 $\mathbb{R}$ - 值过程 $\{\tilde{N}((0,t],A)\}_{t>0}$ 如下：

$$\tilde{N}((0,t],A) = N((0,t],A) - \nu(A)t, \quad t>0, A \in \mathcal{B}(E),$$

称 $\{\tilde{N}((0,t],A)\}_{t>0}$ 为补偿 Poisson 随机测度. 另外，$\{\tilde{N}((0,t],A)\}_{t>0}$ 是完备概率空间 $(\Omega, \mathcal{F}, \{\mathcal{F}_t\}_{t\geq 0}, \mathbb{P})$ 上的一个鞅.

在本章中，我们重点研究如下随机输运扩散方程温和解的存在唯一性和 Schauder 估计：

$$du(t,x) - b(t,x) \cdot \nabla u(t,x)dt - \frac{1}{2}\Delta u(t,x)dt$$
$$= h(t,x)dt + f(t,x)dW_t + \int_E g(t,x,v)\tilde{N}(dt,dv), \quad t>0, x \in \mathbb{R}^d. \qquad (5.1.1)$$

对于 Cauchy 问题 (5.1.1)，我们假定初值为零. 温和解被定义如下：

定义 5.1.4 设 u 是定义在空间 $\mathcal{B}(\mathbb{R}_+) \times \mathcal{B}(\mathbb{R}^d) \times \mathcal{F}$ 上的一个可测函数. 我们称 u 是零初值 Cauchy 问题 (5.1.1) 一个温和解，如果如下条件：

(1) u 是 $\mathcal{F}_t$ - 适应的；

(2) $\{u(t,x,\cdot)\}_{t\geq 0}$ 是由一族 $L^2(\Omega, \mathcal{F}, \mathbb{P})$ - 值随机变量构成的，且关于 t 它是右连续的，并且存在左限值，i. e.，对任意的 $t \in [0,\infty)$，

$$u(t-,x,\cdot) = L^2(\Omega) - \lim_{s\uparrow t} u(s,x,\cdot), t \in [0,\infty);$$

(3) $u \in L^\infty_{loc}([0,\infty); W^{1,\infty}(\mathbb{R}^d; L^2(\Omega)))$;

(4) 对任意的 $t>0$，下面的等式几乎处处成立，

$$u(t,x) = \int_0^t P_{t-r}(b(r,\cdot) \cdot \nabla u(r,\cdot))(x)dr + \int_0^t P_{t-r}h(r,\cdot)(x)dr$$
$$+ \int_0^t P_{t-r}f(r,\cdot)(x)dW_r + \int_{(0,t]}\int_E P_{t-r}g(r,\cdot,v)(x)\tilde{N}(dr,dv),$$
$$(5.1.2)$$

其中随机积分 (5.1.2) 是 Itô 型的，P_t 为向前热半群，定义为

$$P_t\varphi(x) = \frac{1}{(2\pi t)^{d/2}}\int_{\mathbb{R}^d} e^{-\frac{|x-y|^2}{2t}}\varphi(y)dy, \quad \varphi \in L^\infty(\mathbb{R}^d). \qquad (5.1.3)$$

注记 5.1.5 这个定义是受 Marinelli, Prévôt, 和 Röckner [189, 定义 2.1] 的启发给出的，具体的定义的形式是由参考文献 [5] 给出.

在给出本章的主要结果前，我们先给出几个有用的引理.

引理 5.1.6（Minkowski 不等式［214］）假设 $(S_1,\mathcal{F}_1,\mu_1)$ 和 $(S_2,\mathcal{F}_2,\mu_2)$ 是两个可测空间. 函数 G：$S_1\times S_2\to\mathbb{R}$ 是二元可测的，对给定的实数 $1\leqslant p_1\leqslant p_2$，我们假设 $G\in L^{p_1}(S_1;L^{p_2}(S_2))$. 则 $G\in L^{p_2}(S_2;L^{p_1}(S_1))$，且

$$\Big[\int_{S_2}\Big(\int_{S_1}|G(x,y)|^{p_1}\mu_1(dx)\Big)^{\frac{p_2}{p_1}}\mu_2(dy)\Big]^{\frac{1}{p_2}}$$

$$\leqslant\Big[\int_{S_1}\Big(\int_{S_2}|G(x,y)|^{p_2}\mu_2(dy)\Big)^{\frac{p_1}{p_2}}\mu_1(dx)\Big]^{\frac{1}{p_1}}.\tag{5.1.4}$$

下一个引理在随机积分的估计中起着重要的作用.

引理 5.1.7（Burkholder 不等式［18，定理 4.4.21］）设 F 是一个 $\{\mathcal{F}_t\}_{t\geqslant0}$ 适应的随机过程. 对 $F\in L^p(\Omega;L^2_{loc}([0,\infty)))$，假设 $\{M_t\}_{t\geqslant0}$ 是 Brownian 型随机积分：

$$M_t=\int_0^t F(r)dW_r.$$

对任意的 $p\geqslant2$，存在一个正常数 $C(p)>0$，使得对任意的 $t\geqslant0$：

$$\mathbb{E}[|M_t|^p]\leqslant C(p)\,\mathbb{E}\Big[\int_0^t|F(r)|^2dr\Big]^{\frac{p}{2}}.$$

推论 5.1.8　设 $\mathcal{F}$ 是一个 $\mathcal{B}(\mathbb{R}_+)\times\mathcal{B}(\mathbb{R}_+)\times\mathcal{B}(\mathbb{R}^d)$ 上的可测函数. 假设 $\{M_t(x)\}_{t\geqslant0}$ 是一个 Brownian 型随机积分：

$$M_t(x)=\int_0^t F(t,r,x)dW_r,$$

其中

$$\text{对几乎处处的 } x\in\mathbb{R}^d,\ \int_0^t|F(t,r,x)|^2dr<\infty.\tag{5.1.5}$$

则对任意的 $p\geqslant2$，存在一个与 x 独立的正常数 $C(p)>0$，使得对任意的 $t\geqslant0$：

$$\mathbb{E}[|M_t(x)|^p]\leqslant C(p)\Big[\int_0^t|F(t,r,x)|^2dr\Big]^{\frac{p}{2}}.\tag{5.1.6}$$

证明. 首先，我们假设 F 有下面的形式：

$$F(t,r,x)=\sum_{j=1}^m F_j(t,x)1_{(t_{j-1},t_j]}(r),\tag{5.1.7}$$

其中 $m\in\mathbb{N}$，F_j 是 $(\mathbb{R}_+\times\mathbb{R}^d;\mathcal{B}(\mathbb{R}_+)\times\mathcal{B}(\mathbb{R}^d))$ – 可测的，$0=t_0<t_1<t_2<\cdots<t_m=t$.

对 $p=2$，使用引理 5.1.7，我们得到：

$$\begin{aligned}\mathbb{E}|M_t(x)|^2 &= \mathbb{E}\left|\sum_{j=1}^{m}(W_{t_j}-W_{t_{j-1}})F_j(t,x)\right|^2\\ &= \sum_{j=1}^{m}|F_j(t,x)|^2(t_j-t_{j-1}) = \int_0^t |F(t,r,x)|^2dr.\end{aligned}\tag{5.1.8}$$

对 $p=4$，我们有

$$\begin{aligned}&\mathbb{E}|M_t(x)|^4\\ &= \mathbb{E}\left|\sum_{j=1}^{m}(W_{t_j}-W_{t_{j-1}})F_j(t,x)\right|^4\\ &= \sum_{j=1}^{m}\mathbb{E}|W_{t_j}-W_{t_{j-1}}|^4|F_j(t,x)|^4\\ &\quad +6\sum_{i\neq j}\mathbb{E}|W_{t_i}-W_{t_{i-1}}|^2\mathbb{E}|W_{t_j}-W_{t_{j-1}}|^2|F_i(t,x)|^2|F_j(t,x)|^2\\ &= 6\left[\sum_{j=1}^{m}|t_j-t_{j-1}|^2|F_j(t,x)|^4+\sum_{i\neq j}(t_i-t_{i-1})(t_j-t_{j-1})|F_i(t,x)|^2|F_j(t,x)|^2\right]\\ &\leqslant 6\left[\sum_{j=1}^{m}|t_j-t_{j-1}||F_j(t,x)|^2\right]^2\\ &= 6\left[\int_0^t|F(t,r,x)|^2dr\right]^2.\end{aligned}\tag{5.1.9}$$

使用一次有 L^p -插值公式：

$$F\in L^{p_1}\cap L^{p_3}\Rightarrow \|F\|_{L^{p_2}}\leqslant \|F\|_{L^{p_1}}^{\frac{(p_3-p_2)p_1}{(p_3-p_1)p_2}}\|F\|_{L^{p_3}}^{\frac{(p_2-p_1)p_3}{(p_3-p_1)p_2}},\quad \forall p_1\leqslant p_2\leqslant p_3.\tag{5.1.10}$$

结合（5.1.8)，(5.1.9) 和（5.1.10)，当 $p\in$（2，4）时，我们得到：存在一个与 x 独立的实数 $C(p)>0$ 使得：

$$\mathbb{E}|M_t(x)|^p\leqslant C(p)\left[\int_0^t|F(t,r,x)|^2dr\right]^{\frac{p}{2}}.\tag{5.1.11}$$

注意到满足条件（5.1.5）的函数可以被阶梯形式函数（5.1.7）来逼近，且当 $p\in[2,4]$，(5.1.6) 式对阶梯函数成立，这样完成了对 $p\in[2,4]$ 的证明.

类似地，我们可以证明（5.1.6）对每一个偶数和满足式子（5.1.7）的阶梯函数成立. 给定（5.1.10)，对任意 $p>4$，我们可以得到不等式（5.1.11). 然后，用一次逼近讨论，我们就完成了证明.

注记 5.1.9. 当 $F(t,r,x)=F(t-r,x)=e^{(t-r)A}f(r,\cdot)(x)$（$A$ 是一个强连续半群的无穷小生成元）时，我们得到了一个随机卷积的 Burkholder 型不等式. 这个类型的估计早期是由 Kotelenez 在参考文献［164］中建立的. 只不过，［164］中，Kotelenez 考虑的是取值在 Hilbert 空间的平方可积鞅. Kotelenez 的结果很快推广到了 2 一致光滑 Banach 空间. 特别的，Sobolev 空间 $W^{k,q}(\mathbb{R}^d)$（$2\leqslant q<\infty$）也是 2 一致光滑 Banach 空间（见参考文献［201，推论 2.4］，［178，引理 1.1］以及

相关文献［22，82，83，137，174，190，195］）．然而，Lebesgue 空间 $L^\infty(\mathbb{R}^d)$ 却不是 2 一致光滑 Banach 空间，所以一般来说，下述不等式是不成立的：

$$\mathbb{E}\Big[\Big\|\int_0^t e^{(t-r)A}f(r,\cdot)dW_r\Big\|^p_{L^\infty(\mathbb{R}^d)}\Big]\leqslant C(p)\Big[\int_0^t\Big\|\int_0^t e^{(t-r)A}f(r,\cdot)\Big\|^2_{L^\infty(\mathbb{R}^d)}dr\Big]^{\frac{p}{2}}. \tag{5.1.12}$$

然而，作为（5.1.6）的一个直接推论，我们可以得到：

$$\Big\|\mathbb{E}\Big|\int_0^t e^{(t-r)A}f(r,\cdot)dWr\Big|^p\Big\|_{L^\infty(\mathbb{R}^d)}\leqslant C(p)\Big\|\Big[\int_0^t|e^{(t-r)A}f(r,\cdot)|^2dr\Big]^{\frac{p}{2}}\Big\|_{L^\infty(\mathbb{R}^d)}. \tag{5.1.13}$$

引理 5.1.10.（Kunita 第一不等式［18，定理 4.4.23］）设 $E=B_c(0)-\{0\}$ $(0<c\in\mathbb{R})$．假设 $H\in L^p(\Omega;L^2_{loc}([0,\infty);L^2(E,v))\cap L^p_{loc}([0,\infty);L^p(E,v)))$ 是一个 $\{\mathcal{F}_t\}_{t\geqslant0}$ 适应的随机过程，其随机积分为：

$$I_t=\int_{(0,t]}\int_E H(r,v)\tilde{N}(dr,dv).$$

则，对任意的 $p\geqslant2$ 和 $t\geqslant0$，存在一个正常数 $C(p)>0$，使得：

$$\mathbb{E}[|I_t|^p]\leqslant C(p)\Big\{\mathbb{E}\Big[\int_0^t\int_E|H(r,v)|^2v(dv)dr\Big]^{\frac{p}{2}}+\mathbb{E}\int_0^t\int_E|H(r,v)|^pv(dv)dr\Big\}.$$

根据上面给出的引理，结合推论 5.1.8 的类似计算，我们得到以下结论

推论 5.1.11. 设 H 是一个 $\mathcal{B}(\mathbb{R}_+)\times\mathcal{B}(\mathbb{R}_+)\times\mathcal{B}(\mathbb{R}^d)\times\mathcal{B}(E)$－可测函数．假设 $\{I_t(x)\}_{t\geqslant0}$ 是一个 Poisson 型随机积分：

$$I_t(x)=\int_{(0,t]}\int_E H(t,r,x,v)\tilde{N}(dr,dv), \tag{5.1.14}$$

其中被积函数 $H(t,r,x,\cdot)$ 在零附近取值为零且满足

$$\int_0^t\int_E|H(t,r,x,v)|^pv(dv)dr<\infty,x\in\mathbb{R}^d.$$

则对任意的 $p\geqslant2$，存在一个与变量 x 无关的正的常数 $C(p)>0$，使得对任意的 $t\geqslant0$：

$$\mathbb{E}[|I_t(x)|^p]\leqslant C(p)\int_0^t\int_E|H(t,r,x,v)|^pv(dv)dr. \tag{5.1.15}$$

证明． 首先假设 H 有下面的形式：

$$H(t,r,x,v)=\sum_{i=1}^{m_1}\sum_{j=1}^{m_2}H_{i,j}(t,x)1_{(t_{i-1},t_i]}(r)1_{E_j}(v). \tag{5.1.16}$$

其中 m_1，$m_2\in\mathbb{N}$，$H_{i,j}$ 是 $(\mathbb{R}_+\times\mathbb{R}^d;\mathcal{B}(\mathbb{R}_+)\times\mathcal{B}(\mathbb{R}^d))$ 可测的，$0=t_0<t_1<t_2<\cdots<t_{m_1}=t$，$E_j\in\mathcal{B}(E)$，$E_{j_1}\cap E_{j_2}=\varnothing$ $(j_1\neq j_2)$．

使用引理 5.1.10 和 Poisson 随机测度的独立散射性质（看定义 5.1.1 (ii)），再结合类似于推论 5.1.8 的讨论与计算，当 $p=2$ 时，得到：

$$\mathbb{E}[\ |I_t(x)|^2] \leqslant C\int_0^t\int_E |H(t,r,x,v)|^2 v(dv)\,dr. \tag{5.1.17}$$

当 $p=4$，也有估计式：

$$\mathbb{E}[\ |I_t(x)|^4] \leqslant C\Big\{\Big[\int_0^t\int_E |H(t,r,x,v)|^2 v(dv)\,dr\Big]^2 + \int_0^t\int_E |H(t,r,x,v)|^4 v(dv)\,dr\Big\}. \tag{5.1.18}$$

因为 $H(t,r,x,\cdot)$ 在零附近取值为零，使用 Hölder 不等式，从（5.3.18），我们有：

$$\mathbb{E}[\ |I_t(x)|^4] \leqslant C\int_0^t\int_E |H(t,r,x,v)|^4 v(dv)\,dr. \tag{5.1.19}$$

从式子（5.1.18）到式子（5.1.19），我们可以得出这样的结论：对任意的 $t>0$，由（5.1.14）给出的线性算子是从函数空间 $L^2([0,t]\times E)$ 到 $L^2(\Omega)$ 的有界的，也是从函数空间 $L^4([0,t]\times E)$ 到 $L^4(\Omega)$ 有界的. 由 Marcinkiewicz 插值定理（[171, 定理 2.58]），对任意的 $p\in(2,\ 4)$，（5.1.15）对所有的阶梯函数成立. 因此，通过一次逼近讨论，（5.1.15）对所有函数成立，这样我们就完成了对 $p\in[2,\ 4]$ 的证明. 剩余部分类似于推论 5.1.10 的证明类似.

注记 5.1.12. (i) 如果我们考虑的函数不是 H (t, r, x, v) 而是一个抽象算账对应的函数，如 $U(t,r)h(r-)$（U 是发展算子），此时个估计已经由 Kotelenez [165] 得到. Kotelenez 讨论了一类取值 Hilbert 空间的平方积分鞅的估计. 随后，Ichikawa [149]、Hamedani 和 Zangeneh [133] 推广了这一估计（也可参看文献 [60, 96, 138, 139]). 这些结果考虑的函数都是 $1<p<\infty$ 鞅型 Banach 空间. 但是，对 $p>1$，$L^\infty(\mathbb{R}^d)$ 不是 p－鞅型 Banach 空间（参看文献 [138]，注记 2.1），所以（5.1.12）的估计对 Poisson 随机测度一般是不对的. 然而，作为（5.1.15）的直接推论，如果 $H(t,r,x,v)=e^{(t-r)A}h(r,\cdot,v)(x)$（$A$ 是强连续半群的无穷小生成元），则我们得到：

$$\Big\|\mathbb{E}\Big|\int_0^t\int_E e^{(t-r)A}h(r,\cdot,v)\,\tilde{N}(dr,dv)\Big|^p\Big\|_{L^\infty(\mathbb{R}^d)} \leqslant C\Big\|\int_0^t\int_E |e^{(t-r)A}h(r,\cdot,v)|^p v(dv)\,dr\Big\|_{L^\infty(\mathbb{R}^d)}. \tag{5.1.20}$$

在后面证明解的 Schauder 估计时，这个估计式（5.1.20）将起到非常重要的作用.

(ii) 对几乎处处的 $x\in\mathbb{R}^d$，如果：

$$\int_0^t\int_E |H(t,r,x,v)|^p v(dv)dr+\int_0^t\int_E |H(t,r,x,v)|^2 v(dv)dr<\infty,$$

则我们不需要假设 H 在零附近取值为零. 因为，此时，从（5.1.18）到（5.1.19），我们可以得出：对任意的 $t>0$，由（5.1.14）给出的线性算子是从函数空间 $L^2([0,t]\times E)$ 到 $L^2(\Omega)$ 的有界的，也是从函数空间 $L^2\cap L^4([0,t]\times E)$ 到 $L^4(\Omega)$ 有界的. 由 Marcinkiewicz 插值定理（[3, 定理 2.58]），对任意的 $p\in(2,4)$，（5.1.15）对所有的阶梯函数成立. 因此，通过一次逼近讨论，（5.1.15）对所有函数成立，这样我们就完成了对 $p\geqslant 2$ 的证明.

5.2　温和解的存在唯一性及 Schauder 估计

在说明主要结果之前，先回顾下函数空间的一些符号. 对 $T>0$，$\alpha>0$ 和 $p\geqslant 2$，我们定义 $L^\infty([0,T];C_b^\alpha(\mathbb{R}^d))$ 为所有的 $C_b^\alpha(\mathbb{R}^d)$-值本性有界函数 u，满足性质

$$\|u\|_{T,\infty,\alpha}:=\operatorname*{esssup}_{0\leqslant t\leqslant T}\max_{x\in\mathbb{R}^d}|u(t,x)|+\operatorname*{esssup}_{0\leqslant t\leqslant T}\sup_{x,y\in\mathbb{R}^d,x\neq y}\frac{|u(t,x)-u(t,y)|}{|x-y|^\alpha}<\infty$$

构成的集合. 当 $\alpha=0$ 时，将 $\|u\|_{T,\infty,0}$ 简写为 $\|u\|_{T,\infty}$，或简记为 $\|u\|_\infty:=\max_{x\in\mathbb{R}^d}|u(x)|$. 相应的，$L^\infty([0,T];C_b^{1,\alpha}(\mathbb{R}^d))$ 是函数空间 $L^\infty([0,T];C_b^\alpha(\mathbb{R}^d))$ 的一个子集，使得其上的函数满足：

$$\|u\|_{T,\infty,1+\alpha}:=\operatorname*{esssup}_{0\leqslant t\leqslant T}\max_{x\in\mathbb{R}^d}|u(t,x)|+\operatorname*{esssup}_{0\leqslant t\leqslant T}\max_{x\in\mathbb{R}^d}|Du(t,x)|$$
$$+\operatorname*{esssup}_{0\leqslant t\leqslant T}\sup_{x,y\in\mathbb{R}^d,x\neq y}\frac{|Du(t,x)-Du(t,y)|}{|x-y|^\alpha}<\infty.$$

同样的，我们可以定义空间 $L^\infty([0,T];C_b^\alpha(\mathbb{R}^d;L^p(\Omega)))$ 和 $L^\infty([0,T];L^p(E,v;C_b^\alpha(\mathbb{R}^d)))$. 对 $h\in L^\infty([0,T];C_b^\alpha(\mathbb{R}^d;L^p(\Omega)))$ 和 $g\in L^\infty([0,T];L^p(E,v;C_b^\alpha(\mathbb{R}^d)))$，范数定义如下：

$$\|h\|_{T,\infty,\alpha,p}:=\operatorname*{esssup}_{0\leqslant t\leqslant T}\max_{x\in\mathbb{R}^d}\|h(t,x)\|_{L^p(\Omega)}+\operatorname*{esssup}_{0\leqslant t\leqslant T}\sup_{x,y\in\mathbb{R}^d,x\neq y}\frac{\|h(t,x)-h(t,y)\|_{L^p(\Omega)}}{|x-y|^\alpha}<\infty$$

和

$$\|g\|_{T,\infty,p,E,\alpha}:=\operatorname*{esssup}_{0\leq t\leq T}\left\|\max_{x\in\mathbb{R}^d}|g(t,x,\cdot)|\right\|_{L^p(E,v)}$$
$$+\operatorname*{esssup}_{0\leq t\leq T}\left\|\sup_{x,y\in\mathbb{R}^d,x\neq y}\frac{|g(t,x,\cdot)-g(t,y,\cdot)|}{|x-y|^\alpha}\right\|_{L^p(E,v)}<\infty.$$

我们的主要结果如下.

定理 5.2.1. 设 b, h, f 和 g 是可测函数. 我们考虑零初值随机传输扩散方程 (5.1.1). 对 $\alpha>0$, $p>2$, 假设:

$$0<\alpha+\frac{2}{p}-1=:\gamma \tag{5.2.1}$$

和

$$f\in L^\infty_{loc}([0,\infty);C^\alpha_b(\mathbb{R}^d)),$$
$$g\in L^\infty_{loc}([0,\infty);L^{p+}(E,v;C^\alpha_b(\mathbb{R}^d)))g(t,x,\cdot)\text{在零附近为零} \tag{5.2.2}$$

另外, 假设存在一个实数 $0<\beta<\gamma$ 使得:

$$b\in L^\infty_{loc}([0,\infty);C^\beta_b(\mathbb{R}^d;\mathbb{R}^d)),h\in L^\infty_{loc}([0,\infty);C^\beta_b(\mathbb{R}^d;L^p(\Omega))). \tag{5.2.3}$$

则方程 (5.1.1) 存在唯一的温和解 u. 更进一步, u 属于 $L^\infty_{loc}([0,\infty);C_b^{1+\gamma-}(\mathbb{R}^d;L^p(\Omega)))$ 并对任意的 $t>0$, 存在一个常数 $C(p,t,\|b\|_{t,\infty,\beta})>0$ (与参数 u, h, f 和 g 独立) 使得:

$$\|u\|_{t,\infty,1+\gamma-,p}\leq C(p,t,\|b\|_{t,\infty,\beta})[\|h\|_{t,\infty,\beta,p}+\|f\|_{t,\infty,\alpha}+\|g\|_{t,\infty,p+,E,\alpha}], \tag{5.2.4}$$

其中

$$C_b^{1+\gamma-\epsilon}(\mathbb{R}^d)=\lim_{\varepsilon\to0+}C_b^{1+\gamma-\epsilon}(\mathbb{R}^d)=\cap_{0<r<\gamma}C_b^{1+r}(\mathbb{R}^d),L^{p+}(E,v)=\lim_{\epsilon\to0+}L^{p+\epsilon}(E,v).$$

注记 5.2.2. (i) 设 k 是在空间(E, v)上的一个可测函数, 并且 k 在零附近取值为零. 对任意 $1\leq r_1\leq r_2$, 若 $k\in L^{r_2}(E, v)$, 则 $k\in L^{r_1}(E, v)$ 并且 $\|k\|_{r_1,E}\leq C\|k\|_{r_2,E}$. 注意到 $g(t,x,\cdot)$ 在零附近取值为零, 并且 $g(t,x,\cdot)\in L^{p+}(E,v)$, 有 $g(t,x,\cdot)\in \cup_{r>p}L^r(E,v)$. 所以存在一个正实数 $\epsilon>0$, 使得 $g(t,x,\cdot)\in L^{p+\epsilon}(E,v)$. 因此, (5.2.4) 可以被理解为, 对任意的充分小的 $\epsilon_1>0$, 存在一个充分小的正实数 $\epsilon_2(\epsilon_2\leq\epsilon)$, 使得对任意的 $t>0$, 存在一个常数 $C(p,t,\|b\|_{t,\infty,\beta})>0$ (与参数 u, h, f 和 g 独立) 使得:

$$\|u\|_{t,\infty,1+\gamma-\epsilon_1,p}\leq C(p,t,\|b\|_{t,\infty,\beta})[\|h\|_{t,\infty,\beta,p}+\|f\|_{t,\infty,\alpha}+\|g\|_{t,\infty,p+\epsilon_2,E,\alpha}]. \tag{5.2.5}$$

(ii) 从下一节的证明中, 可以发现, 当向量场 b 取值恒为零时, 对任意的 $p\geq2$ 和 $g\in L^\infty_{loc}([0,\infty);L^p(E,v;C^\alpha_b(\mathbb{R}^d)))$ ($g(t,x,\cdot)=0$ 在零附近), 则

(5.1.1) 存在唯一的温和解 u. 而且，$u \in L^{\infty}_{loc}([0,\infty);C_b^{1+\gamma}(\mathbb{R}^d;L^p(\Omega)))$ 和对任意的 $t>0$，存在一个常数 $C>0$，使得：

$$\|u\|_{t,\infty,1+\gamma,p} \leqslant C(p,t)[\|h\|_{t,\infty,\beta,p} + \|f\|_{t,\infty,\alpha} + \|\mathcal{G}\|_{t,\infty,p,E,\alpha}].$$

(iii) 假设 g 在零附近取值不为零，我们需要对 g 做额外的假设，即 $g \in L^{\infty}_{loc}([0,\infty);L^2 \cap L^{p+}(E,v;C_b^{\alpha}(\mathbb{R}^d)))$. 除了一些烦琐的计算外，并没有技术上的困难，为了简单起见，此处假设 g 在零附近取值为零.

5.3　具体的证明

我们把证明分为三个部分：唯一性，存在性和正则性.

(唯一性). 随机输运扩散方程 (5.1.1) 是线性的，为了证明其唯一性，只需要证明当 $h=f=g=0$ 时，温和解等于零. 而当 $h=f=g=0$ 时，这个方程变成了一个确定性方程. 由于经典的 Schauder 估计，我们发现 $u=0$，所以温和的解是唯一的.

为了证明它的存在性和正则性，首先假设 $b=0$.

(存在性) 存在性可以通过如下的显式公式：

$$\begin{aligned} u(t,x) &= \int_0^t P_{t-r}h(r,\cdot)(x)\,dr + \int_0^t P_{t-r}f(r,\cdot)(x)\,dW_r \\ &\quad + \int_{(0,t]}\int_E P_{t-r}g(r,\cdot,v)(x)\,\tilde{N}(dr,dv) \end{aligned} \tag{5.3.1}$$

得到，其中 P_t 是由式子 (5.1.3) 给出.

根据上面的显示表述，容易验证，u 满足定义 5.1.4 中的性质 (1), (2) 和 (4) (更多的细节，可以参考文献 [172]). 为了证明温和解的存在性，我们还需要证明 $u \in L^{\infty}_{loc}([0,\infty);W^{1,\infty}(\mathbb{R}^d;L^2(\Omega)))$.

对任意的 $t>0$，从 (5.3.1)，并使用式 (5.1.6) 和式 (5.1.15)，我们可以得到：

$$\|u\|^2_{t,\infty,0,2} \leqslant C(t)\Big[\|h\|^2_{t,\infty,0,2} + \|f\|^2_{t,\infty} + \int_0^t\int_E \|g(r,\cdot,z)\|^2_{\infty}\nu(dz)\,dr\Big].$$

现在，让我们验证 $u \in L^{\infty}_{loc}([0,\infty);W^{1,\infty}(\mathbb{R}^d;L^2(\Omega)))$. 定义 $K(r,x) = \frac{1}{(2\pi r)^{d/2}}e^{-\frac{|x|^2}{2r}}$，如果我们使用推论 5.1.8 和推论 5.1.11，对于给定的 p：

$$
\begin{aligned}
\mathbb{E}|u(t,x)|^p &\leq C(p)\,\mathbb{E}\left|\int_0^t\int_{\mathbb{R}^d}K(t-r,x-z)h(r,z)\,dzdr\right|^p \\
&\quad + C(p)\left[\int_0^t\left|\int_{\mathbb{R}^d}K(t-r,x-z)h(r,z)\,dz\right|^2dr\right]^{\frac{p}{2}} \\
&\quad + C(p)\int_0^t\int_E\left|\int_{\mathbb{R}^d}K(t-r,x-z)g(x,z,v)\,dz\right|^p\nu(dv)\,dr \\
&\leq C(p)\left[t^p\|h\|_{t,\infty,0,p}^p + t^{\frac{p}{2}}\|f\|_{t,\infty}^p + t\|g\|_{t,\infty,p,E,0}^p\right] \\
&\leq C(p,t)\left[\|h\|_{t,\infty,0,p}^p + \|f\|_{t,\infty}^p + \|g\|_{t,\infty,p,E,0}^p\right],
\end{aligned}
\tag{5.3.2}
$$

其中在第二个不等式中我们使用了引理 5.1.6，在最后一个不等式中使用了 Hölder 不等式．此外，$C(p,t)$ 关于 t 是连续的且非降的，且当 $t\to0$ 时，$C(p,t)\to0$.

对任意的 $1\leqslant i\leqslant d$，现在来计算 $|Du|$：

$$
\begin{aligned}
\partial_{x_i}u(t,x) &= \int_0^t dr\int_{\mathbb{R}^d}\partial_{x_i}K(t-r,x-z)h(r,z)\,dz + \int_0^t dW_r\int_{\mathbb{R}^d}\partial_{x_i}K(t-r,x-z)f(r,z)\,dz \\
&\quad + \int_{(0,t]}\int_E\int_{\mathbb{R}^d}\partial_{x_i}K(t-r,x-z)g(r,z,v)\,dz\,\widetilde{N}(dr,dv) \\
&= \int_0^t dr\int_{\mathbb{R}^d}\partial_{x_i}K(t-r,x-z)\left[h(r,z)-h(r,x)\right]dz \\
&\quad + \int_0^t dWr\int_{\mathbb{R}^d}\partial_{x_i}K(t-r,x-z)\left[f(r,z)-f(r,x)\right]dz \\
&\quad + \int_{(0,t]}\int_E\int_{\mathbb{R}^d}\partial_{x_i}K(t-r,x-z)\left[g(r,z,v)-g(r,x,v)\right]dz\,\widetilde{N}(dr,dv).
\end{aligned}
$$

因此，通过推论 5.1.8 和推论 5.1.11，我们得到：

$$
\begin{aligned}
&\mathbb{E}|\partial_{x_i}u(t,x)|^p \\
&\leq C(p)\,\mathbb{E}\left|\int_0^t\int_{\mathbb{R}^d}\partial_{x_i}K(t-r,x-z)\left[h(r,z)-h(r,x)\right]dzdr\right|^p \\
&\quad + C(p)\left[\int_0^t\left|\int_{\mathbb{R}^d}\partial_{x_i}K(t-r,x-z)\left[f(r,z)-f(r,x)\right]dz\right|^2dr\right]^{\frac{p}{2}} \\
&\quad + C(p)\int_0^t\int_E\left|\int_{\mathbb{R}^d}\partial_{x_i}K(t-r,x-z)\left[g(r,z)-g(r,x)\right]dz\right|^p\nu(dv)\,dr.
\end{aligned}
\tag{5.3.3}
$$

从 (5.2.2) 和 (5.2.3)，知道 $h\in L_{loc}^\infty([0,\infty);C_b^\beta(\mathbb{R}^d;L^p(\Omega)))$，$f\in L_{loc}^\infty([0,\infty);C_b^\alpha(\mathbb{R}^d;\mathbb{R}^d))$，$g\in L_{loc}^\infty([0,\infty);L^{p+}(E,\nu;C_b^\alpha(\mathbb{R}^d)))$，从式 (5.3.3)，得到：

$$\mathbb{E}|\partial_{x_i}u(t,x)|^p \leqslant C(p)\,[h]^p_{t,\infty,\beta,p}\left|\int_0^t r^{\frac{\beta-1}{2}}dr\int_{\mathbb{R}^d}e^{-\frac{|z|^2}{2}}|z|^{\beta}dz\right|^p$$
$$+C(p)\,[f]^p_{t,\infty,\alpha}\left[\int_0^t r^{\alpha-1}dr\right]^{\frac{p}{2}}\left[\int_{\mathbb{R}^d}e^{-\frac{|z|^2}{2}}|z|^{\alpha}dz\right]^p$$
$$+C(p)\,[g]^p_{t,\infty,p,E,\alpha}\int_0^t r^{\frac{(\alpha-1)p}{2}}dr\left[\int_{\mathbb{R}^d}e^{-\frac{|z|^2}{2}}|z|^{\alpha}dz\right]^p. \qquad (5.3.4)$$

由于 α，β，$\gamma>0$，（5.3.4）式右端的前两项是有限的，而且通过式（5.2.1），$\alpha+2/p>1$，所以，（5.3.4）式右端的最后一项也是有限的．因为 $g(t,x,\cdot)$ 在零附近取值为零，因此对任意的 $t>0$：

$$\mathbb{E}|\partial_{x_i}u(t,x)|^p \leqslant C(p)\left[t^{\frac{(\beta+1)p}{2}}[h]^p_{t,\infty,\beta,p}+t^{\frac{p}{2}}[f]^p_{t,\infty,\alpha}+t^{\frac{(\alpha-1)p+1}{2}}[g]^p_{t,\infty,p,E,\alpha}\right]$$
$$\leqslant C(p,t)\left[[h]^p_{t,\infty,\beta,p}+[f]^p_{t,\infty,\alpha}+[g]^p_{t,\infty,p,E,\alpha}\right], \qquad (5.3.5)$$

其中 $C(p,t)$ 关于 t 是连续的且非降的，且当 $t\to0$ 式，$C(p,t)\to0$.

（正则性） 显然，我们还需要对 Du 做 Hölder 估计，即还需要证明 $Du\in L^\infty_{loc}([0,\infty);C_b^{\gamma-}(\mathbb{R}^d;L^p(\Omega)))$，并且（5.2.4）成立．注意到函数 $g(t,x,\cdot)$ 在零附近取值为零，并且 $g\in L^\infty_{loc}([0,\infty);L^p(E,\nu;C_b^\alpha(\mathbb{R}^d)))$．根据注记 5.2.2（i），我们只需要证明：对任意的充分小的 $\epsilon_1>0$，存在一个充分小的正实数 ϵ_2（$\epsilon_2\leqslant\epsilon$），使得对任意的 $t>0$，存在一个常数 $C(p,t,\|b\|_{t,\infty,\beta})>0$（与参数 u，h，f 和 g 独立）使得：

$$\|Du\|_{t,\infty,\gamma-\epsilon_1,p}\leqslant C(p,t,\|b\|_{t,\infty,\beta})\left[\|h\|_{t,\infty,\beta,p}+\|f\|_{t,\infty,\alpha}+\|g\|_{t,\infty,p+\epsilon_2,E,\alpha}\right]. \qquad (5.3.6)$$

对任意的 x，$y\in\mathbb{R}^d$ 和 $1\leqslant i\leqslant d$：

$$\partial_{x_i}u(t,x)-\partial_{y_i}u(t,y)$$
$$=\int_0^t dr\int_{|x-z|\leqslant2|x-y|}\partial_{x_i}K(t-r,x-z)[h(r,z)-h(r,x)]dz$$
$$-\int_0^t dr\int_{|x-z|\leqslant2|x-y|}\partial_{y_i}K(t-r,y-z)[h(r,z)-h(r,y)]dz$$
$$+\int_0^t dr\int_{|x-z|\leqslant2|x-y|}\partial_{y_i}K(t-r,y-z)[h(r,y)-h(r,x)]dz$$
$$+\int_0^t dr\int_{|x-z|\leqslant2|x-y|}[\partial_{x_i}K(t-r,x-z)-\partial_{y_i}K(t-r,y-z)][h(r,z)-h(r,x)]dz$$
$$+\int_0^t dWr\int_{|x-z|\leqslant2|x-y|}\partial_{x_i}K(t-r,x-z)[f(r,z)-f(r,x)]dz$$
$$-\int_0^t dWr\int_{|x-z|\leqslant2|x-y|}[\partial_{y_i}K(t-r,y-z)[f(r,z)-f(r,y)]dz$$

$$
\begin{aligned}
&+\int_0^t dW r\int_{|x-z|>2|x-y|}\partial_{y_i}K(t-r,y-z)[f(r,y)-f(r,x)]dz\\
&+\int_0^t dW r\int_{|x-z|>2|x-y|}[\partial_{x_i}K(t-r,x-z)-\partial_{y_i}K(t-r,y-z)][f(r,z)-f(r,x)]dz\\
&+\int_{(0,t]}\int_E\int_{|x-z|\leqslant 2|x-y|}\partial_{x_i}K(t-r,x-z)[g(r,z,v)-g(r,x,v)]dz\widetilde{N}(dr,dv)\\
&-\int_{(0,t]}\int_E\int_{|x-z|\leqslant 2|x-y|}\partial_{y_i}K(t-r,y-z)[g(r,z,v)-g(r,y,v)]dz\widetilde{N}(dr,dv)\\
&+\int_{(0,t]}\int_E\int_{|x-z|\leqslant 2|x-y|}\partial_{y_i}K(t-r,x-z)[g(r,y,v)-g(r,x,v)]dz\widetilde{N}(dr,dv)\\
&+\int_{(0,t]}\int_E\int_{|x-z|>2|x-y|}[\partial_{x_i}K(t-r,x-z)-\partial_{y_i}K(t-r,y-z)]\\
&\quad[g(r,z,v)-g(r,x,v)]dz\widetilde{N}(dr,dv)\\
=:&I_1(t)+I_2(t)+I_3(t)+I_4(t)+I_5(t)+I_6(t)+I_7(t)+I_8(t)\\
&+I_9(t)+I_{10}(t)+I_{11}(t)+I_{12}(t).
\end{aligned}
$$

下面我们来估计 I_1-I_{12}. 首先，我们计算 I_1-I_4. 为了简化计算，此时假设 $p_1=2p/(\alpha p-\beta p-\epsilon_1 p+2)$，则 $1<p_1<p$，$\beta-1+2/p_1=\gamma-\epsilon_1$.

借助于条件（5.2.3）和引理 5.1.6：

$$
\begin{aligned}
&\mathbb{E}|I_1(t)|^p\\
\leqslant& C(p)\,\mathbb{E}\left|\int_0^t\int_{|x-z|\leqslant 2|x-y|}|\partial_{x_i}K(t-r,x-z)|\,|h(r,z)-h(r,x)|dzdr\right|^p\\
\leqslant& C(p)\,[h]^p_{t,\infty,\beta,p}\left|\int_0^t\int_{|x-z|\leqslant 2|x-y|}r^{-\frac{d+1}{2}}e^{-\frac{|x-z|^2}{2r}}|x-z|^\beta dzdr\right|^p.
\end{aligned}
\tag{5.3.7}
$$

通过利用 Hölder 不等式和（5.1.4），从式（5.3.7），我们得到

$$
\begin{aligned}
&\mathbb{E}|I_1(t)|^p\\
\leqslant& C(p)t^{\frac{(p_1-1)p}{p_1}}[h]^p_{t,\infty,\beta,p}\left[\int_0^t\left|\int_{|x-z|\leqslant 2|x-y|}r^{-\frac{d+1}{2}}e^{-\frac{|x-z|^2}{2r}}|x-z|^\beta dz\right|^{p_1}dr\right]^{\frac{p}{p_1}}\\
\leqslant& C(p,t)[h]^p_{t,\infty,\beta,p}\left[\int_{|x-z|\leqslant 2|x-y|}\left|\int_0^t r^{-\frac{(d+1)p_1}{2}}e^{-\frac{p_1|x-z|^2}{2r}}dr\right|^{\frac{1}{p_1}}|x-z|^\beta dz\right]^p\\
\leqslant& C(p,t)[h]^p_{t,\infty,\beta,p}\left[\int_{|x-z|\leqslant 2|x-y|}\left|\int_0^\infty r^{\frac{(d+1)p_1}{2}-2}e^{-\frac{p_1 r}{2}}dr\right|^{\frac{1}{p_1}}|x-z|^{\beta-d-1+\frac{2}{p_1}}dz\right]^p\\
\leqslant& C(p,t)[h]^p_{t,\infty,\beta,p}|x-y|^{(\beta-1+\frac{2}{p_1})p}\\
\leqslant& C(p,t)[h]^p_{t,\infty,\beta,p}|x-y|^{(\gamma-\epsilon_1)p}.
\end{aligned}
\tag{5.3.8}
$$

类似地可得：

$$\mathbb{E}|I_2(t)|^p \leqslant C(p,t)[h]^p_{t,\infty,\beta,p}|x-y|^{(\gamma-\epsilon_1)p}. \tag{5.3.9}$$

对于 I_3，我们使用高斯—格林公式得到：

$$I_3(t) = \int_0^t dr\int_{|y-z|=2|x-y|} K(t-r,y-z)n_i[h(r,y)-h(r,x)]dS. \tag{5.3.10}$$

从式（5.3.10），使用 Minkowski 和 Hölder 不等式，得到：

$$\begin{aligned}
&\mathbb{E}|I_3(t)|^p \\
&\leqslant \left[\int_0^t\int_{|y-z|=2|x-y|} K(t-r,y-z)\,\|h(r,y)-h(r,x)\|_{L^p(\Omega)}dSdr\right]^p \\
&\leqslant C(p)t^{\frac{(p_1-1)p}{p_1}}[h]^p_{t,\infty,\beta,p}|x-y|^{\beta p}\left[\int_0^t\left|\int_{|x-z|=2|x-y|}K(t-r,y-z)dS\right|^{p_1}dr\right]^{\frac{p}{p_1}} \\
&\leqslant C(p,t)[h]^p_{t,\infty,\beta,p}|x-y|^{\beta p}\left[\int_0^t\left|\int_{|x-z|=2|x-y|}r^{-\frac{d}{2}}e^{-\frac{|y-z|^2}{2r}}dS\right|^{p_1}dr\right]^{\frac{p}{p_1}}.
\end{aligned} \tag{5.3.11}$$

通过使用 Minkowski 不等式，从（5.3.11）进而有：

$$\begin{aligned}
&\mathbb{E}|I_3(t)|^p \\
&\leqslant C(p,t)[h]^p_{t,\infty,\beta,p}|x-y|^{\beta p}\left[\int_{|x-z|=2|x-y|}\left(\int_0^\infty r^{-\frac{p_1d}{2}}e^{-\frac{p_1|y-z|^2}{2r}}dr\right)^{\frac{1}{p_1}}dS\right]^p \\
&\leqslant C(p,t)[h]^p_{t,\infty,\beta,p}|x-y|^{\beta p}\left[\int_{|x-z|=2|x-y|}|y-z|^{-d+\frac{2}{p_1}}dz\right]^p\left(\int_0^\infty r^{\frac{p_1d}{2}-2}e^{-\frac{p_1r}{2}}dr\right)^{\frac{p}{p_1}} \\
&\leqslant C(p,t)[h]^p_{t,\infty,\beta,p}|x-y|^{(\gamma-\epsilon_1)p}.
\end{aligned} \tag{5.3.12}$$

为了计算 I_4，首先使用式（5.1.4），由 Hölder 不等式和（5.1.4）可得：

$$\begin{aligned}
\mathbb{E}|I_4(t)|^p &\leqslant C(p)t^{\frac{(p_1-1)p}{p_1}}[h]^p_{t,\infty,\beta,p}\left[\int_0^t\left|\int_{|x-z|>2|x-y|}|x-z|^\beta|\partial_{x_i}K(t-r,x-z)\right.\right. \\
&\qquad \left.\left.-\partial_{y_i}K(t-r,y-z)|dz\right|^{p_1}dr\right]^{\frac{p}{p_1}} \\
&\leqslant C(p,t)[h]^p_{t,\infty,\beta,p}\left[\int_{|x-z|>2|x-y|}|x-z|^\beta\left(\int_0^t\left|\partial_{x_i}K(r,x-z)\right.\right.\right. \\
&\qquad \left.\left.\left.-\partial_{y_i}K(r,y-z)\right|^{p_1}dr\right)^{\frac{1}{p_1}}dz\right]^p.
\end{aligned}$$

注意到 $|x-z|>2|x-y|$，因而对任意的 $\xi\in[x,y]$ 有

$$\frac{1}{2}|x-z|\leqslant|\xi-z|\leqslant 2|x-z|.$$

由中值不等式，我们有：

$$\begin{aligned}
&\mathbb{E}|I_4(t)|^p\\
&\leqslant C(p,t)\,[h]^p_{t,\infty,\beta,p}|x-y|^p\left[\int_{|x-z|>2|x-y|}|x-z|^{\beta}\left(\int_0^t r^{-\frac{(d+2)p_1}{2}}e^{-\frac{p_1|x-z|^2}{8r}}dr\right)^{\frac{1}{p_1}}dz\right]^p\\
&\leqslant C(p,t)\,[h]^p_{t,\infty,\beta,p}|x-y|^p\left[\int_{|x-z|>2|x-y|}|x-z|^{\beta-d-2+\frac{2}{p_1}}\left(\int_0^\infty r^{\frac{(d+2)p_1}{2}-2}e^{-\frac{p_1 r}{8}}dr\right)^{\frac{1}{p_1}}dz\right]^p\\
&\leqslant C(p,t)\,[h]^p_{t,\infty,\beta,p}|x-y|^{(\gamma-\epsilon_1)p}.
\end{aligned}\tag{5.3.13}$$

现在来估计项 I_5-I_8. 设 $p_2=2p/(2-\epsilon_1 p)$，则 $2<p_2<p$，$\alpha-1+2/p_2=\gamma-\epsilon_1$. 为了估计 I_5，首先使用（5.1.6）得到：

$$\begin{aligned}
\mathbb{E}|I_5(t)|^p&\leqslant C(p)\left[\int_0^t\left|\int_{|x-z|\leqslant 2|x-y|}\partial_{x_i}K(t-r,x-z)[f(r,z)-f(r,x)]dz\right|^2dr\right]^{\frac{p}{2}}\\
&\leqslant C(p)\,[f]^p_{t,\infty,\alpha}\left[\int_0^t\left|\int_{|x-z|\leqslant 2|x-y|}r^{-\frac{d+1}{2}}e^{-\frac{|x-z|^2}{2r}}|x-z|^{\alpha}dz\right|^2dr\right]^{\frac{p}{2}}.
\end{aligned}\tag{5.3.14}$$

然后，使用 Hölder 不等式，对任意的 $t>0$，从式（5.3.14），得到：

$$\mathbb{E}|I_5(t)|^p\leqslant C(p)t^{\frac{(p_2-2)p}{2p_2}}[f]^p_{t,\infty,\alpha}\left[\int_0^t\left|\int_{|x-z|\leqslant 2|x-y|}r^{-\frac{d+1}{2}}e^{-\frac{|x-z|^2}{2r}}|x-z|^{\alpha}dz\right|^{p_2}dr\right]^{\frac{p}{p_2}}.$$

因为 $p_2>2$，通过使用 Minkowski 不等式，我们发现：

$$\begin{aligned}
&\mathbb{E}|I_5(t)|^p\\
&\leqslant C(p,t)\,[f]^p_{t,\infty,\alpha}\left[\int_{|x-z|\leqslant 2|x-y|}\left(\int_0^t r^{-\frac{(d+1)p_2}{2}}e^{-\frac{p_2|x-z|^2}{2r}}dr\right)^{\frac{1}{p_2}}|x-z|^{\alpha}dz\right]^p\\
&\leqslant C(p,t)\,[f]^p_{t,\infty,\alpha}\left[\int_{|x-z|\leqslant 2|x-y|}\left(\int_0^\infty r^{\frac{(d+1)p_2}{2}-2}e^{-\frac{p_2 r^2}{2}}drdr\right)^{\frac{1}{p_2}}|x-z|^{\alpha+\frac{2}{p_2}-d-1}dz\right]^p\\
&\leqslant C(p,t)\,[f]^p_{t,\infty,\alpha}|x-y|^{(\alpha-1+\frac{2}{p_2})p}.\\
&=C(p,t)\,[f]^p_{t,\infty,\alpha}|x-y|^{(\gamma-\epsilon_1)p}.
\end{aligned}\tag{5.3.15}$$

类似的计算得到：

$$\mathbb{E}|I_6(t)|^p\leqslant C(p,t)[f]^p_{t,\infty,\alpha}|x-y|^{(\gamma-\epsilon_1)p}.\tag{5.3.16}$$

对 I_7，首先使用 Gauss - Green 公式得：

$$I_7(t) = \int_0^t dW_r \int_{|y-z|=2|x-y|} K(t-r, y-z) n_i [f(r,y) - f(r,x)] dz \qquad (5.3.17)$$

从（5.3.17），通过应用推论 5.1.8 和 Hölder 不等式，得到：

$$\begin{aligned}
&\mathbb{E}|I_7(t)|^p \\
&\leqslant C(p)\left[\int_0^t \left|\int_{|x-z|=2|x-y|} K(t-r,y-z) n_i [f(r,y)-f(r,x)] dS\right|^2 dr\right]^{\frac{p}{2}} \\
&\leqslant C(p) t^{\frac{(p_2-2)p}{2p_2}} \left[\int_0^t \left|\int_{|x-z|=2|x-y|} K(t-r,y-z) n_i [f(r,y)-f(r,x)] dS\right|^{p_2} dr\right]^{\frac{p}{p_2}} \\
&\leqslant C(p,t)\, [f]^p_{t,\infty,\alpha} |x-y|^{\alpha p} \left[\int_0^t \left|\int_{|x-z|=2|x-y|} r^{-\frac{d}{2}} e^{-\frac{|y-z|^2}{2r}} dS\right|^{p_2} dr\right]^{\frac{p}{p_2}}, \qquad (5.3.18)
\end{aligned}$$

这也表明：

$$\begin{aligned}
&\mathbb{E}|I_7(t)|^p \\
&\leqslant C(p,t)\, [f]^p_{t,\infty,\alpha} |x-y|^{\alpha p} \left[\int_{|x-z|=2|x-y|} \left(\int_0^\infty r^{-\frac{p_2 d}{2}} e^{-\frac{p_2|y-z|^2}{2r}} dr\right)^{\frac{1}{p_2}} dS\right]^p \\
&\leqslant C(p,t)\, [f]^p_{t,\infty,\alpha} |x-y|^{\alpha p} \left[\int_{|x-z|=2|x-y|} |y-z|^{-d+\frac{2}{p_2}} dz\right]^p \left(\int_0^\infty r^{\frac{p_2 d}{2}-2} e^{-\frac{p_2 r}{2}} dr\right)^{\frac{p}{p_2}} \\
&\leqslant C(p,t)\, [f]^p_{t,\infty,\alpha} |x-y|^{(\alpha+\frac{2}{p_2}-1)p} \left(\int_0^\infty r^{\frac{p_2 d}{2}-2} e^{-\frac{p_2 r}{2}} dr\right)^{\frac{p}{p_2}}. \\
&\leqslant C(p,t)\, [f]^p_{t,\infty,\alpha} |x-y|^{(\gamma-\epsilon_1)p}. \qquad (5.3.19)
\end{aligned}$$

根据推论 5.1.8，Hölder 不等式和 Minkowski 不等式，I_8 可以估计为：

$$\begin{aligned}
&\mathbb{E}|I_8(t)|^p \\
&\leqslant C(p)\left[\int_0^t \left|\int_{|x-z|>2|x-y|} [\partial_{x_i} K(t-r,x-z) - \partial_{y_i} K(t-r,y-z)]\right.\right. \\
&\qquad \left.\left.[f(r,z)-f(r,x)] dz\right|^2 dr\right]^{\frac{p}{2}} \\
&\leqslant C(p) t^{\frac{(p_2-2)p}{2p_2}} [f]^p_{t,\infty,\alpha} \left[\int_0^t \left|\int_{|x-z|>2|x-y|} |x-z|^\alpha |\partial_{x_i} K(t-r,x-z)\right.\right. \\
&\qquad \left.\left.- \partial_{y_i} K(t-r,y-z)| dz\right|^{p_2} dr\right]^{\frac{p}{p_2}}
\end{aligned}$$

$$\leqslant C(p,t)\,[f]_{t,\infty,\alpha}^{p}\left[\int_{|x-z|>2|x-y|}|x-z|^{\alpha}\left(\int_0^t|\partial_{x_i}K(r,x-z)\right.\right.$$

$$\left.\left.-\partial_{y_i}K(r,y-z)|^{p_2}dr\right)^{\frac{1}{p_2}}dz\right]^{p}.$$

注意到 $|x-z|>2|x-y|$，所以对任意的 $\xi\in[x,y]$，

$$\frac{1}{2}|x-z|\leqslant|\xi-z|\leqslant 2|x-z|.$$

因此，由于均值不等式，我们有：

$$\mathbb{E}|I_8(t)|^p$$

$$\leqslant C(p,t)\,[f]_{t,\infty,\alpha}^{p}|x-y|^{p}\left[\int_{|x-z|>2|x-y|}|x-z|^{\alpha}\left(\int_0^t r^{-\frac{(d+2)p_2}{2}}e^{-\frac{p_2|x-z|^2}{8r}}dr\right)^{\frac{1}{p_2}}dz\right]^{p}$$

$$\leqslant C(p,t)\,[f]_{t,\infty,\alpha}^{p}|x-y|^{p}\left[\int_{|x-z|>2|x-y|}|x-z|^{\alpha-d-2+\frac{2}{p_2}}\left(\int_0^\infty r^{\frac{(d+2)p_2}{2}-2}e^{-\frac{p_2r}{8}}dr\right)^{\frac{1}{p_2}}dz\right]^{p}$$

$$\leqslant C(p,t)\,[f]_{t,\infty,\alpha}^{p}|x-y|^{(\gamma-\epsilon_1)p}. \tag{5.3.20}$$

现在，让我们计算 I_9-I_{12}. 首先，应用类似对 I_5-I_8 的估计，并使用推论5.1.11，于是，

$$\mathbb{E}|I_9(t)|^p$$

$$\leqslant C(p)\int_0^t\int_E\left|\int_{|x-z|\leqslant 2|x-y|}\partial_{x_i}K(t-r,x-z)[g(r,z,v)-g(r,x,v)]dz\right|^{p}\nu(dv)dr$$

$$\leqslant C(p)^{\frac{\epsilon_2}{p+\epsilon_2}}\left[\int_0^t\int_E\left|\int_{|x-z|\leqslant 2|x-y|}\partial_{x_i}K(t-r,x-z)[g(r,z,v)\right.\right.$$

$$\left.\left.-g(r,x,v)]dz\right|^{p+\epsilon_2}\nu(dv)dr\right]^{\frac{p}{p+\epsilon_2}}$$

$$\leqslant C(p,t)\left[\int_0^t\int_E\left|\int_{|x-z|\leqslant 2|x-y|}|\partial_{x_i}K(t-r,x-z)|\,|x-z|^{\alpha}dz\right|^{p+\epsilon_2}\right.$$

$$\left.[g(r,\cdot,v)]_{\alpha}^{p+\epsilon_2}\nu(dv)dr\right]^{\frac{p}{p+\epsilon_2}}$$

$$\leqslant C(p,t)\,[g]_{t,\infty,p+\epsilon_2,E,\alpha}^{p}\left[\int_0^t\left|\int_{|x-z|\leqslant 2|x-y|}|\partial_{x_i}K(t-r,x-z)|\,|x-z|^{\alpha}dz\right|^{p+\epsilon_2}dr\right]^{\frac{p}{p+\epsilon_2}}. \tag{5.3.21}$$

类似地，从（5.4.14）到（5.4.15）的计算，得到：

$$\mathbb{E}|I_9(t)|^p \leqslant C(p,t)\ [g]^p_{t,\infty,p+\epsilon_2,E,\alpha}|x-y|^{(\alpha+\frac{2}{p+\epsilon_2}-1)p}. \tag{5.3.22}$$

设 $\epsilon_2=\epsilon_1 p^2/(2-\epsilon_1 p)$，则当 $\epsilon_1\to 0$ 时，$\epsilon_2\to 0$. 因此，当 ϵ_1 充分小时，有 $\epsilon_2<\epsilon$. 而且，$\alpha+2/(p+\varepsilon_2)-1=\gamma-\epsilon_1$，所以

$$\mathbb{E}|I_9(t)|^p\leqslant C(p,t)[g]^p_{t,\infty,p+\epsilon_2,E,\alpha}|x-y|^{(\gamma-\epsilon_1)p}. \tag{5.3.23}$$

根据前面的推导和计算，得

$$\mathbb{E}|I_{10}(t)|^p\vee\mathbb{E}|I_{11}(t)|^p\vee\mathbb{E}|I_{12}(t)|^p\leqslant C(p)t^{\frac{\epsilon_2}{p+\epsilon_2}}[g]^p_{t,\infty,p+\epsilon_2,E,\alpha}|x-y|^{(\gamma-\epsilon_1)p}. \tag{5.3.24}$$

结合式子（5.3.8）—（5.3.9），（5.3.12）—（5.3.13），（5.3.15）—（5.3.16），（5.3.19）—（5.3.20）和（5.3.23）—（5.3.24），可得估计式（5.3.6）. 根据注记5.2.2（i）和（5.2.5），（5.3.2）及（5.3.5），于是有

$$\|u\|_{t,\infty,1+\gamma-,p}\leqslant C(p,t)[\|h\|_{t,\infty,\beta,p}+\|f\|_{t,\infty,\alpha}+\|g\|_{t,\infty,p+,E,\alpha}], \tag{5.3.25}$$

其中 $C(p,t)$ 关于 t 是连续的且非降的，且当 $t\to 0$ 时，$C(p,t)\to 0$.

于是，我们完成了对 $b=0$ 时的证明. 对一般的 b，通过使用连续性方法. 首先，对 $\theta\in[0,1]$，考虑下面的方程组：

$$du(t,x)+\theta b(t,x)\cdot\nabla u(t,x)dt-\frac{1}{2}\Delta u(t,x)dt$$
$$=h(t,x)dt+f(t,x)dW_t+\int_E g(t,x,v)\tilde{N}(dt,dv),t>0,x\in\mathbb{R}^d, \tag{5.3.26}$$

对 $\theta\in[0,1]$. 如果 $\theta\in[0,1]$，使得对任意的

$$\begin{cases} f\in L^\infty_{loc}([0,\infty);C^\alpha_b(\mathbb{R}^d)),h\in L^\infty_{loc}([0,\infty);C^\beta_b(\mathbb{R}^d;L^p(\Omega))),\\ g\in L^\infty_{loc}([0,\infty);L^{p+}(E,v;C^\alpha_b(\mathbb{R}^d))),g(t,x,\cdot)\ \text{在零附近取值为}0, \end{cases} \tag{5.3.27}$$

方程（5.3.26）的零初值问题都存在唯一一个温和解 u，且 u 满足估计式（5.2.4），则称 θ 是一个“好”值. 当 b 属于 $L^\infty_{loc}([0,\infty);C^\beta_b(\mathbb{R}^d;\mathbb{R}^d))$，$f$，$h$，$g$ 满足（5.3.27）时，如果 u 属于 $L^\infty_{loc}([0,\infty);C^{1+\gamma-}_b(\mathbb{R}^d;L^p(\Omega)))$ 且在定义 5.1.4 的意义下满足方程（5.3.26）的零初值问题，通过使用估计式（5.3.25），对任意的 $t>0$，存在一个于 t 是连续的且非降的函数 $C(p,t,\|b\|_{t,\infty,\beta})>0$，使得：

$$\|u\|_{t,\infty,1+\gamma-,p}$$
$$\leqslant C(p,t)[\|b\cdot\nabla u\|_{t,\infty,\beta,p}+\|h\|_{t,\infty,\beta,p}+\|f\|_{t,\infty,\alpha}+\|g\|_{t,\infty,p+,E,\alpha}]$$

$$\leqslant C(p,t)[\|b\|_{t,\infty,\beta}\|Du\|_{t,\infty,\gamma-,p}+\|h\|_{t,\infty,\beta,p}+\|f\|_{t,\infty,\alpha}+\|g\|_{t,\infty,p+,E,\alpha}]. \tag{5.3.28}$$

因为当 $t\to0$ 时，$C(p,t)\to0$. 所以，对任意给定 $T_0>0$，存在一个充分小的 $T>0$，使得 $2C(p,T)<1/\|b\|_{T_0,\infty,\beta}$. 从 (5.3.28)，进而得

$$\|u\|_{T,\infty,1+\gamma-,p}\leqslant C(p,T,\|b\|_{T_0,\infty,\beta})[\|h\|_{T,\infty,\beta,p}+\|f\|_{T,\infty,\alpha}+\|g\|_{T,\infty,p+,E,\alpha}], \tag{5.3.29}$$

其中常数 C 与 θ 无关. 显然，0 是一个“好”值.

现在，来说明，对于上面给出的 $T>0$，在 $[0, T]$ 上所有的值都是“好”的. 为了证明这一断言，我们取一个“好”值点 θ_0（比如可以取 $\theta_0=0$），然后重写 (5.3.26) 为：

$$\begin{aligned}&du(t,x)+\theta_0 b(t,x)\cdot\nabla u(t,x)dt-\frac{1}{2}\Delta u(t,x)dt\\&=(\theta_0-\theta)b(t,x)\cdot\nabla u(t,x)dt+h(t,x)dt+f(t,x)dW_t+g(t,x,v)\tilde{N}(dt,dv).\end{aligned} \tag{5.3.30}$$

对于满足 (5.3.27) 的可测函数 f, g, 和 h, 我们定义映射 S, 它通过下面的方程

$$\begin{aligned}&du(t,x)+\theta_0 b(t,x)\cdot\nabla u(t,x)dt-\frac{1}{2}\Delta u(t,x)dt\\&=(\theta_0-\theta)b(t,x)\cdot\nabla u_1(t,x)dt+h(t,x)dt+f(t,x)dW_t+\int_E g(t,x,v)\tilde{N}(dt,dv)\end{aligned} \tag{5.3.31}$$

将可测函数 $u_1\in L^\infty([0,T];C_b^{1+\gamma-}(\mathbb{R}^d;L^p(\Omega)))$ 映射可测函数 $u\in L^\infty([0,T];C_b^{1+\gamma-}(\mathbb{R}^d;L^p(\Omega)))$.

显然，由于我们的假设和“好”值点 θ_0 的选取，此时映射 S 是良定的. 此外，借助于估计式 (5.3.29)，对任意的 $u_1, u_2\in L^\infty([0,T];C_b^{1+\gamma-}(\mathbb{R}^d;L^p(\Omega)))$：

$$\|Su_1-Su_2\|_{T,\infty,1+\gamma-,p}\leqslant C(p,T,\|b\|_{T_0,\infty,\beta})|\theta-\theta_0|\|u_1-u_2\|_{T,\infty,1+\gamma-p}, \tag{5.3.32}$$

其中 C 是一个与 θ_0, θ, u_1 和 u_2 无关的常数. 因此，存在一个常数 $\varepsilon>0$ 使得对任意的 $\theta\in[0,T]$ 满足条件 $|\theta-\theta_0|\leqslant\varepsilon$ 时，映射 S 在函数空间 $L^\infty([0,T];C_b^{1+\gamma-}(\mathbb{R}^d;L^p(\Omega)))$ 是压缩的，因此，映射 S 在函数空间 $L^\infty([0,T];C_b^{1+\gamma-}(\mathbb{R}^d;L^p(\Omega)))$ 中存在不动点 u，且此时 u 满足 (5.3.26). 因此，这些 θ 点都是

"好"值，于是完成了我们的断言：在时间区间［0，T］上，所有θ点都是"好"值.

因为u是由（5.1.2）给出，所以关于时t右连续．因此，$u(T)\in C_b^{1+\gamma-}(\mathbb{R}^d;L^p(\Omega))$．然后重复前面的计算可以将解推广到到时间区间［$T$，$2T$］上．继续这个过程，通过有限多的次数后，对任意的$T_0>0$，我们可以在区间［0，$T_0$］上构造一个解．因此，就完成了证明.

如果非高斯Lévy噪声不存在时（$g=0$），我们可以得到一个更强的结果.

推论5.3.1（Lévy噪声不存在：$g=0$）考虑Brownian噪声驱动的随机输运－扩散方程：

$$du(t,x)+b(t,x)\cdot\nabla u(t,x)dt-\frac{1}{2}\Delta u(t,x)dt=h(t,x)dt+f(t,x)dW_t,t>0,$$

$$x\in\mathbb{R}^d. \tag{5.3.33}$$

假设$\beta>0$，$p>2$，b和h满足条件（5.2.3）．设$\alpha>0$，f满足条件（5.2.2）．则（5.3.33）的零初值问题存在唯一一个温和解u．此外，u属于$L_{loc}^\infty([0,\infty);C_b^{1+\alpha-}(\mathbb{R}^d;L^p(\Omega)))$，并对任意的$t>0$，存在一个常数$C(p,t,\|b\|_{t,\infty,\beta})>0$（与参数$u$，$h$，$f$和$g$独立）使得：

$$\|u\|_{T,\infty,1+\alpha-,p}\leqslant C(p,t,\|b\|_{t,\infty,\beta})[\|h\|_{t,\infty,\beta,p}+\|f\|_{t,\infty,\alpha}]. \tag{5.3.34}$$

证明．如果我们能证明$b=0$的情况，然后利用连续性方法，将得到满足条件（5.2.3）的$b\neq0$的结论．因此，我们只要证明$b=0$的情形就可以了.

由（5.3.2）和（5.3.5），我们容易推出，在$b=0$的情形下，（5.3.33）的零初值问题在函数空间$L_{loc}^\infty([0,\infty);W^{1,\infty}(\mathbb{R}^d;L^p(\Omega)))$中，温和解的存在唯一性．因此，只需证明解的$C^{1+\alpha-}$估计.

在此沿用定理5.2.1证明中引入的符号，我们可以证明，对于每一个充分小的$\epsilon_1>0$，存在一个足够小的实数$\epsilon_2(\epsilon_1)(\epsilon_2\leqslant\epsilon)$，使得对任意的$\epsilon_1>0$，存在一个正常数$C(p,t)>0$（关于时间$t$是连续非降的，与参数$u$，$h$，$f$无关）使得：

$$\|Du\|_{t,\infty,\alpha-\epsilon_1,p}\leqslant C(p,t)[\|h\|_{t,\infty,\beta,p}+\|f\|_{t,\infty,\alpha}]. \tag{5.3.35}$$

对$1<q<p$，从式（5.3.7）和（5.3.8）中，我们得到：

$$\mathbb{E}|I_1(t)|^p\leqslant C(p)t^{\frac{(q-1)p}{q}}[h]_{t,\infty,\beta,p}^p|x-y|^{(\beta-1+\frac{2}{q})p}. \tag{5.3.36}$$

类似的，我们有：

$$\mathbb{E}|I_2(t)|^p\vee\mathbb{E}|I_3(t)|^p\vee\mathbb{E}|I_4(t)|^p\leqslant C(p)t^{\frac{(q-1)p}{q}}[h]_{t,\infty,\beta,p}^p|x-y|^{(\beta-1+\frac{2}{q})p}. \tag{5.3.37}$$

取 $q=2/(1+\alpha-\beta-\epsilon_1)$，则 $1<q<2<p$ 和 $\beta-1+2/q=\alpha-\epsilon_1$. 从式子（5.3.36）和式子（5.3.37），我们得到：

$$\mathbb{E}|I_1(t)|^p \vee \mathbb{E}|I_2(t)|^p \vee \mathbb{E}|I_3(t)|^p \vee \mathbb{E}|I_4(t)|^p$$
$$\leqslant C(p,t)[h]^p_{t,\infty,\beta,p}|x-y|^{(\alpha-\epsilon_1)p}. \tag{5.3.38}$$

为了计算 I_5-I_8，使用式子（5.3.14）（5.3.20）. 对任意的 $2<q_1<p$，那么

$$\mathbb{E}|I_5(t)|^p \vee \mathbb{E}|I_6(t)|^p \vee \mathbb{E}|I_7(t)|^p \vee \mathbb{E}|I_8(t)|^p$$
$$\leqslant C(p)t^{\frac{(q_1-2)p}{2q_1}}[f]^p_{t,\infty,\alpha}|x-y|^{(\alpha-1+\frac{2}{q_1})p}. \tag{5.3.39}$$

如果取 $q_1=2/(1-\epsilon_1)$，则 $2<q_1<p$：

$$\mathbb{E}|I_5(t)|^p \vee \mathbb{E}|I_6(t)|^p \vee \mathbb{E}|I_7(t)|^p \vee \mathbb{E}|I_8(t)|^p$$
$$\leqslant C(p,t)[f]^p_{t,\infty,\alpha}|x-y|^{(\alpha-\epsilon_1)p}. \tag{5.3.40}$$

从（5.3.38），（5.3.40）和注记 5.2.2（i），于是证明了完成.

5.4 进一步的讨论

由注记 5.2.2（ii）和推论 5.3.1，我们得到了以下结果. 对任意的 $\alpha>0$，假设 $f\in L^\infty_{loc}([0,\infty);C^\alpha_b(\mathbb{R}))$，并存在一个实数 β（$0<\beta<\alpha$）使得 $h\in L^\infty_{loc}([0,\infty);C^\beta_b(\mathbb{R};L^2(\Omega)))$，则 Cauchy 问题：

$$du(t,x)-\frac{1}{2}\Delta u(t,x)dt=h(t,x)dt+f(t,x)dW_t,t>0,x\in\mathbb{R},u|_{t=0}=0, \tag{5.4.1}$$

存在唯一一个由下式给出

$$u(t,x)=\int_0^t dr\int_{\mathbb{R}}K(t-r,x-z)h(r,z)dz+\int_0^t dWr\int_{\mathbb{R}}K(t-r,y-z)f(r,z)dz \tag{5.4.2}$$

的温和解 $u\in L^\infty_{loc}([0,\infty);C^{1+\alpha}_b(\mathbb{R};L^2(\Omega)))$. 在函数空间 $L^\infty_{loc}([0,\infty);C^{1+\alpha}_b(\mathbb{R}))$ 中，我们选择一个非负且与时间无关的函数 f 使得：

（i）f 是非降的在 $\mathbb{R}$ 上，并且支撑 $f\subset\mathbb{R}_+$；

（ii）对 x，$y\in[0,1]$，f 满足 $|f(x)-f(y)|\approx|x-y|^\alpha$.

对上述给定的函数 f 和 $0<x<1$，我们通过式（5.3.5）得出这样的结论：

$$\begin{aligned}
&\mathbb{E}|\partial_x u(t,x)-\partial_x u(t,0)|^2\\
&=\int_0^t\left|\int_{\mathbb{R}}\partial_z K(r,z)[f(x-z)-f(-z)]dz\right|^2dr\\
&=\int_0^t\left|\int_{\mathbb{R}}\frac{z}{r}K(r,z)[f(x+z)-f(z)]dz\right|^2dr\\
&=\int_0^t\left|\int_0^\infty\frac{z}{r}K(r,z)[f(x+z)-f(z)]dz\right|^2dr.
\end{aligned}\tag{5.4.3}$$

因为f是非负且非降的，对任意的δ（其中$1>\delta>\alpha$），从式（5.4.3），我们得到：

$$\begin{aligned}
&\sup_{0<x<1}\frac{\|\partial_x u(t,x)-\partial_x u(t,0)\|_2}{x^\delta}\\
&=\sup_{0<x<1}\left[\int_0^t\left|\int_0^\infty\frac{z}{r}K(r,z)\frac{f(x+z)-f(z)}{x^\delta}dz\right|^2dr\right]^{\frac{1}{2}}\\
&\geqslant\sup_{0<x<\frac{1}{2}}\left[\int_0^t\left|\int_0^{\frac{1}{2}}\frac{z}{r}K(r,z)\frac{f(x+z)-f(z)}{x^\delta}dz\right|^2dr\right]^{\frac{1}{2}}\\
&\geqslant C\sup_{0<x<\frac{1}{2}}\left[\int_0^t\left|\int_0^{\frac{1}{2}}\frac{z}{r}K(r,z)\frac{x^\alpha}{x^\delta}dz\right|^2dr\right]^{\frac{1}{2}}\\
&=\infty.
\end{aligned}$$

此外，令$h_1\in L^\infty_{loc}([0,\infty);C_b^\beta(\mathbb{R}))h_2\in L^2(\Omega)$，我们可以选择函数$h(t,x,\omega)=h_1(t,x)h_2(\omega)$. 此时，对任意的$\delta$（其中$\alpha<\delta<1$），式子（5.4.2）右边的第一项积分属于函数空间$L^\infty_{loc}([0,\infty);C_b^{1+\delta}(\mathbb{R}^d;L^2(\Omega)))$. 但是，对任意的$\delta>\alpha$，式子（5.4.2）右边的第二项积分不属于函数空间$L^\infty_{loc}([0,\infty);C_b^{1+\delta}(\mathbb{R}^d;L^2(\Omega)))$，i. e.，Hölder 指标$\alpha$是最优的.

类似的，假设f满足上面所述的性质，$g_1\in L^2(E,v)$，取函数$g(t,x,v)=f(t,x)g_1(v)$，则有：对任意$\alpha>0$，如果存在一个实数$0<\beta<\alpha$使得$h\in L^\infty_{loc}([0,\infty);C_b^\beta(\mathbb{R};L^2(\Omega)))$，那么，下面的 Cauchy 问题

$$\begin{aligned}
&du(t,x)-\frac{1}{2}\Delta u(t,x)dt=h(t,x)dt+\int_E g(t,x,v)\tilde{N}(dt,dv),\\
&t>0,x\in\mathbb{R},u|_{t=0}=0,
\end{aligned}\tag{5.4.4}$$

存在唯一的，由下面形式给出

$$\begin{aligned}
u(t,x)=&\int_0^t dr\int_{\mathbb{R}}K(t-r,x-z)h(r,z)dz\\
&+\int_0^t\int_E\int_{\mathbb{R}}K(t-r,y-z)g(r,z,v)dz\tilde{N}(dt,dv)
\end{aligned}\tag{5.4.5}$$

的温和解 $u \in L_{loc}^{\infty}([0,\infty);C_b^{1+\alpha}(\mathbb{R};L^2(\Omega)))$. 由式（5.3.14）和（5.4.3），以及（5.3.5），当 $0<x<1$ 时，我们得到，

$$\mathbb{E}|\partial_x u(t,x)-\partial_x u(t,0)|^2$$

$$=\int_0^t\left|\int_0^{\infty}\frac{z}{r}K(r,z)[f(x+z)-f(z)]dz\right|^2 dr\int_E|g_1(v)|^2\nu(dv). \tag{5.4.6}$$

此时，Cauchy 问题（5.4.4）解的 Hölder 指标 α 是最优的.

因为随机过程 $\{W_t\}_{t\geqslant 0}$ 和 $\{\tilde{N}_t\}_{t\geqslant 0}$ 是相互独立，，所以 Wiener - Itô 积分（5.4.2）（被看成一个随机过程）和其 Wiener - Lévy 积分在（5.4.5）也是独立的. 结合式（5.4.3）和（5.4.6），我们得到：当 $p=2$ 时，Cauchy 问题

$$du(t,x)-\frac{1}{2}\Delta u(t,x)dt=h(t,x)dt+f(t,x)dW_t+\int_E g(t,x,v)\tilde{N}(dt,dv),$$

$$t>0,x\in\mathbb{R},u|_{t=0}=0,$$

解的 Hölder 指标也是最优的.

5.5 注　　记

关于随机偏微分方程正则性的研究可以追溯到 Krylov［168］. Krylov 考虑了一类由 Brownian 运动驱动的随机抛物方程，并建立了解的 $W^{1,p}(p\geqslant 2)$ 估计. 随后，Neerven, Veraar 和 Weis［195］将 Krylov 的结果推广到了一般的线性算子. 关于 $W^{1,p}(p\geqslant 2)$ 这方面的研究，可以参看［86，87，160，162，167，169，170，173，178，240］. 对于 $p=\infty$ 的情形可以看 Denis, Matoussi 和 Stoica［90］. 近年来，通过引入随机 BMO 空间，Kim［161］建立了随机偏微分方程解的 BMO 估计，关于这方面的研究也可参看［186］.

除了建立随机偏微分方程的 L^p 理论，人们也开始研究随机偏微分方程的 Schauder 估计. 对于 Brownian 运动驱动的随机偏微分方程的研究可以参看［102，140，159，174，192］. 对于非 Brownian 型 Levy 噪声驱动的随机偏微分方程解的 Holder 估计，可以参看［5，81，165，189］. 但是，对于（5.1.1）的一般的 Schauder 估计，目前的研究工作还不是很多，这方面的研究也不是十分成熟. 基于此，本章建立了非 Brownian 型 Levy 噪声驱动随机偏微分方程（5.1.1）解的 Schauder 估计，具体细节可看［228］.

第 6 章　随机 Ginzburg – Landau 方程

6.1　问题的来源

在这一章里，我们考虑随机 Ginzburg – Landau 方程. Ginzburg – Landau 方程可以作为一种模型去模拟物理和化学中的许多现象，比如混合流体的运动，二维热对流，半导体激光，非线性光纤. 与此同时，人们也将这类方程作为 Navier – Stokes 方程的一种简化形式，用它来研究湍流现象. 但是在得到这类理想模型的时候，人们往往总忽略了噪声的影响，然而在许多现象中噪声是起到关键性作用的. 所以在此我们考虑如下的带有噪声的 Ginzburg – Landau 方程

$$\partial_t u(t,x) - \left(\frac{1}{2} + i\lambda\right)\Delta u(t,x) + (\kappa + i\mu)|u|^{2\zeta}u(t,x) + cu(t,x)$$
$$+ g(t,x,u,\nabla u)\dot{W}_t = f(t,x),(\omega,t,x) \in \Omega \times (0,T) \times \mathbb{R}^d, \tag{6.1.1}$$

其中 λ，κ，μ，ζ 和 c 都是给定的实数，i 表示虚数单位.

注意到如果在相对坐标下来研究问题，则以上方程可变为

$$\partial_t \bar{u}(t,X) - \left(\frac{1}{2} + i\lambda\right)\Delta \bar{u}(t,X) + (\kappa + i\mu)|\bar{u}|^{2\zeta}\bar{u}(t,X)$$
$$+ g(t,X+vt,\bar{u},\nabla\bar{u})\dot{W}_t + \overline{cu}(t,X) + v \cdot \nabla_X \bar{u}(t,X) = f(t,X+vt),$$
$$(\omega,t,x) \in \Omega \times (0,T) \times \mathbb{R}^d, \tag{6.1.2}$$

其中 $X = x - vt$，v 表示运动速度. 特别的，如果

$$g(t,x,u,\nabla u) = \nabla u, \lambda = \mu = 0,$$

且为了一般化，我们可以得到如下的广义随机 Ginzburg – Landau 方程

$$\partial_t u(t,x) + b(t,x) \cdot \nabla u(t,x) - \frac{1}{2}\Delta u(t,x) + \kappa|u|^{2\zeta}u(t,x) + c(t,x)u$$
$$+ \nabla u(t,x) \cdot \dot{W}_t = f(t,x),(\omega,t,x) \in \Omega \times (0,T) \times \mathbb{R}^d, \tag{6.1.3}$$

(这里仍然用函数 u 和变量 t, x 表示，且不妨就设 $\kappa=\zeta=1$). 我们在这一章里建立方程（6.1.3）解的存在性与唯一性. 确切地说，对给定的初值 $u_0\in L^p(\mathbb{R}^d)(1\leqslant p\leqslant\infty$，特别的 $p=1)$，我们建立（6.1.3）L^p 解的存在性与唯一性. 受第3章的启发，我们可以借助于输运理论来达到此目的，为此首先需给出一些预备知识.

6.2 预备知识

在这一小节，我们考虑如下非线性输运问题

$$\begin{cases}\partial_t u(t,x)+b(t,x)\cdot\nabla u(t,x)+u^3(t,x)+c(t,x)u(t,x)=f(t,x),\\ (t,x)\in(0,T)\times\mathbb{R}^d,\\ u(t,x)\mid_{t=0}=u_0(x),\quad x\in\mathbb{R}^d.\end{cases}\tag{6.2.1}$$

定义 6.2.1. 设 $\varphi\in L^p(\mathbb{R}^d)$. 如果 $u\in L^\infty([0,T];L^p(\mathbb{R}^d))$，对任意的 $\varphi\in\mathcal{D}(\mathbb{R}^d)$, $\int_{\mathbb{R}^d}u(t,x)\varphi(x)dx\in C([0,T])$ 且对所有的 $t\in(0,T)$，以下的等式成立

$$\begin{aligned}&\int_{\mathbb{R}^d}u(t,x)\varphi(x)dx\\ &=\int_{\mathbb{R}^d}u_0(x)\varphi(x)dx-\int_0^t\int_{\mathbb{R}^d}c(s,x)\varphi(x)u(s,x)dx\\ &\quad+\int_0^t\int_{\mathbb{R}^d}[\operatorname{div}b(s,x)\varphi(x)+b(s,x)\cdot\nabla\varphi(x)]u(s,x)dxds\\ &\quad+\int_0^t\int_{\mathbb{R}^d}f(s,x)\varphi(x)dxds-\int_0^t\int_{\mathbb{R}^d}u^3(s,x)\varphi(x)dxds,\end{aligned}\tag{6.2.2}$$

则称 u 是（6.2.1）的一个弱 L^p - 解（或简称为弱解).

这里设 $c\in L^1([0,T];C_b^0(\mathbb{R}^d))$, $b\in L^1([0,T]);W_{loc}^{1,\infty}(\mathbb{R}^d;\mathbb{R}^d)$. 现在我们来给出第一个存在性结果

定理 6.2.2. 设 $p\in[3,\infty]$, $u_0\in L^p(\mathbb{R}^d)$. 此外我们还设

$$[\operatorname{div}b]_+\in L^1([0,T];L^\infty(\mathbb{R}^d)),\tag{6.2.3}$$

$$\frac{b(t,x)}{1+|x|}\in L^1([0,T];L^1(\mathbb{R}^d;\mathbb{R}^d)+L^\infty(\mathbb{R}^d;\mathbb{R}^d))+L^{(p+2)/2}([0,T]\times\mathbb{R}^d;\mathbb{R}^d),\tag{6.2.4}$$

$$f(t,x) \in L^p([0,T]\times\mathbb{R}^d)+L^{(p+2)/3}([0,T]\times\mathbb{R}^d), \tag{6.2.5}$$

则 Cauchy 问题（6.2.1）存在一个弱解.

证明. 因为$f\in L^p([0,T]\times\mathbb{R}^d)+L^{(p+2)/3}([0,T]\times\mathbb{R}^d)$，所以$f$可以写成

$$f(t,x)=f_1(t,x)+f_2(t,x),$$

其中$f_1\in L^p([0,T]\times\mathbb{R}^d)$, $f_2\in L^{(p+2)/3}([0,T]\times\mathbb{R}^d)$. 注意到 $u_0\in L^p(\mathbb{R}^d)$，因此 • 当$p<\infty$，我们可以选取三个序列 $\{f_1^n\}\subset D((0,T)\times\mathbb{R}^d)$, $\{f_2^n\}\subset\mathcal{D}((0,T)\times\mathbb{R}^d)$ 和 $\{u_0^n\}\subset\mathcal{D}(\mathbb{R}^d)$，使得

$$\begin{cases}\text{在 } L^p([0,T]\times\mathbb{R}^d)\text{ 中}, f_1^n\to f_1,\\ \text{在 } L^{(p+2)/3}([0,T]\times\mathbb{R}^d)\text{ 中}, f_2^n\to f_2,\\ \text{在 } L^p(\mathbb{R}^d)\text{ 中}, u_0^n\to u_0\end{cases}\text{且}\begin{cases}\|f_1^n\|_{L^p}\leqslant C\|f_1\|_{L^p}\\ \|f_2^n\|_{L^{(p+2)/3}}\leqslant C\|f_2\|_{L^{(p+2)/3}},\\ \|u_0^n\|_{L^p}\leqslant C\|u_0\|_{L^p}\end{cases} \tag{6.2.6}$$

• 当$p=\infty$，我们可以取序列 $\{f_n\}\subset\mathcal{D}((0,T)\times\mathbb{R}^d)$ 和 $\{u_0^n\}\subset\mathcal{D}(\mathbb{R}^d)$ 使得对任意的$r<\infty$，

$$\begin{cases}\text{在 } L^r_{loc}([0,T]\times\mathbb{R}^d)\text{ 中}, f_n\to f,\\ \text{在 } L^r_{loc}(\mathbb{R}^d)\text{ 中}, u_0^n\to u_0,\end{cases}\text{且}\begin{cases}\|f_n\|_{L^\infty((0,T)\times\mathbb{R}^d)}\leqslant C\|f\|_{L^\infty([0,T]\times\mathbb{R}^d)},\\ \|u_0^n\|_{L^\infty(\mathbb{R}^d)}\leqslant C\|u_0\|_{L^\infty(\mathbb{R}^d)}.\end{cases} \tag{6.2.7}$$

考虑如下的逼近问题

$$\begin{cases}\partial_t u_n(t,x)+b(t,x)\cdot\nabla u_n(t,x)+u_n^3+c(t,x)u_n=f_n(t,x),\\ (t,x)\in(0,T)\times\mathbb{R}^d,\\ u_n(t=0,x)=u_0^n(x), x\in\mathbb{R}^d,\end{cases} \tag{6.2.8}$$

其中当$p<\infty$时，$f_n=f_1^n+f_2^n$.

由特征线方法，问题（6.2.8）存在唯一的解 $u_n(t,x)\in W^{1,1}([0,T];C(\mathbb{R}^d))$. 此外，当$p=\infty$时，

$$u_n^2(t,x)\leqslant C[\|f\|^2_{L^\infty([0,T]\times\mathbb{R}^d)}+\|u_0\|^2_{L^\infty(\mathbb{R}^d)}]. \tag{6.2.9}$$

下面我们来证明当$p<\infty$时，u_n 满足

$$u_n(t,x)\in L^\infty([0,T];L^p(\mathbb{R}^d))\cap L^{p+2}([0,T]\times\mathbb{R}^d). \tag{6.2.10}$$

事实上，作个逼近讨论，对任意的$\beta\in C^1$（$\mathbb{R}$），我们可得

$$\partial_t\beta(u_n)+b(t,x)\cdot\nabla\beta(u_n)+\beta'(u_n)u_n^3+c(t,x)\beta'(u_n)u_n(t,x)=\beta'(u_n)f_n.$$

特别的我们可以取$\beta(t)=|t|^p$，则

$$\partial_t|u_n|^p+b(t,x)\cdot\nabla|u_n|^p+p|u_n|^{p+2}+p|u_n|^pc(t,x)=p|u_n|^{p-2}u_nf_n. \tag{6.2.11}$$

取截断函数 ϕ 使得 $|\phi(x)|\leqslant C\phi(x)$. 在（6.2.11）的两边同时乘以 ϕ_r 并在 $\mathbb{R}^d$ 上积分，得

$$\frac{d}{dt}\int_{\mathbb{R}^d}|u_n|^p\phi_r(x)dx+p\int_{\mathbb{R}^d}|u_n|^{p+2}\phi_r(x)dx+p\int_{\mathbb{R}^d}|u_n|^pc(t,x)\phi_r(x)dx$$
$$=\int_{\mathbb{R}^d}b(t,x)\cdot\nabla\phi_r(x)\,|u_n|^pdx+\int_{\mathbb{R}^d}\operatorname{div}b\,|u_n|^p\phi_r(x)dx+p\int_{\mathbb{R}^d}|u_n|^{p-2}u_nf_n\phi_rdx$$
$$\leqslant C\int_{r\leqslant|x|\leqslant 2r}\frac{|b|}{1+|x|}\phi_r\,|u_n|^pdx+\int_{\mathbb{R}^d}\operatorname{div}b\,|u_n|^p\phi_rdx+p\int_{\mathbb{R}^d}|u_n|^{p-2}u_nf_n\phi_rdx. \tag{6.2.12}$$

由假设（6.2.3）—(6.2.5）和条件（6.2.6）—(6.2.7)，因此

$$\frac{d}{dt}\int_{\mathbb{R}^d}|u_n|^p\phi_r(x)dx+p\int_{\mathbb{R}^d}|u_n|^{p+2}\phi_r(x)dx+p\int_{\mathbb{R}^d}|u_n|^pc(t,x)\phi_r(x)dx$$
$$\leqslant C\int_{r\leqslant|x|\leqslant 2r}[b_1+b_2+b_3]\phi_r\,|u_n|^pdx+\int_{\mathbb{R}^d}\operatorname{div}b\,|u_n|^p\phi_rdx$$
$$+p\int_{\mathbb{R}^d}|u_n|^{p-1}[f_1^n+f_2^n]\phi_rdx, \tag{6.2.13}$$

其中

$$b_1\in L_+^1([0,T]\times\mathbb{R}^d),b_2\in L_+^1([0,T];L^\infty(\mathbb{R}^d)),b_3\in L_+^{(p+2)/2}([0,T]\times\mathbb{R}^d).$$

所以

$$\frac{d}{dt}\int_{\mathbb{R}^d}|u_n|^p\phi_r(x)dx+p\int_{\mathbb{R}^d}|u_n|^{p+2}\phi_r(x)dx$$
$$\leqslant\frac{p}{2}\int_{\mathbb{R}^d}|u_n|^{p+2}\phi_r(x)dx+C_n\int_{\mathbb{R}^d}b_1(t,x)dx+C(t)\int_{\mathbb{R}^d}|u_n|^p\phi_r(x)dx$$
$$+C\Big\{\int_{\mathbb{R}^d}b_3^{(p+2)/2}(t,x)dx+\int_{\mathbb{R}^d}\big[|f_1^n|^p(t,x)+|f_2^n|^{(p+2)/3}(t,x)\big]dx\Big\}, \tag{6.2.14}$$

其中

$$C(t)=C[\|b_2\|_{L^\infty(\mathbb{R}^d)}+\|\operatorname{div}b(t)\|_{L^\infty(\mathbb{R}^d)}+\|c(t)\|_{L^\infty(\mathbb{R}^d)}+1]\in L^1[0,T]$$

C_n 是一个依赖于 n 的常数，C 是一个不依赖于 n 的常数.

这样对任意的 $s\in(0,T)$，就有

$$\int_{\mathbb{R}^d}|u_n|^p(s)\phi_r(x)dx+\frac{p}{2}\int_0^T\int_{\mathbb{R}^d}|u_n|^{p+2}\phi_r(x)dxdt$$
$$\leqslant C_n\int_0^T\int_{\mathbb{R}^d}b_1dxdt+C\Big\{\int_0^T\int_{\mathbb{R}^d}\big[b_3^{(p+2)/2}+|f_1^n|^p+|f_2^n|^{(p+2)/3}\big]dxdt+\int_{\mathbb{R}^d}|u_0^n|^pdx\Big\}$$

$$\leqslant C\left\{\int_0^T\int_{\mathbb{R}^d}[b_3^{(p+2)/2}+|f_1|^p+|f_2|^{(p+2)/3}]dxdt+\int_{\mathbb{R}^d}|u_0|^pdx\right\}+C_n\int_0^T\int_{\mathbb{R}^d}b_1dxdt. \tag{6.2.15}$$

在（6.2.15）中，如果令 r 趋近于无穷，则我们证明了（6.2.10）. 与此同时如果在（6.2.12）中令 r 趋近于无穷，于是可得

$$\frac{d}{dt}\int_{\mathbb{R}^d}|u_n|^pdx+p\int_{\mathbb{R}^d}|u_n|^{p+2}dx+p\int_{\mathbb{R}^d}|u_n|^pcdx$$
$$\leqslant\int_{\mathbb{R}^d}\mathrm{div}b\,|u_n|^pdx+p\int_{\mathbb{R}^d}|u_n|^{p-2}u_nf_ndx. \tag{6.2.16}$$

重复以上的计算，我们最终得到了

$$\int_{\mathbb{R}^d}|u_n|^p(s)dx+\frac{p}{2}\int_0^T\int_{\mathbb{R}^d}|u_n|^{p+2}dxdt$$
$$\leqslant C\left\{\int_0^T\int_{\mathbb{R}^d}[|f_1|^p+|f_2|^{(p+2)/3}]dxdt+\int_{\mathbb{R}^d}|u_0|^pdx\right\}. \tag{6.2.17}$$

从（6.2.17）和（6.2.9），所以

$$\begin{cases}\text{当 } p<\infty \text{ 时，} \{u_n\} \text{ 在 } L^\infty([0,T];L^p(\mathbb{R}^d))\cap L^{p+2}([0,T]\times\mathbb{R}^d) \\ \quad\text{中是有界的，} \\ \text{当 } p=\infty \text{ 时，} \{u_n\} \text{ 在 } L^\infty([0,T]\times\mathbb{R}^d) \text{ 中是有界的.}\end{cases}$$

借助于著名的 Banach - Alaoglu 和 Helly 定理，通过选取子列（这里仍记其本身），则有：当 $n\to\infty$，

$$\begin{cases}\text{如果 } p<\infty \text{ 时，在 } L^\infty([0,T];L^p(\mathbb{R}^d)) \text{ 中，} u_n\to u, \\ \quad\text{在 } L^{\frac{p+2}{3}}((0,T)\times\mathbb{R}^d) \text{ 中，} u_n^3\to v \\ \text{如果 } p=\infty \text{ 时，在 } L^\infty([0,T]\times\mathbb{R}^d)-w^* \text{ 中，} u_n\to\tilde{u}\text{，} u_n^3\to\tilde{v}.\end{cases}$$

下面只需要说明 $v=u^3$，$\tilde{v}=\tilde{u}^3$. 为此，需证明以上的收敛实际上是在强拓扑意义下的收敛. 我们第一步来证明 $p<\infty$ 的情形. 这里我们取（6.2.8）中的记号，则对任意 n，$k\in\mathbb{N}$，u_n-u_k 满足

$$\begin{cases}\partial_t(u_n-u_k)+b\cdot\nabla(u_n-u_k)+(u_n^3-u_k^3)+c(u_n-u_k)=f_1^n-f_1^k+f_2^n-f_2^k, \\ (u_n-u_k)|_{t=0}=u_0^n-u_0^k.\end{cases}$$

于是 $|u_n-u_k|^p$ 满足

$$\partial_t|u_n-u_k|^p+b\cdot\nabla|u_n-u_k|^p+p(u_n^3-u_k^3)|u_n-u_k|^{p-2}(u_n-u_k)$$
$$+pc|u_n-u_k|^p=p(f_1^n-f_1^k+f_2^n-f_2^k)|u_n-u_k|^{p-2}(u_n-u_k).$$

重复（6.2.12）—(6.2.16）的计算，并借助于 Hölder 不等式，可得

$$\frac{d}{dt}\int_{\mathbb{R}^d}|u_n-u_k|^p dx+p\int_{\mathbb{R}^d}|u_n-u_k|^p(u_m^2+u_nu_k+u_k^2)dx+p\int_{\mathbb{R}^d}c|u_n-u_k|^p dx$$

$$\leqslant p\int_{\mathbb{R}^d}(f_1^n-f_1^k+f_2^n-f_2^k)|u_n-u_k|^{p-2}(u_n-u_k)dx+\int_{\mathbb{R}^d}\operatorname{div} b|u_n-u_k|^p dx,$$

再加上一个 Grönwall 型的讨论，对任意的 $s\in[0,T]$，于是有

$$\int_{\mathbb{R}^d}|u_n(s)-u_k(s)|^p dx+\frac{p}{8}\int_0^T\int_{\mathbb{R}^d}|u_n-u_k|^{p+2}dxdt$$

$$\leqslant C\left\{\int_0^T\int_{\mathbb{R}^d}\left[|f_1^n-f_1^k|^p+|f_2^n-f_2^k|^{(p+2)/3}\right]dxdt+\int_{\mathbb{R}^d}|u_0^n-u_0^k|^p dx\right\},\tag{6.2.18}$$

其中在上述的计算中我们用到了如下的基本不等式

$$a^2+ab+b^2\geqslant\frac{1}{4}(a-b)^2.$$

因此 $\{u_n\}$ 是 $L^\infty([0,T];L^p(\mathbb{R}^d))\cap L^{p+2}([0,T]\times\mathbb{R}^d)$ 中的 Cauchy 列，所以当 $n\to\infty$，在 $L^\infty([0,T];L^p(\mathbb{R}^d))\cap L^{p+2}([0,T]\times\mathbb{R}^d)$ 中，$u_n\to u$.

下面仅剩下验证 $v=u^3$. 显然，只需证明对任意的 $\psi\in\mathcal{D}((0,T)\times\mathbb{R}^d)$，

$$\int_0^T\int_{\mathbb{R}^d}[v(t,x)-u^3(t,x)]\psi(t,x)dxdt=0.$$

事实上，对任意的 $\psi\in\mathcal{D}((0,T)\times\mathbb{R}^d)$，

$$\int_0^T\int_{\mathbb{R}^d}[v(t,x)-u^3(t,x)]\psi(t,x)dxdt$$

$$=\lim_{n\to\infty}\int_0^T\int_{\mathbb{R}^d}[u_n^3(t,x)-u^3(t,x)]\psi(t,x)dxdt$$

$$\leqslant\liminf_{n\to\infty}\int_0^T\int_{\mathbb{R}^d}|u_n-u|[u_n^2+uu_n+u^2]|\psi(t,x)|dxdt$$

$$\leqslant 2\liminf_{n\to\infty}\int_0^T\int_{\mathbb{R}^d}|u_n-u|[u_n^2+u^2]|\psi(t,x)|dxdt.$$

由 Hölder 不等式，我们得到

$$\int_0^T\int_{\mathbb{R}^d}[v(t,x)-u^3(t,x)]\psi(t,x)dxdt$$

$$\leqslant 2\liminf_{n\to\infty}\|u_n-u\|_{L^p([0,T]\times\mathbb{R}^d)}\left[\int_0^T\int_{\mathbb{R}^d}|u_n^2(t,x)+u^2(t,x))\psi(t,x)|^{\frac{p}{p-1}}dxdt\right]^{\frac{p-1}{p}}$$

$$\leqslant 2^{\frac{p+1}{p}}\liminf_{n\to\infty}\|u_n-u\|_{L^p([0,T]\times\mathbb{R}^d)}\left[\int_0^T\int_{\mathbb{R}^d}(|u_n|^{\frac{2p}{p-1}}+|u|^{\frac{2p}{p-1}}\psi(t,x)^{\frac{p}{p-1}}dxdt\right]^{\frac{p-1}{p}}.$$

因为 $p\geqslant3$，所以存在某个常数 $C>0$，使得

$$|u_n|^{\frac{2p}{p-1}} + |u|^{\frac{2p}{p-1}} \leqslant C(1 + |u_n|^{p+2} + |u|^{p+2}).$$

又因为 $\{u_n\}$ 在 $L^{p+2}([0,T] \times \mathbb{R}^d)$ 中是有界的，这样我们就得到了

$$\begin{aligned}&\int_0^T \int_{\mathbb{R}^d} [v(t,x) - u^3(t,x)]\psi(t,x)dxdt \\ &\leqslant C \liminf_{n\to\infty} \|u_n - u\|_{L^p([0,T]\times\mathbb{R}^d)} (1 + \|u\|_{L^{p+2}([0,T]\times\mathbb{R}^d)} + \|u_n\|_{L^{p+2}([0,T]\times\mathbb{R}^d)}) \\ &= 0.\end{aligned}$$

如果将 $\psi(t,x)$ 换成 $-\psi(t,x)$，并重复以上的计算，我们就得到了相反的不等式，这样就完成了 $p<\infty$ 的证明.

当 $p=\infty$，模仿上面的计算，对任意的 $r_1>0$，我们可得

$$\begin{aligned}&\int_{B_{r_1}} |u_n(t,x) - u_k(t,x)|^2 dx \\ &\leqslant C\Big[\int_0^T \int_{B_{r_2}} |f_n(s,x) - f_k(s,x)|^2 dxds + \int_{B_{r_2}} |u_0^n(x) - u_0^k(x)|^2 dx\Big],\end{aligned}$$

其中 $r_1 \leqslant r_2 < \infty$ 都是常数. 另一方面，当 n 趋近于无穷时，u_n 在 $L^\infty([0,T] \times \mathbb{R}^d)$ 中弱－★收敛到 $\tilde{u}$，且对任意的 $r<\infty$，在 $L^r_{loc}([0,T]\times\mathbb{R}^d)$ 中，$f_n \to f$，在 $L^r_{loc}([0,T]\times\mathbb{R}^d)$ 中，$u_0^n \to u_0$. 所以

当 $n\to\infty$，在 $L^\infty([0,T]\times\mathbb{R}^d)$中，$u_n \to \tilde{u}$.

再加上

当 $n\to\infty$，在 $L^\infty([0,T]\times\mathbb{R}^d)-w^*$中，$u_n^3 \to \tilde{v}$.

因此 $\tilde{v} = \tilde{u}^3$. 这样就完成了证明.

注记 6.2.3. (i) 从以上的证明可以看到

$$u \in \begin{cases} C([0,T];L^p(\mathbb{R}^d)) \cap L^{p+2}([0,T]\times\mathbb{R}^d), p<\infty \\ C([0,T];L^\infty(\mathbb{R}^d)-w^*) \cap C([0,T];L^r_{loc}(\mathbb{R}^d)), r\in[1,\infty], p<\infty. \end{cases} \tag{6.2.19}$$

(ii) 如果将 u^3 换为一般的非线性函数 $h(u) = |u|^{2\sigma}u$，$(\sigma \geqslant 0)$，此处的结论依然是成立的. 此时解 u 满足

$$u \in \begin{cases} C([0,T];L^p(\mathbb{R}^d)) \cap L^{p+2\sigma}([0,T]\times\mathbb{R}^d), p<\infty \\ C([0,T];L^\infty(\mathbb{R}^d)-w^*) \cap C([0,T];L^r_{loc}(\mathbb{R}^d)), r\in[1,\infty], p<\infty. \end{cases}$$

(iii) 这里我们并没有考虑一般的 $b\in L^1([0,T];L^q_{loc}(\mathbb{R}^d;\mathbb{R}^d))$. 因为我们的方法对这样的 b 看起来好像并不适用. 下面我们给出一个明显的例子来说明这点，且为了简便，我们设 $d=1$，$p=\infty$.

取 $u_n(x)=|\sin(nx)|$，则 $\{u_n\}\subset L^\infty(\mathbb{R})$ 和 $\{u_n^3=|\sin(nx)|^3\}\subset L^\infty(\mathbb{R})$ 都是有界的. 由 Fejér 公式，显然有

$$\text{在 } L^\infty(\mathbb{R}) \text{ 中，}\begin{cases} u_n(x)=|\sin(nx)|\xrightarrow{\text{弱}^*}\dfrac{2}{\pi}, \\ u_n^3(x)=|\sin(nx)|^3\xrightarrow{\text{弱}^*}\dfrac{4}{3\pi}, \end{cases}$$

但是此时

$$\frac{4}{3\pi}\neq\left(\frac{2}{\pi}\right)^3.$$

下面我们给出一个唯一性结果.

定理 6.2.4.（唯一性） 设 $p\in[3,\infty]$，$\operatorname{div} b\in L^1([0,T];L^\infty(\mathbb{R}^d))$，(6.2.4)—(6.2.5) 成立，$u$ 是 Cauchy 问题 (6.2.1) 相应于 $u_0=0$ 的弱解如果 $f=0$，那么 $u=0$.

证明. 我们首先证明 $p<\infty$ 的情形. 设 u 是如下方程的解，

$$\partial_t u(t,x)+b(t,x)\cdot\nabla u(t,x)+u^3(t,x)+c(t,x)u(t,x)=0,$$

则 $u_\varepsilon=u*\varrho_\varepsilon$ 满足

$$\partial_t u_\varepsilon(t,x)+b(t,x)\cdot\nabla u_\varepsilon(t,x)+u_\varepsilon^3(t,x)+c(t,x)u_\varepsilon(t,x)=r_\varepsilon, \tag{6.2.20}$$

其中

$$r_\varepsilon=b\cdot\nabla u_\varepsilon-(b\cdot\nabla u)*\varrho_\varepsilon+u_\varepsilon^3-(u^3)*\varrho_\varepsilon+cu_\varepsilon-(cu)*\varrho_\varepsilon.$$

由 DiPerna – Lions 引理和控制收敛，所以

当 $\varepsilon\to 0$，在 $L^1[(0,T);L^1_{loc}(\mathbb{R}^d))$ 中，$r_\varepsilon\to 0$.

在 (6.2.20) 两边同时乘以一个 $C^1(\mathbb{R})$ 的 Lipschitz 函数 β，我们有

$$\partial_t\beta(u_\varepsilon)+b(t,x)\cdot\nabla\beta(u_\varepsilon)+|u_\varepsilon|^3\beta'(u_\varepsilon)+c(t,x)u_\varepsilon(t,x)\beta'(u_\varepsilon)=\beta'(u_\varepsilon)r_\varepsilon. \tag{6.2.21}$$

特别地作个逼近讨论，对任意的 $K>0$，我们可以取 $\beta(t)=(|t|\wedge K)^p$，这样通过令 $\varepsilon\to 0$，就得

$$\begin{aligned}&\partial_t(|u|\wedge K)^p+b(t,x)\cdot\nabla(|u|\wedge K)^p+p(|u|\wedge K)^p|u|^2 1_{|u|\leqslant K}(t,x)\\ &\quad+c(t,x)p(|u|\wedge K)^p 1|_{|u|\leqslant K}(t,x)=0.\end{aligned} \tag{6.2.22}$$

重复之前的计算，于是有

$$\int_{\mathbb{R}^d}|u(t,x)|^p dx+\int_0^T\int_{\mathbb{R}^d}|u(s,x)|^{p+2}dxds\leqslant 0.$$

因此 $|u|=0$，这样我们就完成了对 $p<\infty$ 的证明.

当 $p=\infty$，沿着特征方向 $dX/dt=b\ (t,\ X)$，则

$$\partial_t u_\varepsilon(t,X(t,x))+u_\varepsilon^3(t,X(t,x))+c(t,X(t,x))u_\varepsilon(t,X(t,x))=r_\varepsilon(t,X(t,x)).$$

所以

$$\partial_t|u_\varepsilon(t,X)|+|u_\varepsilon(t,X)|^3+c(t,X)|u_\varepsilon(t,X)|=r_\varepsilon(t,X)\operatorname{sgn}u_\varepsilon(t,X). \tag{6.2.23}$$

从（6.2.23）加上一个 Grönwall 型的讨论，我们得

$$|u_\varepsilon(t,X)|\leqslant C\int_0^t|r_\varepsilon(s,X(s,x))|ds.$$

对任意的 $r>0$，则

$$\begin{aligned}\int_{X(t,B_r)}|u_\varepsilon(t,x)\|\nabla_x X^{-1}(t,x)|dx&=\int_{B_r}|u_\varepsilon(t,X(t,x))|dx\\&\leqslant C\int_0^t\int_{B_r}|r_\varepsilon(s,X(s,x))|dxds\\&=C\int_0^t\int_{X(s,B_r)}|r_\varepsilon(s,x)\|\nabla_x X^{-1}(s,x)|dxds.\end{aligned}$$

由 Euler 公式 $|\nabla_x X^{-1}(t,x)|=\exp\left(\int_0^t\operatorname{div}b(s,X(s,x))ds\right)$，所以

$$|\nabla_x X^{-1}(t,x)|=\exp\left(\int_0^t\operatorname{div}b(s,X(s,X^{-1}(t,x)))ds)\right),$$

因此

$$\begin{aligned}\int_{X(t,B_r)}|u_\varepsilon(t,x)|dx&\leqslant C\int_0^t\int_{X(s,B_r)}|r_\varepsilon|dxds\exp\left(\int_0^T[\|\operatorname{div}b(s)\|_{L^\infty(\mathbb{R}^d)}]ds\right)\\&\leqslant C\int_0^t\int_{X(s,B_r)}|r_\varepsilon(s,x)|dxds\\&\leqslant C\int_{\overline{0U_{0\leqslant s\leqslant t}X(s,B_r)}}^{r}|r_\varepsilon(s,x)|dxds.\end{aligned} \tag{6.2.24}$$

由对 b 的假设，是所以 $\overline{\cup_{0\leqslant s\leqslant t}X(s,B_r)}$ 是紧的，注意到对任意的 $r<\infty$，在 $L^1([0,T];L^r_{loc}\times\mathbb{R}^d)$ 中，$u_\varepsilon\to u$，从（6.2.24），通过抽取一个子列讨论，我们就得

$$\int_{X(t,B,r)}|u(t,x)|dx=0,\ \text{对任意的}\ r>0\ \text{和所有的}\ t\in(0,T).$$

另一方面 $X(t,\mathbb{R}^d)=\mathbb{R}^d$，所以对几乎所有的 $(t,x)\in(0,T)\times\mathbb{R}^d,u(t,x)=0$.

注记 6.2.5. 在（6.2.21）中，我们要求 $\beta\in C^1$，然而在（6.2.22）中 $\beta(t)=(|t|\wedge K)^p$ 并不是 C^1，这可能会导致（6.2.22）中的函数（$|u|\wedge K)^p 1_{|u|\leqslant K}$

(t,x) 对某些 K 是没有意义的. 但另一方面，因为 $u\in L^p([0,T]\times\mathbb{R}^d)$，所以

$$\sum_{n=0}^{\infty} n^p \mathcal{L}^{d+1}\{(t,x);n\leqslant |u(t,x)|\leqslant n+1\}\leqslant \int_{[0,T]\times\mathbb{R}^d}|u(t,x)|^p dxdt<\infty.$$

因此存在正数 N，使得当 $n\geqslant N$ 时，

$$\mathcal{L}^{d+1}\{(t,x);n\leqslant |u(t,x)|\leqslant n+1\}<1.$$

对这样的 n，一定存在 $K\in(n,n+1)$，使得 $\mathcal{L}^{d+1}\{(t,x);|u(t,x)|=K\}=0$，所以对这样的 K，函数（$|u|\wedge K)^p 1_{|u|\leqslant K}(t,x)$ 是良定义的，所以在定理的证明中我们就直接说对正数 K 了.

下面我们给出唯一性结果.

定理 6.2.6.（唯一性） 设 p 和 b 满足定理 6.2.4 中的假设. 设 u 和 v 都是 Cauchy 问题（6.2.1）满足初值 $u_0\in L^p(\mathbb{R}^d)$ 的弱解，则 $u=v$.

证明. 因为 u，v 都是 Cauchy 问题（6.2.1）的弱解，所以 $u-v$ 满足

$$\partial_t[u-v]+b(t,x)\cdot\nabla[u-v]+[u^3-v^3]+c[u-v]=0,(u-v)|_{t=0}=0$$

重复定理 4.2.4 中的计算，我们得：当 $p<\infty$ 时，

$$\frac{d}{dt}\int_{\mathbb{R}^d}|u-v)^p dx+\frac{p}{2}\int_{\mathbb{R}^d}(u^3-v^3)|u-v|^{p-2}(u-v)dx\leqslant C(t)\int_{\mathbb{R}^d}|u-v|^p dx,$$

其中 $C(t)\in L^1([0,T])$，而当 $p=\infty$ 时，

$$\int_{X(t,B_r)}|u(t,x)-v(t,x)|dx=0, \text{对} \forall r>0 \text{和} \forall t\in(0,T).$$

所以

当 $p<\infty$ 时，$(u-v)(t,x)\equiv 0$，当 $p=\infty$ 时，$(u-v)(t,X(t,x))\equiv 0$.

因此 $u=v$.

注记 6.2.7. 一般说来，我们并不能由线性方程解的存在性与唯一性得到非线性方程解的存在性与唯一性，然而一旦得到了非线性方程解的这种性质，我们势必也会得到解的其他的一些性质. 对于此处的方程也是一样. 确切的说，我们有

定理 6.2.8.（L^p－正则性） 设 $f=0$，$u_0\in L^p(\mathbb{R}^d)$，p 和 b 满足定理 6.2.2 的假设，此外我们还设

$$\frac{b(t,x)}{1+|x|}\in L^1([0,T];L^1(\mathbb{R}^d;\mathbb{R}^d)+L^\infty(\mathbb{R}^d;\mathbb{R}^d)). \tag{6.2.25}$$

那么当 $p<\infty$ 时，

$$u\in C((0,T];L^r(\mathbb{R}^d)),p\leqslant r<\infty. \tag{6.2.26}$$

证明. 由注记 6.2.3 (ii)，我们知道 $u \in C([0,T];L^p(\mathbb{R}^d)) \cap L^{p+2}([0,T] \times \mathbb{R}^d)$，因此

对 $a.\ e.\ t \in (0,T), u(t) \in L^{p+2}(\mathbb{R}^d)$.

记 A 表示集合

$\{t \in (0,T], u(t) \in L^{p+2}(\mathbb{R}^d)\}$,

那么如果从 $t_0 \in A$ 时刻出发，重复之前的讨论我们得

$u(s,x) \in C((t_0,T);L^{p+2}(\mathbb{R}^d)) \cap L^{p+4}([t_0,T] \times \mathbb{R}^d)$.

此时，$\mathcal{L}(0,T)\setminus A) = 0$，所以对任意的 $t > 0$，我们都可以找到 $t_0 \in A$，且 $t_0 < t$ 使得

$u(s,x) \in C((t,T);L^{p+2}(\mathbb{R}^d)) \cap L^{p+4}([t,T] \times \mathbb{R}^d)$,

因此，对任意的 $p \leqslant r \leqslant p+2$，$t > 0$，$u \in C((t,T);L^r(\mathbb{R}^d))$，且 $A = (0,T]$.

重复以上的计算得：对任意的 $p \leqslant r \leqslant p+4, t > 0, u \in C((t,T);L^r(\mathbb{R}^d))$，所以

$u \in C((t,T);L^r(\mathbb{R}^d)), p \leqslant r < \infty$.

注记 6.2.9. 注意到：如果 u 是 (6.2.1) 的弱解，自然地它也在 $L^{p+2}([0,T] \times \mathbb{R}^d)$ 中，所以对 $1 \leqslant p \leqslant \infty$，定义 6.2.1 中的每一项都有意义. 因此我们可以给出一般的弱解的定义.

定义 6.2.10. 设 $u_0 \in L^p(\mathbb{R}^d)$. 我们称 $u \in L^\infty([0,T];L^p(\mathbb{R}^d)) \cap L^{p+2}([0,T] \times \mathbb{R}^d)$ 为 (6.2.1) 的弱解，如果对任意的 $\varphi \in \mathcal{D}(\mathbb{R}^d)$，等式 (6.2.2) 对所有的 $t \in (0,T)$ 成立.

定理 6.2.11. (存在唯一性) 设 $p \in [1,\infty]$，b 和 f 满足定理 6.2.4 的假设，则对任意的 $u_0 \in L^p(\mathbb{R}^d)$，(6.2.1) 存在唯一的弱解. 此外如果 $f = 0$ 且 (6.2.25) 成立，那么 (6.2.26) 成立.

证明. 仅需证明 $1 \leqslant p < 3$ 的情形. 又因为对于 $2 \leqslant p < 3$ 时，证明和定理 6.2.2，6.2.6 中的关于 $p < \infty$ 部分是类似的，所以此处我们仅证明 $1 \leqslant p < 2$. 首先我们来证明 p = 1.

当 $p = 1$，从 (6.2.18)，我们可以推得

$$\int_{\mathbb{R}^d} |u_n - u_k|(t,x)dx + \int_0^T \int_{\mathbb{R}^d} |u_n^3 - u_k^3|(s,x)dxds$$

$$\leqslant C\Big[\int_0^T \int_{\mathbb{R}^d} |f_n - f_k|(s,x)dxds + \int_{\mathbb{R}^d} |u_0^n - u_0^k|(x)dx\Big],$$

因此存在 $u \in L^\infty([0,T];L^1(\mathbb{R}^d)) \cap L^3([0,T] \times \mathbb{R}^d)$ 使得：当 $n \to \infty$ 时，

在 $L^{\infty}([0,T];L^1(\mathbb{R}^d))$ 中，$u_n \to u$，在 $L^1([0,\mathrm{T}]\times\mathbb{R}^d)$ 中，$u_n^3 \to v$.

显然此时 u 是（6.2.1）的弱解. 唯一性可以从（6.2.17）得到，这样我们就证明了 $p=1$ 的情形.

对于 $1<p<2$，从（6.2.18），当 $n\to\infty$ 时，

$$\begin{cases} \text{在 } L^{\infty}([0,T];L^p(\mathbb{R}^d))\cap L^{p+2}([0,T]\times\mathbb{R}^d) \text{ 中，} u_n \to u, \\ \text{在 } L^{\infty}([0,T];L^1(\mathbb{R}^d)) \text{ 中，} u_n \to u, \\ \text{在 } L^{\frac{p+2}{3}}((0,T)\times\mathbb{R}^d) \text{ 中，} u_n^3 \to v. \end{cases}$$

且做个类似的论证，我们就得到了 $v=u^3$，再加上（6.2.17），所以 u 是唯一的弱解.

下面只剩下验证对 $1\leqslant p\leqslant 3$，（6.2.26）成立. 但是此时的验证和定理6.2.8的计算几乎是一样的，所以为了避免一些不必要的重复，此处的证明我们就省略了.

事实上，上述唯一性是下面的比较定理的一个简单的推论.

定理 6.2.12. 设 b 满足定理6.2.11中的假设，如果 u 和 v 是（6.2.1）相应于非齐次项 f 和 g，满足初始条件 u_0 和 v_0 的弱解. 如果 $f\leqslant g$，$u_0\leqslant v_0$，那么 $u\leqslant v$，其中

$$f,g\in L^p([0,T]\times\mathbb{R}^d)+L^{(p+2)/3}([0,T]\times\mathbb{R}^d),u_0,v_0\in L^p(\mathbb{R}^d),p\in[1,\infty].$$

证明. 令 $w=u-v$，则 w 满足

$$\begin{cases} \partial_t w(t,x)+b(t,x)\cdot\nabla w(t,x)+(u^3-v^3)+c(t,x)w(t,x)=f-g, \\ w(t,x)\mid_{t=0}=u_0(x)-v_0(x). \end{cases} \tag{6.2.27}$$

- $1\leqslant p<\infty$ 注意到 $u_+=\dfrac{|u|+u}{2}$，重复定理6.2.4的计算，我们得到

$$\begin{aligned} &\frac{d}{dt}\int_{\mathbb{R}^d}[(u-v)_+]^p dx+p\int_{\mathbb{R}^d}(u^2+uv+v^2)[(u-v)_+]^p dx+p\int_{\mathbb{R}^d}c[(u-v)_+]^p dx \\ &=\int_{\mathbb{R}^d}\operatorname{div} b(t,x)[(u-v)_+]^p(t,x)dx+p\int_{\mathbb{R}^d}(f-g)(t,x)[(u-v)_+]^{p-1}H(u-v)dx \\ &\leqslant\int_{\mathbb{R}^d}\operatorname{div} b(t,x)[(u-v)_+]^p dx. \end{aligned}$$

其中 $H(x)$ 表示 $\mathbb{R}$ 上的 Heaviside 函数. 所以

$$\int_{\mathbb{R}^d}[(u-v)_+]^p dx\leqslant C\int_{\mathbb{R}^d}[(u_0-v_0)_+]^p dx=0,$$

这样我们就有 $u\leqslant v$.

• $p=\infty$. 从（6.2.27），借助于正则化和重整化，沿着特征方向 $dX/dt=b(t,X)$，我们就得到

$$\begin{aligned}&\partial_t w_\varepsilon^+(t,X)+w_\varepsilon^+(t,X)[u^2+uv+v^2](t,X)+c(t,X)w_\varepsilon^+(t,X)\\&=(f-g)_\varepsilon(t,X)H(w_\varepsilon^+)+q_\varepsilon(t,X)\\&\leqslant q_\varepsilon(t,X),\end{aligned}$$

其中

$$\begin{aligned}q_\varepsilon(t,x)=&\{b(t,x)\cdot\nabla w_\varepsilon(t,x)-(b\cdot\nabla w)*\varrho_\varepsilon+cw_\varepsilon-(cw)*\varrho_\varepsilon\\&+w_\varepsilon(t,x)[u^2+uv+v^2]-[w(u^2+uv+v^2)]_\varepsilon(t,x)\}\operatorname{sgn}(w_\varepsilon)_+\\&\xrightarrow{\varepsilon\to 0}0,\ (\text{在 } L^\infty([0,T];L^1_{loc}(\mathbb{R}^d))\text{ 中}).\end{aligned}$$

重复定理 6.2.4 中的计算，对任意的 $r>0$ 和任意的 $t\in(0,T)$，我们得到

$$\int_{X(t,B_r)}w_+(t,x)dx=0.$$

所以在 $X(t,B_r)$ 上 $u\leqslant v$. 接下来的论证和定理 4.2.4 中的论证相仿，这样我们就得 $u\leqslant v$.

6.3　弱解的存在唯一性

这一节，我们考虑如下的随机 Ginzburg – Landau 方程（简记为 SGL 方程）

$$\begin{cases}\partial_t u(t,x)+b(t,x)\cdot\nabla u(t,x)+u^3(t,x)+c(t,x)u(t,x)+\partial_i u(t,x)\dot{W}_t^i\\ \quad-\dfrac{1}{2}\Delta u(t,x)=f(t,x),(\omega,t,x)\in\Omega\times(0,T)\times\mathbb{R}^d,\\ u(t,x)|_{t=0}=u_0(x)\in L^p(\mathbb{R}^d),\end{cases}\tag{6.3.1}$$

其中 $p\in(1,\infty)$,

定义 6.3.1. 我们称随机场 $u\in L^\infty(\Omega\times[0,T];L^p(\mathbb{R}^d))\cap L^\infty(\Omega;L^{p+2}([0,T]\times\mathbb{R}^d))$ 是（6.3.1）的弱解，如果对任意的检验函数 $\varphi\in\mathcal{D}(\mathbb{R}^d)$，随机过程 $\int_{\mathbb{R}^d}u(t,x)\varphi(x)dx$ 有一个 $(\mathcal{F}_t)_{t\geqslant 0}$-半鞅的连续版本，且对几乎所有的 $(\omega,t)\in\Omega\times(0,T)$ 满足等式

$$\int_{\mathbb{R}^d} u(t,x)\varphi(x)dx = \int_{\mathbb{R}^d} u_0(x)\varphi(x)dx - \int_0^t\int_{\mathbb{R}^d} u^3(s,x)\varphi(x)dxds$$
$$+\int_0^t\int_{\mathbb{R}^d}[b(s,x)\cdot\nabla\varphi(x)+\operatorname{div} b(s,x)\varphi(x)]u(s,x)dxds$$
$$+\frac{1}{2}\int_0^t\int_{\mathbb{R}^d}\Delta\varphi(x)u(s,x)dxds+\int_0^t\int_{\mathbb{R}^d}\partial_i\varphi(x)u(s,x)dxdW_s^i$$
$$+\int_0^t\int_{\mathbb{R}^d}[f(s,x)-c(s,x)u(s,x)]\varphi(x)dxds. \tag{6.3.2}$$

此处称弱解是唯一的，如果对任意的 $\varphi\in\mathcal{D}(\mathbb{R}^d)$，$u$，$v\in L^\infty(\Omega\times[0,T],L^p(\mathbb{R}^d))\cap L^\infty(\Omega;L^{p+2}([0,T]\times\mathbb{R}^d))$都满足（6.3.2），且

$$\mathbb{P}\{\omega\in\Omega;u(t,x)=v(t,x),\ a.e.\ (t,x)\in(0,T)\times\mathbb{R}^d\}=1.$$

注记 6.3.2. 由注记 6.2.2，(6.3.2) 也等价于下面的等式

$$\int_{\mathbb{R}^d} u(t,x)\varphi(x)dx$$
$$=\int_{\mathbb{R}^d} u_0(x)\varphi(x)dx-\int_0^t\int_{\mathbb{R}^d}[u^3(s,x)+c(s,x)u(s,x)]\varphi(x)dxds$$
$$+\int_0^t\int_{\mathbb{R}^d} f(s,x)\varphi(x)dxds+\int_0^t\int_{\mathbb{R}^d}\partial_i\varphi(x)u(s,x)dx\circ dW_s^i$$
$$+\int_0^t\int_{\mathbb{R}^d}[b(s,x)\cdot\nabla\varphi(x)+\operatorname{div} b(s,x)\varphi(x)]u(s,x)dxds. \tag{6.3.3}$$

定理 6.3.3. 在定理 6.2.11 的假设下，(6.3.1) 存在唯一的弱解 u. 此外当 $p<\infty$ 时，

$$u\in L^q(\Omega;C([0,T];L^p(\mathbb{R}^d)));q\in[1,\infty); \tag{6.3.4}$$

当 $p=\infty$ 时，

$$u\in L^q(\Omega;C([0,T];L^\infty(\mathbb{R}^d)-w^*))\cap L^q(\Omega;C([0,T];L^r_{loc}(\mathbb{R}^d))),$$
$$q,r\in[1,\infty]. \tag{6.3.5}$$

与此同时，如果 $p<\infty$，$f=0$ 且 b 满足（6.2.25），则唯一解还满足

$$u\in L^q(\Omega;C([0,T];L^r(\mathbb{R}^d))),q\in[1,\infty],r\in[p,\infty]. \tag{6.3.6}$$

证明. 我们打算分三步来证明此结论：存在性，唯一性和正则性. 我们首先来证明存在性部分.

(存在性). 考虑以下的输运方程

$$\begin{cases}\partial_t v(t,x)+b(t,x+W_t)\cdot\nabla v(t,x)+v^3(t,x)+c(t,x+W_t)v\\ =f(t,x+W_t),\\ v(t,x)|_{t=0}=u_0(x).\end{cases} \tag{6.3.7}$$

对固定的 $w \in \Omega$，（6.3.7）变为了确定的非线性输运方程，

$$\begin{cases} \partial_t v(t,x) + b(t,x+\omega(t)) \cdot \nabla v(t,x) + v^3 + c(t,x+\omega(t))v \\ = f(t,x+\omega(t)), \\ v(t,x)\mid_{t=0} = u_0(x). \end{cases} \tag{6.3.8}$$

且此时对几乎所有的 $\omega \in \Omega$，$b(t,x+\omega(t))$，$f(t,x+\omega(t))$ 和 $c(t,x+\omega(t))$ 满足定理 6.2.11 的假设，由定理 6.2.11，对这样的 w，（6.3.8）存在唯一的解 v. 此外

$$v \in \begin{cases} C([0,T];L^p(\mathbb{R}^d)) \cap L^{p+2}([0,T]\times\mathbb{R}^d), \text{当 } p<\infty, \\ C([0,T];L^\infty(\mathbb{R}^d)-w^*) \cap C([0,T];L^r_{loc}(\mathbb{R}^d)), r\in[1,\infty), \text{当 } p=\infty. \end{cases}$$

对任意的 $s \in (0,T)$，

- 当 $1 \leqslant p < \infty$，

$$\int_{\mathbb{R}^d} |v|^p(s)dx + \frac{p}{2}\int_0^T\int_{\mathbb{R}^d}|v|^{p+2}dxdt$$

$$\leqslant C\Big[\int_0^T\int_{\mathbb{R}^d}[\,|f_1|^p + |f_2|^{(p+2)/3}dxdt + \int_{\mathbb{R}^d}|u_0|^p dx\Big].$$

- 当 $p=\infty$，

$$v^2(s) \leqslant c[\,\|f\|^2_{L^\infty([0,T]\times\mathbb{R}^d)} + \|u_0\|^2_{L^\infty(\mathbb{R}^d)}]. \tag{6.3.9}$$

所以

$$v \in \begin{cases} L^\infty(\Omega;C([0,T];L^p(\mathbb{R}^d)) \cap L^{p+2}([0,T]\times\mathbb{R}^d), \text{当 } p<\infty, \\ L^\infty(\Omega;C([0,T];L^\infty(\mathbb{R}^d)-w^*) \cap C([0,T];L^r_{loc}(\mathbb{R}^d)), r\in[1,\infty], \text{当 } p=\infty. \end{cases}$$

由 Itô - Wentzell 公式，对任意的 $\varphi \in \mathcal{D}(\mathbb{R}^d)$，

$$\int_{\mathbb{R}^d} v(t,x)\varphi(x+W_t)dx$$

$$= \int_{\mathbb{R}^d} u_0(x)\varphi(x)dx + \int_0^t\int_{\mathbb{R}^d} v(s,x)\operatorname{div} b(s,x+W_s)\varphi(x+W_s)dxds$$

$$+ \int_0^t\int_{\mathbb{R}^d} f(s,x)\varphi(x)dxds + \int_0^t\int_{\mathbb{R}^d} v(s,x)b(s,x+W_s)\cdot\nabla\varphi(x+W_s)dxds$$

$$- \int_0^t\int_{\mathbb{R}^d} v^3(s,x)\varphi(x+W_s)dxds - \int_0^t\int_{\mathbb{R}^d} v(s,x)\varphi(x+W_s)c(x+W_s)dxds$$

$$+ \int_0^t\int_{\mathbb{R}^d} v(s,x)\cdot\partial_i\varphi(x+W_s)dx\circ dW_s^i$$

因此

$$\int_{\mathbb{R}^d} v(t,x-W_t)\varphi(x)dx$$

$$= \int_{\mathbb{R}^d} u_0(x)\varphi(x)dx + \int_0^t \int_{\mathbb{R}^d} v(s,x-W_s)\operatorname{div} b(s,x)\varphi(x)dxds$$

$$+ \int_0^t \int_{\mathbb{R}^d} v(s,x-W_s)b(s,x)\cdot\nabla\varphi(x)dxds$$

$$+ \int_0^t \int_{\mathbb{R}^d} f(s,x)\varphi(x)dxds - \int_0^t \int_{\mathbb{R}^d} v^3(s,x-W_s)\varphi(x)dxds$$

$$+ \int_0^t \int_{\mathbb{R}^d} v(s,x-W_s)\cdot\partial_i\varphi(x)dx\circ dW_s^i - \int_0^t \int_{\mathbb{R}^d} v(s,x-W_s)c(s,x)\varphi(x)dxds.$$

令 $u(t,x)=v(t,x-W_t)$，则

$$u\in\begin{cases}L^\infty(\Omega\times[0,T],L^p(\mathbb{R}^d))\cap L^\infty(\Omega;L^{p+2}([0,T]\times\mathbb{R}^d)),\text{当 }p<\infty,\\ L^\infty(\Omega\times[0,T]\times\mathbb{R}^d),\text{当 }p=\infty.\end{cases}$$

且对任意的 $\varphi(x)\in\mathcal{D}(\mathbb{R}^d)$，$\int_{\mathbb{R}^d}u(t,x)\varphi(x)dx$ 显然是一个连续的 $(\mathcal{F}_t)_{t\geqslant 0}$ 半鞅，所以 $u(t,x)$ 是（6.3.1）的弱解. 此外对几乎所有的 $\omega\in\Omega$ 和所有的 $t\in[0,T]$，$u(t)$ 都是有定义的.

（唯一性）. 事实上，如果 u_1 和 u_2 都是（6.3.1）的弱解，则 $u_1(t,x+W_t)$ 和 $u_2(t,x+W_t)$ 都是（6.3.7）的弱解所以对几乎所有的 $\omega\in\Omega$，

$$u_1(t,x+W_t)=u_2(t,x+W_t),\quad \text{a. e. }(t,x)\in(0,T)\times\mathbb{R}^d.$$

因此

$$\mathbb{P}\{\omega\in\Omega;u_1(t,x)=u_2(t,x),\text{a. e. }(t,x)\in(0,T)\times\mathbb{R}^d\}=1.$$

（正则性）. 我们下面来证明（6.3.4）—（6.3.6）. 由此递推，我们只需证明（6.3.4）和（6.3.5）的第二部分.

对任意的 $t_0\in[0,T]$ 和 $p<\infty$，当 $t\to t_0$ 时，由 Lebesgue 微分定理，对几乎所有的 $\omega\in\Omega$，则有

$$\|u(t)-u(t_0)\|_{L^p(\mathbb{R}^d)}^p$$

$$\leqslant 2^{p-1}\Big[\|v(t)-v(t_0)\|_{L^p(\mathbb{R}^d)}^p+\int_{\mathbb{R}^d}|u(t_0,x+W_t-W_{t_0})-u(t_0,x)|^p dx\Big]\to 0.$$

再加上（6.3.9），因此

$$u\in L^q(\Omega;C([0,T];L^p(\mathbb{R}^d))),\forall q\in[1,\infty).$$

类似的证明我们也可以得到：对几乎所有的 $\omega\in\Omega$，在 $L_{loc}^r(\mathbb{R}^d)(r\in[1,\infty))$ 中，当 $t\to t_0$ 时，$u(t)\to u(t_0)$.

记 $A_n=\{\omega;|W_t|\leqslant n,0\leqslant t\leqslant T\}$，则当 $n\to\infty$ 时，$\mathbb{P}(A_n)\to 1$. 对任意的 q，$r\in[1,\infty)$ 和 $k>0$，

$$\limsup_{t\to t_0}\|u(t)-u(t_0)\|_{L^q(\Omega;L^r(B_k))}^q$$

$$= \lim_{t\to t_0}\sup[\mathbb{E}\|u(t)-u(t_0)\|^q_{L^r(B_k)}]$$

$$= \lim_{t\to t_0}\sup\mathbb{E}[\|u(t)-u(t_0)\|^q_{L^r(B_k)}1_{A_n}+\|u(t)-u(t_0)\|^q_{L^r(B_k)}1_{A_n^c}]$$

$$\leqslant \lim_{t\to t_0}\sup\mathbb{E}[\|u(t)-u(t_0)\|^q_{L^r(B_k)}1_{A_n}+C\mathbb{P}(A_n^c)$$

$$\leqslant C\mathbb{P}(A_n^c).$$

通过令 n 趋近于正无穷，这样就完成了证明.

一般的，我们还有

定理 6.3.4.（比较原理） 设 p 和 b 满足定理 6.3.3 中的条件，若对 $j=1$，2，u_j 满足

$$\begin{cases}\partial_i u_j + b(t,x)\cdot\nabla u_j + u_j^3 + c(t,x)u_j + \partial_i u_j W_t^i - \dfrac{1}{2}\Delta u_j = f_j(t,x), \\ u_j|_{t=0} = u_0^j,\end{cases} \quad (6.3.10)$$

其中

$$f_j\in L^p([0,T]\times\mathbb{R}^d)+L^{(p+2)/3}([0,T]\times\mathbb{R}^d), u_0^j\in L^p(\mathbb{R}^d).$$

如果 $f_1\leqslant f_2$，$u_0^1\leqslant u_0^2$，那么 $u_1\leqslant u_2$，这里 $u_1\leqslant u_2$ 理解为

$$\mathbb{P}\{\omega\in\Omega;u_1(t,x)\leqslant u_2(t,x),\text{a. e. }(t,x)\in(0,T)\times\mathbb{R}^d\}=1.$$

证明. 因为（6.3.10）的唯一解可表示为 $u_j(t,x)=v_j(t,x-W_t)$，$j=1$，2，其中 v_j 满足

$$\begin{cases}\partial_i v_j + b(t,x+W_t)\cdot\nabla v_j + v_j^3 + c(t,x+W_t)v_j = f_j(t,x+W_t), \\ v_j(t)|_{t=0} = u_0^j,\end{cases}$$

所以

$$\mathbb{P}\{\omega\in\Omega;u_1(t,x+W_t)\leqslant u_2(t,x+W_t),\text{a. e. }(t,x)\in(0,T)\times\mathbb{R}^d\}=1,$$

因此

$$\mathbb{P}\{\omega\in\Omega;u_1(t,x)\leqslant u_2(t,x),\text{a. e. }(t,x)\in(0,T)\times\mathbb{R}^d\}.$$

注记 6.3.5.（i）特别的如果 $u_0\geqslant 0$，$f\geqslant 0$，以概率 1，（6.3.1）存在一个非负弱解 u，且此时如果对 u 取期望，那么

$$\int_{\mathbb{R}^d}\bar{u}(t,x)\varphi(x)dx+\int_0^t\int_{\mathbb{R}^d}\bar{u}(s,x)\varphi(x)dxds+\int_0^t\int_{\mathbb{R}^d}c(s,x)\bar{u}(s,x)\varphi(x)dxds$$

$$=\int_{\mathbb{R}^d}u_0(x)\varphi(x)dx+\frac{1}{2}\int_0^t\int_{\mathbb{R}^d}\Delta\varphi(x)\,\bar{u}dxds+\int_0^t\int_{\mathbb{R}^d}f\varphi(x)dxds$$

$$+\int_0^t\int_{\mathbb{R}^d}b(s,x)\cdot\nabla\varphi(x)\,\bar{u}dxds+\int_0^t\int_{\mathbb{R}^d}\mathrm{div}b\varphi(x)\,\bar{u}(s,x)dxds$$

$$-\int_0^t\int_{\mathbb{R}^d}\mathbb{E}u^3\varphi(x)dxds+\int_0^t\int_{\mathbb{R}^d}(\mathbb{E}u)^3\varphi(x)dxds,$$

其中 $0\leqslant\mathbb{E}u(t,x)=\bar{u}(t,x)\in C([0,T];L^p(\mathbb{R}^d))\cap L^{p+2}([0,T]\times\mathbb{R}^d)$.

注意到 $(\mathbb{E}u)^3\leqslant\mathbb{E}u^3$，所以如果 $\varphi\in\mathcal{D}_+(\mathbb{R}^d)$，我们就得

$$\int_{\mathbb{R}^d}\bar{u}(t,x)\varphi(x)dx+\int_0^t\int_{\mathbb{R}^d}\bar{u}^3(s,x)\varphi(x)dxds+\int_0^t\int_{\mathbb{R}^d}c(s,x)\bar{u}(s,x)\varphi(x)dxds$$
$$\leqslant\int_{\mathbb{R}^d}\bar{u}_0(x)\varphi(x)dx+\frac{1}{2}\int_0^t\int_{\mathbb{R}^d}\Delta\varphi(x)\,\bar{u}(s,x)dxds+\int_0^t\int_{\mathbb{R}^d}f(s,x)\varphi(x)dxds$$
$$+\int_0^t\int_{\mathbb{R}^d}b(s,x)\cdot\nabla\varphi(x)\bar{u}(s,x)dxds+\int_0^t\int_{\mathbb{R}^d}\mathrm{div}\,b(s,x)\varphi(x)\bar{u}(s,x)dxds.\tag{6.3.11}$$

此时也说明了 $\bar{u}$ 是如下问题的一个弱下解：

$$\begin{cases}\partial_t\bar{u}+b(t,x)\cdot\Delta\bar{u}-\frac{1}{2}\Delta\bar{u}+\bar{u}^3+c(t,x)\bar{u}=f(t,x),\\ \quad(\omega,t,x)\in\Omega\times(0,T)\times\mathbb{R}^d,\\ \bar{u}(t,x)\mid_{t=0}=u_0(x),x\in\mathbb{R}^d,\end{cases}\tag{6.3.12}$$

（特别的，如果 $b(t,x)=0,c(t,x)=$ 常数，它就变为了经典的特殊的 GL 方程）. 这里我们称 $\bar{u}(t,x)\in C([0,T];L^p(\mathbb{R}^d))\cap L^{p+2}([0,T]\times\mathbb{R}^d)$ 是（6.3.12）的一个弱下解，如果对任意的 $\varphi\in\mathcal{D}_+(\mathbb{R}^d)$，不等式（6.3.11）成立. 同样的如果相反的不等式成立，那么我们称 u 是一个弱上解. 特别的如果 u 既是弱上解也是弱下解，那么我们称它为弱解，

（ii）由定理 6.3.3 和定理 6.3.4 可知：如果 $u_0\geqslant0$，$f\geqslant0$，则（6.3.12）存在一个弱下解，且若 $f=0$，$p<\infty$，b 满足（6.2.25），对任意的 $r\geqslant p$，此弱下解属于 $C([0,T];L^r(\mathbb{R}^d))$.

另一方面，一旦（6.3.12）的弱解是存在的，那么当 b 满足某些条件时，它也是唯一的. 更精确的，我们有下述的比较定理. 我们在此考虑 $p=1$.

定理 6.3.6. 在定理 6.3.3 的假设下，设 u_i，$(i=1,2)$ 满足

$$\begin{cases}\partial_t u_i+b(t,x)\cdot\nabla u_i+u_i^3+c(t,x)u_i-\frac{1}{2}\Delta u_i=f_i(t,x),(t,x)\in(0,T)\times\mathbb{R}^d,\\ u_i\mid_{t=0}=u_0^i,x\in\mathbb{R}^d.\end{cases}$$

如果 $f_1\leqslant f_2$，$u_0^1\leqslant u_0^2$，且

$$\frac{|b(t,x)|}{1+|x|}\in L^1([0,T];L^\infty(\mathbb{R}^d))\cap L^{3/2}([0,T]\times\mathbb{R}^d),$$

则 $u_1 \leqslant u_2$.

证明. 记 $w = u_1 - u_2$，则它满足

$$\begin{cases}\partial_t w(t,x) + b(t,x)\cdot\nabla w - \frac{1}{2}\Delta w + u_1^3 - u_2^3 + c(t,x)w = f_1 - f_2,\\ w(t,x)\mid_{t=0} = u_0^1(x) - u_0^2(x).\end{cases}$$

所以 $w_\varepsilon = u_{1,\varepsilon} - u_{2,\varepsilon}$ 满足

$$\begin{cases}\partial_t w_\varepsilon + b\cdot\nabla w_\varepsilon - \frac{1}{2}\Delta w_\varepsilon + (u_1^3 - u_2^3) * \varrho_\varepsilon + cw_\varepsilon = (f_1 - f_2) * \varrho_\varepsilon + r_\varepsilon,\\ w_\varepsilon\mid_{t=0} = (u_0^1 - u_0^2) * \varrho_\varepsilon,\end{cases}$$

其中

当 $\varepsilon \to 0$ 时，在 $L^1([0,T];L^1_{loc}(\mathbb{R}^d))$ 中，

$$r_\varepsilon = b\cdot\nabla w_\varepsilon - (b\cdot\nabla w) * \varrho_\varepsilon + cw_\varepsilon - (cw) * \varrho_\varepsilon \to 0.$$

取 γ_ϵ 为 (4.4.14)，所以

$$\begin{aligned}&\int_0^t\int_{\mathbb{R}^d}(f_1 - f_2) * \varrho_\varepsilon(s,x)\phi_r(x)\gamma'(w_\varepsilon)dxds + \int_0^t\int_{\mathbb{R}^d} r_\varepsilon(s,x)\phi_r(x)\gamma'(w_\varepsilon)dxds\\ &= \int_0^t\int_{\mathbb{R}^d}\Big[\partial_s w_s - \frac{1}{2}\Delta w_s\Big]\phi_r(x)\gamma'(w_\varepsilon)dxds + \int_0^t\int_{\mathbb{R}^d}(u_1^3 - u_2^3) * \varrho_\varepsilon\phi_r(x)\gamma'(w_\varepsilon)dxds\\ &\quad + \int_0^t\int_{\mathbb{R}^d}[b(s,x)\cdot\nabla w_\varepsilon + c(s,x)w_\varepsilon]\phi_r(x)\gamma'_\epsilon(w_\varepsilon)dxds\\ &\geqslant \int_{\mathbb{R}^d}\phi_r(x)\gamma(w_\varepsilon(t,x))dx - \frac{1}{2}\int_0^t\int_{\mathbb{R}^d}\Delta\phi_r(x)\gamma(w_\varepsilon(s,x))dxds\\ &\quad - \int_{\mathbb{R}^d}\phi_r(x)\gamma(w_\varepsilon(0,x))dx + \int_0^t\int_{\mathbb{R}^d}(u_1^3 - u_2^3) * \varrho_\varepsilon(s,x)\phi_r(x)\gamma'(w_\varepsilon(s,x))dxds\\ &\quad - \int_0^t\int_{\mathbb{R}^d}\operatorname{div} b(s,x)\phi_r(x)\gamma(w_\varepsilon)dxds - C\int_0^t\int_{r\leqslant|x|\leqslant 2r}\frac{|b|}{1+|x|}\phi_r(x)\gamma(w_\varepsilon)dxds\\ &\quad + \int_0^t\int_{\mathbb{R}^d}c(s,x)\phi_r(x)\gamma'_\epsilon(w_\varepsilon)dxds.\end{aligned}$$

因为 $\gamma'_\epsilon \geqslant 0$，因此

$$\begin{aligned}&\int_0^t\int_{\mathbb{R}^d} r_\varepsilon(s,x)\phi_r(x)\gamma'_\epsilon(w_\varepsilon)dxds\\ &\geqslant \int_{\mathbb{R}^d}\phi_r(x)\gamma(w_\varepsilon(t,x))dx - \frac{1}{2}\int_0^t\int_{\mathbb{R}^d}\Delta\phi_r\gamma(w_\varepsilon)dxds\\ &\quad - \int_{\mathbb{R}^d}\phi_r\gamma(w_\varepsilon(0))dx + \int_0^t\int_{\mathbb{R}^d}(u_1^3 - u_2^3) * \varrho_\varepsilon\phi_r\gamma'(w_\varepsilon)dxds\\ &\quad - \int_0^t\int_{\mathbb{R}^d}\operatorname{div} b\phi_r\gamma(w_\varepsilon)dxds + \int_0^t\int_{\mathbb{R}^d}c\phi_r(x)\gamma'(w_\varepsilon)dxds\end{aligned}$$

$$- C\int_0^t \int_{r\leqslant |x| \leqslant 2r} \frac{|b|}{1+|x|}\phi_r(x)\gamma_\epsilon(w_\varepsilon)dxds.$$

依次令 $\epsilon \to 0$, $\varepsilon \to 0$ 和 $r \to \infty$，我们得到

$$\int_{\mathbb{R}^d} w_+(t)dx + \int_0^t \int_{\mathbb{R}^d} (u^3 - v^3)_+(s)dxds$$
$$\leqslant \int_0^t [\,\|\mathrm{div}\, b(s)\|_\infty + \|c(s)\|_\infty] \int_{\mathbb{R}^d} w_+(s)dxds.$$

由 Grönwall 不等式，$w \leqslant 0$ 即 $u_1 \leqslant u_2$.

最后，我们给出一些推广形式.

- 情形 1：退化 SGL 方程

$$\begin{cases} \partial_t u + b(t,x)\cdot\nabla u + u^3 + cu + \sum_{i=1}^{d_1}\partial_i u\dot{W}^i_{1,t} - \frac{1}{2}\Delta_{x_1}u = f, \\ (\omega,t,x) \in \Omega\times(0,T)\times\mathbb{R}^d, \\ u(t,x)|_{t=0} = u_0(x), x\in\mathbb{R}^d, \end{cases} \tag{6.3.13}$$

其中 $W_{1,t} = (W^1_t, \cdots, W^{d_1}_t)$. 这里关于弱解的定义和定义 4.3.1 是类似的，只不过需要将那里的 d 维 Brownian 运动换成此时的 d_1 维的 Brownian 运动就好了. 重复之前的论证，就得

定理 6.3.7. 在定理 6.3.3 的假设下，(6.3.13) 存在唯一的解 u. 此外当 $p<\infty$ 时，

$$u\in L^\infty(\Omega;L^{p+2}([0,T]\times\mathbb{R}^d))\cap[\cap_{1\leqslant q<\infty}L^q(\Omega;C([0,T];L^p(\mathbb{R}^d)))],$$

当 $p=\infty$ 时，对任意的 q, $r\in[1,\infty)$,

$$u\in L^q(\Omega;C([0,T];L^\infty(\mathbb{R}^d)-w^*))\cap L^q(\Omega;C([0,T];L^r_{loc}(\mathbb{R}^d))).$$

- **情形 2**：随机分数阶 Ginzburg – Landau 方程，

$$\begin{cases} \partial_t u(t,x) + b(t,x)\cdot\nabla u(t,x) + u^3(t,x) + c(t,x)u(t,x) + (-\Delta_{x_1})^{\frac{\alpha}{2}}u(t,x) \\ \quad + \int_{\mathbb{R}^{d}_1\setminus\{0\}} [u(t-,x_1+y_1,x_2) - u(t-,x)]\overline{N}(t,dy_1) = f(t,x), \\ (\omega,t,x)\in\Omega\times(0,T)\times\mathbb{R}^d, \\ u(t,x)|_{t=0} = u_0(x), x\in\mathbb{R}^d, \end{cases}$$
$$\tag{6.3.14}$$

其中这里的记号和 4.6 节中的记号一致，只不过此处的 α – 稳定过程是 d_1 维的，且此时弱解的定义也是类似的，即 $u\in L^q(\Omega\times[0,T];L^\infty(\mathbb{R}^d))$ 且满足

$$\int_{\mathbb{R}^d} u(t,x)\varphi(x)dx)$$

$$
\begin{aligned}
&= \int_{\mathbb{R}^d} u_0(x)\varphi(x)dx + \int_0^t \int_{\mathbb{R}^d} u(s,x)[\operatorname{div} b - c]\varphi(x)dxds \\
&\quad + \int_0^t \int_{\mathbb{R}^d} u(s,x)b \cdot \nabla\varphi(x)dxds + \int_0^t \int_{\mathbb{R}^d} f(s,x)\varphi(x)dxds \\
&\quad + \int_0^t \int_{\mathbb{R}^d} \int_{\mathbb{R}^{d_1[0]}} u(s-,x)[\varphi(x_1+y_1,x_2) - \varphi(x)]\tilde{N}(ds,dy_1)dx \\
&\quad - \int_0^t \int_{\mathbb{R}^d} u^3\varphi(x)dxds - \int_0^t \int_{\mathbb{R}^d} u(s,x)(-\Delta_{x_1})^{\frac{\alpha}{2}}\varphi(x)dxds. \qquad (6.3.15)
\end{aligned}
$$

定理 6.3.8. 在定理 6.3.3 的假设下，(6.3.14) 存在唯一的解 u. 此外对任意的 q，$r \in [1, \infty]$，

- $u \in L^\infty(\Omega; L^{p+2}([0,T] \times (\mathbb{R}^d))) \cap L^q(\Omega; D([0,T]; L^p(\mathbb{R}^d)))$，当 $p<\infty$，
- $u \in L^q(\Omega; D([0,T]; L^\infty(\mathbb{R}^d) - w^*)) \cap L^q(\Omega; D([0,T]; L^r_{loc}(\mathbb{R}^d)))$，当 $p=\infty$.

注记 6.3.9. 重复定理 6.3.6 的证明，对上述两种情形，也可以得到相应的比较定理，只不过此时的计算是机械的，所以我们略去了.

6.4 注　　记

（随机）Ginzburg – Landau 方程有着广泛的应用背景，近年来也越来越多的得到了人们的关注. 如在［212］中，Smith 考虑了有界区域上的 Ginburg – Landau 方程（即（6.1.1）中$\mathbb{R}^d$换成了$\mathbb{R}^d$中的有界区域 O），在假设

$u|_{\partial o} = h(t,x)$，$g(t,x,u,\nabla u) = g(t,x)$，$W$ 是柱 Wiener 过程下，借助于能量方法，在 L^2 的框架下，他得到了弱解的存在性. 随后在［213］中他又讨论了 $O=\mathbb{R}$，$g=g(u)$（满足 Lipschitz 条件）的情形，在初值周期性的假设下，也得到了弱解的存在性. Odasso［196］也考虑了上述有界区域上的随机 Ginsburg – Landau 方程，并在 L^2 的框架下，也得到了弱解的存在唯一性. 然而关于以下几种情形的研究工作却是很少的：

- 空间区域是无界的；
- g 依赖于∇u；
- L^p（$p \neq 2$）解的存在性.

基于此，本章中我们讨论了$\mathbb{R}^d$上，$g=\nabla u$的随机 Ginsburg – Landau 方程，借助于随机分析，我们建立了L^p（$1\leqslant p\leqslant\infty$）解的存在唯一性. 此结果推广和改进了前人关于 Ginzburg – Landau 方程研究的部分已知结论.

需注意的是，在本章中我们仅考虑了特殊的（随机）Ginzburg – Landau 方程（6.1.3），关于一般情形以及解的其他行为我们并没有展开讨论. 关于本章内容的具体细节可看［229］，相关更多研究读者可以参考［88，104，193，224，235］等.

第 7 章　分数阶双曲守恒律

本章主要研究超临界分数阶守恒律动理学解的存在唯一型以及动理学解关于时间、非线性项和 Levy 测度的连续依赖性.

7.1　熵解和动理学解

我们讨论如下的分数阶双曲守恒律方程:

$$\frac{\partial}{\partial t}\rho(t,x)+\mathrm{div}_x F(\rho)+\nu\mathcal{L}\rho=0,(t,x)\in(0,T)\times\mathbb{R}^d, \tag{7.1.1}$$

满足初值条件

$$\rho(t=0,x)=\rho_0(x),x\in\mathbb{R}^d, \tag{7.1.2}$$

其中 v 是一个非负参数，初值、F 和 $\mathcal{L}$ 分别满足

$$\rho_0\in L^1\cap BV(\mathbb{R}^d),F\in W^{1,\infty}_{loc}(\mathbb{R};\mathbb{R}^d),\mathcal{L}=(-\Delta_x)^{\frac{\alpha}{2}},\alpha\in(0,1). \tag{7.1.3}$$

在 (7.1.3) 中$(-\Delta_x)^{\frac{\alpha}{2}}$表示全空间$\mathbb{R}^d$（参看［17］）上的分数阶 Laplacian 算子，具体定义如下：对任意 $\varphi\in\mathcal{D}(\mathbb{R}^d)$，$x\in\mathbb{R}^d$，

$$\begin{aligned}(-\Delta_x)^{\frac{\alpha}{2}}\varphi(x)&=c(d,\alpha)P.V.\int_{R^d}\frac{\varphi(x)-\varphi(z+x)}{|z|^{d+\alpha}}dz\\&=c(d,\alpha)P.V.\int_{R^d}\frac{\varphi(x)-\varphi(z+x)}{|z|^{d+\alpha}}dz\end{aligned} \tag{7.1.4}$$

其中常数 $c(d,\alpha)=\alpha 2^{\alpha-1}\pi^{-d/2}\Gamma\left(\frac{d+\alpha}{2}\right)/\Gamma\left(\frac{d-\alpha}{2}\right)$.

为了简单起见，在这一节和下一节，我们假设 $\nu=1$. 我们先给出几个关于解的概念.

定义 7.1.1（熵解） 设 (7.1.3) 成立且 $\rho_0\in L^\infty(\mathbb{R}^d)$. 我们称可测函数 $\rho\in$

$L^{\infty}([0,T)\times\mathbb{R}^d)\cap C([0,T];L^1(\mathbb{R}^d))\cap L^{\infty}([0,T);BV(\mathbb{R}^d))$ 是 Cauchy 问题 (7.1.1)—(7.1.2) 的一个熵解，如果对任意的光滑的凸函数 η，存在两个非负有界测度 $m^{\eta''}(t,x)$，$n^{\eta}(t,x)$，满足

$$m^{\eta''}(t,x) = \int_{\mathbb{R}} \eta''(v)m(t,x,v)dv \text{ 其中 } m(t,x,v) \text{ 是一个非负测度，} \tag{7.1.5}$$

$$n^{\eta}(t,x) = \frac{\eta'(\rho(t,x))(-\Delta_x)^{\frac{\alpha}{2}}(\rho(t,x)) - (-\Delta_x)^{\frac{\alpha}{2}}\eta(\rho(t,x))}{2}, \tag{7.1.6}$$

并且，如下方程

$$\frac{\partial}{\partial t}\eta(\rho) + \mathrm{div}_x Q(\rho) + (-\Delta_x)^{\frac{\alpha}{2}}\eta(\rho) = -2m^{\eta''}(t,x) - 2n^{\eta}(t,x) \tag{7.1.7}$$

的初值问题 $\eta(\rho(t=0)) = \eta(\rho_0)$，在分布空间 $\mathcal{D}'([0,T)\times\mathbb{R}^d)$ 中满足.

注记 7.1.2 (i) 在 (7.1.7) 中 $Q(\rho) = \int^{\rho}\eta'(v)f(v)dv$.

(ii) 我们用恒等式 (7.1.7) 定义熵解，这个定义来源于下列方程

$$\frac{\partial}{\partial t}\rho_{\varepsilon}(t,x) + \mathrm{div}_x F(\rho_{\varepsilon}) + (-\Delta_x)^{\frac{\alpha}{2}}\rho_{\varepsilon} - \varepsilon\Delta\rho_{\varepsilon} = 0 \tag{7.1.8}$$

通过取极限 $\varepsilon\to 0$ 得到的.

事实上，用 $\eta'(\rho_{\varepsilon})$ 乘以方程 (7.1.8)，得到

$$\frac{\partial}{\partial t}\eta(\rho_{\varepsilon}) + \mathrm{div}_x Q(\rho_{\varepsilon}) + \eta'(\rho_{\varepsilon})(-\Delta_x)^{\frac{\alpha}{2}}\rho_{\varepsilon} = \varepsilon\eta'(\rho_{\varepsilon})\Delta\rho_{\varepsilon}, \tag{7.1.9}$$

利用链规则，有

$$\varepsilon\eta'(\rho_{\varepsilon})\Delta\rho_{\varepsilon} = \varepsilon\Delta\eta(\rho_{\varepsilon}) - \varepsilon\eta''(\rho_{\varepsilon})|\nabla\rho_{\varepsilon}|^2 =: \varepsilon\Delta\eta(\rho_{\varepsilon}) - 2m_{\varepsilon}^{\eta''}. \tag{7.1.10}$$

因为 η 是凸的，通过 (7.1.4)，

$$\begin{aligned}\eta'(\rho_{\varepsilon})(-\Delta_x)^{\frac{\alpha}{2}}\rho_{\varepsilon}(t,x) &\geqslant c_0\int_{\mathbb{R}^d}\frac{\eta(\rho_{\varepsilon}(t,x)) - \eta(\rho_{\varepsilon}(t,z+x))}{|z|^{d+\alpha}} \\ &= (-\Delta_x)^{\frac{\alpha}{2}}\eta(\rho_{\varepsilon}(t,x)).\end{aligned} \tag{7.1.11}$$

结合式 (7.1.10) 和式 (7.1.11)，从式 (7.1.9) 得出

$$\frac{\partial}{\partial t}\eta(\rho_{\varepsilon}) + \mathrm{div}_x Q(\rho_{\varepsilon}) + (-\Delta_x)^{\frac{\alpha}{2}}\eta(\rho_{\varepsilon}(t,x)) = \varepsilon\Delta\eta(\rho_{\varepsilon}) - 2m_{\varepsilon}^{\eta''} - 2n_{\varepsilon}^{\eta}, \tag{7.1.12}$$

其中测度 $m_{\varepsilon}^{\eta''}$ 和 n_{ε}^{η} 是非负的. 使用黏性消失极限，于是推出式 (7.1.7).

(iii) 我们定义熵解的另一个想法来源于文献 [71] 的定义 2.2 和引理 2.4. 因为

$$\|(-\Delta_x)^{\frac{\alpha}{2}}\rho(t,x)\|_{L^1(\mathbb{R}^d)}\leqslant C\|\rho(t)\|_{L^1(\mathbb{R}^d)}^{1-\alpha}\|\rho(t)\|_{BV(\mathbb{R}^d)}^{\alpha} \tag{7.1.13}$$

和

$$\|(-\Delta_x)^{\frac{\alpha}{2}}\eta(\rho(t,x))\|_{L^1(\mathbb{R}^d)}\leqslant C\|\rho(t)\|_{L^1(\mathbb{R}^d)}^{1-\alpha}\|\rho(t)\|_{BV(\mathbb{R}^d)}^{\alpha}. \tag{7.1.14}$$

我们得到

$$(-\Delta_x)^{\frac{\alpha}{2}}\eta(\rho)+2n^{\eta}(t,x)=\eta'(\rho(t,x))(-\Delta_x)^{\frac{\alpha}{2}}\rho(t,x).$$

本定义与文献［71］的定义 2.2 相同. 唯一的区别是，这里我们用一个恒等式而不是一个不等式来定义熵解.

定义 7.1.3（动理学解） 设（7.1.3）成立. 给定可测函数 ρ，对任意的 $v\in\mathbb{R}$，定义 u 如下：

$$u(t,x,v)=\chi_{\rho}(v)=1_{(0,\rho(t,x))}(v)-1_{(\rho(t,x),0)}(v). \tag{7.1.15}$$

称可测函数 $\rho\in C([0,T];L^1(\mathbb{R}^d))\cap L^{\infty}([0,T);BV(\mathbb{R}^d))$ 是 Cauchy 问题 (7.1.1)—(7.1.2) 的一个动理学解，如果 u 在分布意义下满足方程

$$\begin{aligned}&\frac{\partial}{\partial t}u(t,x,v)+f(v)\cdot\nabla_x u(t,x,v)+\mathcal{L}u(t,x,v)\\&=\frac{\partial}{\partial v}m(t,x,v),(t,x,v)\in(0,T)\times\mathbb{R}^d\times\mathbb{R}\end{aligned} \tag{7.1.16}$$

和初值

$$u(t=0)=\chi_{\rho_0}(v),(x,v)\in\mathbb{R}^d\times\mathbb{R}, \tag{7.1.17}$$

其中 $f=F'$，m 是一个非负测度. 此外，n 和 m 还满足

（i）非负测度 n（t，x，v）由下面的表示：

$$n(t,x,v)=\frac{\operatorname{sgn}(\rho(t,x)-v)(-\Delta_x)^{\frac{\alpha}{2}}\rho(t,x)-(-\Delta_x)^{\frac{\alpha}{2}}|\rho(t,x)-v|}{2}. \tag{7.1.18}$$

（ii）非负测度 $n+m$ 满足

$$\int_0^T\int_{\mathbb{R}^d}(m+n)(dt,dx,v)\in L_0^{\infty}(\mathbb{R}). \tag{7.1.19}$$

注记 7.1.4　注意到 $\rho\in C([0,T];L^1(\mathbb{R}^d)),n(t,x,v)\in L_v^{\infty}(\mathbb{R};([0,T)\times\mathbb{R}^d))$. 因此，在定义 7.1.3 中给出的非负测度 m，关于 t 是连续的，即对任意的 $\varphi\in\mathcal{D}(\mathbb{R}^d)$ 和 $\phi\in\mathcal{D}(\mathbb{R})$

$$\lim_{s\to t}\int_0^s\phi(x)\varphi(v)m(ds,dx,dv)=\int_0^t\varphi(x)\phi(v)m(ds,dx,dv).$$

这意味定义 7.1.3 也等价于：任意的，$t\in(0,T)$ $\varphi\in\mathcal{D}(\mathbb{R}^d)$ 和 $\phi\in\mathcal{D}(\mathbb{R})$，

$$\int_{\mathbb{R}^{d+1}} u(t,x,v)\varphi(x)\phi(v)dxdv - \int_{\mathbb{R}^{d+1}} \chi_{\rho_0}\varphi(x)\phi(v)dxdv$$
$$= \int_0^t \int_{\mathbb{R}^{d+1}} u(s,x,v)f(v)\cdot\nabla\varphi(x)\phi(v)dxdvds - \int_0^t \int_{\mathbb{R}^{d+1}} u(s,x,v)\mathcal{L}\varphi(x)\phi(v)dxdvds$$
$$- \int_0^t \int_{\mathbb{R}^{d+1}} \varphi(x)\psi(v)\frac{\partial}{\partial v}(m+n)(dt,dx,v).$$

现在我们可以证明 Cauchy 问题（7. 1. 1)—(7. 1. 2）的熵解和动理学解之间的关系.

定理 7. 1. 5 (动理学公式) 设（7. 1. 3）成立，$\rho_0 \in L^\infty(\mathbb{R}^d)$ 和 $u(t,x,v) = \chi_\rho(v)$.

(i) 如果 ρ 是（7. 1. 1)—(7. 1. 2）的一个熵解，那么它也是一个动理学解. 此外，非负测度 n 和 m 是有界的，其支撑在 $[0,T]\times\mathbb{R}^d\times[-M,M]$ 上（其中 $M = \|\rho\|_{L^\infty([0,T]\times\mathbb{R}^d)}$），且满足式（7. 1. 19).

(ii) 如果 ρ 是（7. 1. 1)—(7. 1. 2）的一个动理学解，那么它也是一个熵解.

证明： 利用下面的关系

$$\int_{\mathbb{R}} S'(v)u(t,x,v)dv = S(\rho(t,x)), \forall S \in C^1(\mathbb{R}).$$

容易得出结论（ii). 现在需要验证结论（i).

如果 ρ 是一个熵解，那么从（7. 1. 7）开始，通过一个逼近，我们可以推出

$$\frac{\partial}{\partial t}\eta(p,v) + \mathrm{div}_x Q(\rho,v) + (-\Delta_x)^{\frac{\alpha}{2}}|\rho - v| = -2m - 2n, \tag{7. 1. 20}$$

其中 $\eta(\rho,v) = |\rho - v|, Q(\rho,v) = \mathrm{sgn}(\rho - v)[F(\rho) - F(v)]$.

对式（7. 1. 20）关于 v 在分布意义下求导，我们得到方程（7. 1. 16)，并且从式（7. 1. 20)，n 和 m 是非负的，支撑在 $[0,T]\times\mathbb{R}^d\times[-M,M]$ 上.

进一步，如果对恒等式（7. 1. 20）关于 x 在全空间 $\mathbb{R}^d$ 上积分，则

$$\int_0^T \int_{\mathbb{R}^d}(m+n)(dt,dx,v) = \frac{1}{2}\int_{\mathbb{R}^d}[|\rho_0(x) - v| - |\rho(T,x) - v|]dx$$
$$\leqslant \sup_{0\leqslant x\leqslant T}\int_{\mathbb{R}^d}\rho(t,x)dx$$

因此，$m+n$ 是有界的，式（7. 1. 19）成立.

注记 7. 1. 6 (i) 这里的证明，类似于文献［180］中对下面方程

$$\frac{\partial}{\partial t}\rho(t,x) + \mathrm{div}_x F(\rho) = 0, (t,x) \in (0,T)\times\mathbb{R}^d$$

的证明，所以我们省略证明的部分细节.

(ii) 因为

$$(\rho-v)_+=\frac{|\rho-v|+(\rho-v)}{2},(\rho-v)_-=\frac{|\rho-v|-(\rho-v)}{2}.$$

所以，如果 ρ 是一个熵解，分别使用熵 - 熵流对

$$\eta(\rho,v)=(\rho-v)_+,Q(\rho,v)=\mathrm{sgn}(\rho-v)_+[F(\rho)-F(v)]$$

和

$$\eta(\rho,v)=(\rho-v)_-,Q(\rho,v)=\mathrm{sgn}(\rho-v)_-[F(\rho)-F(v)].$$

我们可以估计

$$\int_0^T\int_{\mathbb{R}^d}(m+n)(dt,dx,v)\leqslant\frac{1}{2}\int_{\mathbb{R}^d}|(\rho_0(x)-v)_+-(\rho(T,x)-v)_+|dx \tag{7.1.21}$$

和

$$\int_0^T\int_{\mathbb{R}^d}(m+n)(dt,dx,v)\leqslant\frac{1}{2}\int_{\mathbb{R}^d}|(\rho_0(x)-v)_--(\rho(T,x)-v)_-|dx. \tag{7.1.22}$$

从式 (7.1.21)—(7.1.22)，得到

$$\lim_{v\to\pm\infty}\int_0^T\int_{\mathbb{R}^d}(m+n)(dt,dx,v)=0.$$

因此 (7.1.19) 成立. 如果 ρ 是 (7.1.1)—(7.1.2) 的一个动理学解，那么 (7.1.21) 和 (7.1.22) 的右端是有意义的，所以在定义 7.1.3 中，我们增加条件 (7.1.19).

注记 7.1.7　上述的结果也适用于非齐次分数阶对流扩散问题.

$$\begin{cases}\dfrac{\partial}{\partial t}\rho(t,x)+\mathrm{div}_xF(\rho)+(-\Delta_x)^{\frac{\alpha}{2}}B(\rho)=A(\rho),(t,x)\in(0,T)\times\mathbb{R}^d,\\ \rho(t=0,x)=\rho_0(x),x\in\mathbb{R}^d.\end{cases} \tag{7.1.23}$$

如果

$$A(0)=0,A\in W_{loc}^{1,1}(\mathbb{R}),B(0)=0,B\in W_{loc}^{1,1}(\mathbb{R}),B'\geqslant0. \tag{7.1.24}$$

但是现在 Cauchy 问题 (7.1.16)—(7.1.17) 应该被替换为

$$\begin{cases}\dfrac{\partial}{\partial t}u+f(v)\cdot\nabla_xu+A(v)\dfrac{\partial}{\partial v}u+b(v)(-\Delta_x)^{\frac{\alpha}{2}}u=\dfrac{\partial}{\partial t}(m+n),\\ (t,x,v)\in(0,T)\times\mathbb{R}^d\times\mathbb{R},\\ u(t=0)=\chi_{\rho_0}(v),(x,v)\in\mathbb{R}^d\times\mathbb{R},\end{cases} \tag{7.1.25}$$

其中 $b(v)=B(v)$,

$$
\begin{aligned}
&n(t,x,v)\\
&=\frac{\operatorname{sgn}(\rho(t,x)-v)(-\Delta_x)^{\frac{\alpha}{2}}B(\rho(t,x))-(-\Delta_x)^{\frac{\alpha}{2}}|B(\rho(t,x))-B(v)|}{2}.
\end{aligned}
\tag{7.1.26}
$$

7.2 动理学解的存在唯一性

在本节中，我们讨论 Cauchy 问题（7.1.1)—(7.1.2）动理学解的存在唯一性.

定理 7.2.1. 设（7.1.3）成立. 则 Cauchy 问题（7.1.1)—(7.1.2）存在唯一一个动理学解.

证明.（唯一性） 设 $\rho_i(i=1,2)$ 是（7.1.1)—(7.1.2）的两个动理学解，则对 $u_i=\chi_{\rho_i}(i=1,2)$，则

$$
\begin{cases}
\dfrac{\partial}{\partial t}u_i(t,x,v)+f(v)\cdot\nabla_x u_i+(-\Delta_x)^{\frac{\alpha}{2}}u_i=\dfrac{\partial}{\partial v}m_i(t,x,v)+\dfrac{\partial}{\partial v}n_i(t,x,v),\\
u_i(t=0)=\chi_{\rho_0}(v)\in L^1(\mathbb{R}^{d+1}),
\end{cases}
\tag{7.2.1}
$$

其中 m_i，n_i是非负测度满足（7.1.17）和（7.1.18).

我们记

$$
\begin{aligned}
&n_i^1(t,x,v)=\operatorname{sgn}(\rho_i(t,x)-v)(-\Delta_x)^{\frac{\alpha}{2}}\rho_i(t,x),\\
&n_i^2(t,x,v)=-(-\Delta_x)^{\frac{\alpha}{2}}|\rho_i(t,x)-v|,
\end{aligned}
\tag{7.2.2}
$$

则

$$
n_i^1,n_i^2\in L_0^\infty(\mathbb{R}_v;L^1([0,T]\times\mathbb{R}_x^d)),2n_i=n_i^1+n_i^2\text{和}\ 2n_i=n_i^1+n_i^2.
\tag{7.2.3}
$$

对任意的 ε_1，ε_2，$\sigma>0$，定义

$$
g_{1,\varepsilon_1}(t)=\frac{1}{\varepsilon_1}g_1\left(\frac{t}{\varepsilon_1}\right),g_{2,\varepsilon_2}(x)=\frac{1}{\varepsilon_2^d}g_2\left(\frac{x}{\varepsilon_2}\right),g_{3,\varepsilon_3}(v)=\frac{1}{\sigma}g_3\left(\frac{v}{\sigma}\right)
$$

这里的 g_1，g_2，核 g_3是三个非负正则核，满足

$$
\operatorname{supp}g_1\subset(-1,0),\ \operatorname{supp}g_2\subset B_1(0),\ \operatorname{supp}g_3\subset(-1,1)
$$

然后记 $u_{i,\varepsilon}:=u_i*g_{1,\varepsilon_1}*g_{2,\varepsilon_2}(i=1,2)$ 得到

$$\begin{cases}\dfrac{\partial}{\partial t}u_{i,\varepsilon}+f(v)\cdot\nabla_x u_{i,\varepsilon}+(-\Delta_x)^{\frac{\alpha}{2}}u_{i,\varepsilon}=\dfrac{\partial}{\partial v}m_{i,\varepsilon}(t,x,v)+\dfrac{\partial}{\partial v}n_{i,\varepsilon}(t,x,v),\\ u_{i,\varepsilon}(t=0)=\chi_{\rho_0}*g_{2,\varepsilon_2}(x).\end{cases}\tag{7.2.4}$$

记 $u_{i,\varepsilon}^{\sigma}:=u_i*g_{1,\varepsilon_1}*g_{2,\varepsilon_2}*g_{3,\sigma}(i=1,2)$，则有

$$\begin{cases}\dfrac{\partial}{\partial t}u_{i,\varepsilon}^{\sigma}+f(v)\cdot\nabla_x u_{i,\varepsilon}^{\sigma}+(-\Delta_x)^{\frac{\alpha}{2}}u_{i,\varepsilon}^{\sigma}=\dfrac{\partial}{\partial v}m_{i,\varepsilon}^{\sigma}(t,x,v)+\dfrac{\partial}{\partial v}n_{i,\varepsilon}^{\sigma}(t,x,v),\\ u_{i,\varepsilon}^{\sigma}(t=0)=\chi_{\rho_0}*g_{2,\varepsilon_2}(x)*g_{3,\sigma}(v),\end{cases}\tag{7.2.5}$$

其中

$$R_{i,\varepsilon}^{\sigma}=f(v)\cdot\nabla_x u_{i,\varepsilon}^{\sigma}-(f(v)\cdot\nabla_x u_{i,\varepsilon}*g_{3,\sigma}(v),\tag{7.2.6}$$

并且，当 $t\in[0,T)$ 时，我们定义 $u_i(t,x,v)=0$.

因为 $|u_{i,\varepsilon}|=\operatorname{sgn}(v)u_{i,\varepsilon}$，从式（7.2.4)至(7.2.6）得到

$$\frac{\partial}{\partial t}|u_{i,\varepsilon}|+f(v)\cdot\nabla_x|u_{i,\varepsilon}|+(-\Delta_x)^{\frac{\alpha}{2}}|u_{i,\varepsilon}|=\operatorname{sgn}(v)\left[\frac{\partial}{\partial v}m_{i,\varepsilon}+\frac{\partial}{\partial v}n_{i,\varepsilon}\right],$$

和

$$\begin{aligned}&\frac{\partial}{\partial t}(u_{1,\varepsilon}^{\sigma}u_{2,\varepsilon}^{\sigma})+f(v)\cdot\nabla_x(u_{1,\varepsilon}^{\sigma}u_{2,\varepsilon}^{\sigma})+[u_{2,\varepsilon}^{\sigma}(-\Delta_x)^{\frac{\alpha}{2}}u_{1,\varepsilon}^{\sigma}+u_{1,\varepsilon}^{\sigma}(-\Delta_x)^{\frac{\alpha}{2}}u_{2,\varepsilon}^{\sigma}]\\&=u_{1,\varepsilon}^{\sigma}\frac{\partial}{\partial v}[m_{2,\varepsilon}^{\sigma}+n_{2,\varepsilon}^{\sigma}]+u_{2,\varepsilon}^{\sigma}\frac{\partial}{\partial v}[m_{1,\varepsilon}^{\sigma}+n_{1,\varepsilon}^{\sigma}]+u_{1,\varepsilon}^{\sigma}R_{2,\varepsilon}^{\sigma}+u_{2,\varepsilon}^{\sigma}R_{1,\varepsilon}^{\sigma}.\end{aligned}$$

因此，

$$\begin{aligned}&\frac{\partial}{\partial t}[|u_{1,\varepsilon}|+|u_{2,\varepsilon}|-2u_{1,\varepsilon}^{\sigma}u_{2,\varepsilon}^{\sigma}]+f(v)\cdot\nabla_x[|u_{1,\varepsilon}|+|u_{2,\varepsilon}|-2u_{1,\varepsilon}^{\sigma}u_{2,\varepsilon}^{\sigma}]\\&\quad+(-\Delta_x)^{\frac{\alpha}{2}}[|u_{1,\varepsilon}|+|u_{2,\varepsilon}|]=I_1+I_2-2u_{1,\varepsilon}^{\sigma}R_{2,\varepsilon}^{\sigma}-2u_{2,\varepsilon}^{\sigma}R_{1,\varepsilon}^{\sigma},\end{aligned}\tag{7.2.7}$$

其中

$$I_1(t,x,v)=\operatorname{sgn}(v)\left[\frac{\partial}{\partial v}m_{i,\varepsilon}+\frac{\partial}{\partial v}m_{i,\varepsilon}\right]-\left[2u_{1,\varepsilon}^{\sigma}\frac{\partial}{\partial v}m_{2,\varepsilon}^{\sigma}-2u_{2,\varepsilon}^{\sigma}\frac{\partial}{\partial v}m_{1,\varepsilon}^{\sigma}\right]\tag{7.2.8}$$

和

$$I_2(t,x,v)=\operatorname{sgn}(v)\left[\frac{\partial}{\partial v}n_{i,\varepsilon}+\frac{\partial}{\partial v}n_{i,\varepsilon}\right]-\left[2u_{1,\varepsilon}^{\sigma}\frac{\partial}{\partial v}n_{2,\varepsilon}^{\sigma}-2u_{2,\varepsilon}^{\sigma}\frac{\partial}{\partial v}n_{1,\varepsilon}^{\sigma}\right].\tag{7.2.9}$$

设 θ 和 ξ 是两个分别关于自变量 x 和 v 的截断函数，即 $\theta\in\mathcal{D}(\mathbb{R}^d)$，$\xi\in\mathcal{D}(\mathbb{R})$，

$$0\leqslant\theta,\xi\leqslant1,\theta=\begin{cases}1,&|x|\leqslant1\\0,&|x|\geqslant2\end{cases},\quad\xi=\begin{cases}1,&|v|\leqslant1\\0,&|v|\geqslant2\end{cases},\quad v\xi'(v)\leqslant0\tag{7.2.10}$$

对 p，$k\in\mathbb{N}$，我们定义 $\theta_p(x)=\theta\left(\dfrac{x}{p}\right)$，$\xi_k(v)=\xi\left(\dfrac{v}{k}\right)$.

现在让我们估计一下（7.2.7）中的右端. 对固定的 ε_1，ε_2，k 和 p，首先，对最后两项做估计，

$$\lim_{\sigma\to 0}\int_{\mathbb{R}^{d+1}}[u_{1,\varepsilon}^{\sigma}R_{2,\varepsilon}^{\sigma}+u_{2,\varepsilon}^{\sigma}R_{1,\varepsilon}^{\sigma}]\xi_k(x)\theta_p(x)dxdv=0. \tag{7.2.11}$$

注意到

$$\begin{aligned}
&\int_{\mathbb{R}^{d+1}}\partial_v u_{1,\varepsilon}^{\sigma}(t,x,v)m_{2,\varepsilon}^{\sigma}(t,x,v)\xi_k(x)\theta_p(x)dxdv\\
&=\int_{\mathbb{R}^{d+1}}\partial_v u_{1,\varepsilon}(t,x,v)m_{2,\varepsilon}(t,x,v)\xi_k(x)\theta_p(x)dxdv\\
&=\int_{\mathbb{R}^{d+1}}\partial_v\int_0^t\int_{\mathbb{R}^d}\chi_{\rho_1(s,y)}(v)g_{1,\varepsilon_1}(t-s)g_{2,\varepsilon_2}(x-y)dyds\\
&\quad\times m_{2,\varepsilon}(t,x,v)\xi_k(x)\theta_p(x)dxdv\\
&=\int_{\mathbb{R}^{d+1}}\int_0^t\int_{\mathbb{R}^d}[\delta(v)-\delta(v-\rho_1(s,y))]g_{1,\varepsilon_1}(t-s)g_{2,\varepsilon_2}(x-y)dyds\\
&\quad\times m_{2,\varepsilon}(t,x,v)\xi_k(x)\theta_p(x)dxdv\\
&\leqslant m_{2,\varepsilon}(t,x,0)\theta_p(x)dx,
\end{aligned} \tag{7.2.12}$$

其中 δ 是集中在 0 处的狄拉克函数.

类似的计算也可以得到

$$\lim_{\sigma\to 0}\int_{\mathbb{R}^{d+1}}\partial_v u_{2,\varepsilon}^{\sigma}(t,x,v)m_{1,\varepsilon}^{\sigma}(t,x,v)\xi_k(x)\theta_p(x)dxdv\leqslant m_{1,\varepsilon}(t,x,0)\theta_p(x)dx. \tag{7.2.13}$$

因此，

$$\begin{aligned}
&\lim_{\sigma\to 0}\int_{\mathbb{R}^{d+1}}I_1(t,x,v)\xi_k(x)\theta_p(x)dxdv\\
&\leqslant 2\int_{\mathbb{R}^{d+1}}[u_{1,\varepsilon}m_{2,\varepsilon}+u_{2,\varepsilon}m_{1,\varepsilon}]\partial_v\xi_k\theta_p dxdv-2\int_{\mathbb{R}^{d+1}}[m_{1,\varepsilon}+m_{2,\varepsilon}]\theta_p\mathrm{sgn}(v)\partial_v\xi_k dxdv.
\end{aligned} \tag{7.2.14}$$

从（7.2.10），我们可以推出 $\mathrm{sgn}(v)\xi'(v)\leqslant 0$. 利用（7.1.14）和（7.2.10），得到

$$u_{1,\varepsilon}(t,x,v)\partial_v\xi_k(x)=\frac{1}{k}\int_0^t\int_{\mathbb{R}^d}\chi_{\rho_1(s,y)}(v)\xi'\left(\frac{v}{k}\right)g_{1,\varepsilon_1}(t-s)g_{2,\varepsilon_2}(x-y)dyds\leqslant 0$$

和

$$u_{2,\varepsilon}(t,x,v)\partial_v\xi_k(x)=\frac{1}{k}\int_0^t\int_{\mathbb{R}^d}\chi_{\rho_2(s,y)}(v)\xi'\left(\frac{v}{k}\right)g_{1,\varepsilon_1}(t-s)g_{2,\varepsilon_2}(x-y)dyds\leqslant 0.$$

此外，由于 $m_{1,\varepsilon}$，$m_{2,\varepsilon}\geqslant 0$，从式（7.2.14），得到

$$\lim_{\sigma\to 0}\int_{\mathbb{R}^{d+1}} I_1(t,x,v)\xi_k(x)\theta_p(x)dxdv$$

$$\leqslant -2\int_{\mathbb{R}^{d+1}}[m_{1,\varepsilon}+m_{2,\varepsilon}]\theta_p(x)\operatorname{sgn}(v)\partial_v\xi_k(v)dxdv.$$

借助于（7. 1. 18），进而得到

$$\lim_{k\to\infty}\lim_{p\to\infty}\lim_{\sigma\to 0}\int_{\mathbb{R}^{d+1}} I_1(t,x,v)\xi_k(x)\theta_p(x)dxdv\leqslant 0. \tag{7.2.15}$$

现在让我们来估计 I_2. 首先，通过分部积分公式，

$$\begin{aligned}
&-2\int_{\mathbb{R}^{d+1}} u_{1,\varepsilon}^{\sigma}(t,x,v)\partial_v n_{2,\varepsilon}^{1,\sigma}(t,x,v)\xi_k(v)\theta_p(x)dxdv\\
&=2\int_{\mathbb{R}^{d+1}}\partial_v u_{1,\varepsilon}^{\sigma} n_{2,\varepsilon}^{1,\sigma}\theta_p(x)\xi_k(v)dxdv\\
&\quad+2\int_{\mathbb{R}^{d+1}} u_{1,\varepsilon}^{\sigma}(t,x,v)n_{2,\varepsilon}^{1,\sigma}(t,x,v)\partial_v\xi_k(v)\theta_p(x)dxdv\\
&=2\int_{\mathbb{R}^{d+1}}\partial_v\int_0^t\int_{\mathbb{R}^d}\chi_{\rho_1(s,y)}(v-z)g_{1,\varepsilon_1}(t-s)g_{2,\varepsilon_2}(x-y)\\
&\quad\times g_{3,\sigma}(z)dydsdz n_{2,\varepsilon}^{1,\sigma}(t,x,v)\theta_p(x)\xi_k(v)dxdv\\
&\quad+2\int_{\mathbb{R}^{d+1}} u_{1,\varepsilon}^{\sigma}(t,x,v)n_{2,\varepsilon}^{1,\sigma}(t,x,v)\partial_v\xi_k(v)\theta_p(x)dxdv\\
&=2\int_{\mathbb{R}^{d+1}}\int_0^t\int_{\mathbb{R}^{d+1}}[\delta(v-z)-\delta(v-z-\rho_1(s,y))]g_{1,\varepsilon_1}(t-s)\\
&\quad\times g_{2,\varepsilon_2}(x-y)g_{3,\sigma}(z)dydsdz n_{2,\varepsilon}^{1,\sigma}\theta_p(x)\xi_k(v)dxdv\\
&\quad+2\int_{\mathbb{R}^{d+1}} u_{1,\varepsilon}^{\sigma}(t,x,v)n_{2,\varepsilon}^{1,\sigma}(t,x,v)\partial_v\xi_k(v)\theta_p(x)dxdv\\
&=2\int_{\mathbb{R}^{d+1}} n_{2,\varepsilon}^{1,\sigma}(t,x,v)g_{3,\sigma}(z)\theta_p(x)dxdv\\
&\quad-2\int_{\mathbb{R}^{d+1}} n_{2,\varepsilon}^{1,\sigma}(t,x,\rho_1(\cdot,\cdot)+z)\xi_k(\rho_1(\cdot,\cdot+z)\\
&\quad\times g_{3,\sigma}(z)*g_{1,\varepsilon_1}*g_{2,\varepsilon_2}(t,x)\theta_p(x)dxdz\\
&\quad+2\int_{\mathbb{R}^{d+1}} u_{1,\varepsilon}^{\sigma}(t,x,v)n_{2,\varepsilon}^{1,\sigma}(t,x,v)\partial_v\xi_k(v)\theta_p(x)dxdv.
\end{aligned}\tag{7.2.16}$$

类似的计算可以推出

$$\begin{aligned}
&-2\int_{\mathbb{R}^{d+1}} u_{2,\varepsilon}^{\sigma}(t,x,v)\partial_v n_{1,\varepsilon}^{1,\sigma}(t,x,v)\xi_k(v)\theta_p(x)dxdv\\
&=2\int_{\mathbb{R}^{d+1}} n_{1,\varepsilon}^{1,\sigma}(t,x,z)g_{3,\sigma}(z)\theta_p(x)dxdv\\
&\quad-2\int_{\mathbb{R}^{d+1}}[n_{1,\varepsilon}^{1,\sigma}(t,x,\rho_1(\cdot,\cdot)+z)\xi_k(\rho_1(\cdot,\cdot+z)]
\end{aligned}$$

$$\times g_{3,\sigma}(z) * g_{1,\varepsilon_1} * g_{2,\varepsilon_2}(t,x)\theta_p(x)dxdz$$
$$+2\int_{\mathbb{R}^{d+1}} u_{2,\varepsilon}^{\sigma}(t,x,v)n_{1,\varepsilon}^{1,\sigma}(t,x,v)\partial_v\xi_k(v)\theta_p(x)dxdv. \tag{7.2.17}$$

通过式（7.2.9）和式（7.2.16）—(7.2.17)，我们得到

$$\lim_{\sigma\to 0}\int_{\mathbb{R}^{d+1}} I_2(t,x,v)\xi_k(x)\theta_p(x)dxdv$$
$$= -2\int_{\mathbb{R}^d}[n_{2,\varepsilon}^2(t,x,0) + n_{1,\varepsilon}^2(t,x,0)]\theta_p dx$$
$$-2\int_{\mathbb{R}^{d+1}}[n_{1,\varepsilon}(t,x,v) + n_{2,\varepsilon}(t,x,v)]\operatorname{sgn}(v)\partial_v\xi_k\theta_p dxdv$$
$$-2\int_{\mathbb{R}^d}[n_{2,\varepsilon}^1(t,x,\rho_1(\cdot,\cdot))\xi_k(\rho_1(\cdot,\cdot)) + n_{1,\varepsilon}^1(t,x,\rho_2(\cdot,\cdot))\xi_k(\rho_2(\cdot,\cdot))]$$
$$* g_{1,\varepsilon_1} * g_{2,\varepsilon_2}(t,x)\theta_p(x)dx$$
$$+2\int_{\mathbb{R}^{d+1}}[u_{1,\varepsilon}(t,x,v)n_{2,\varepsilon}^1(t,x,v) + u_{1,\varepsilon}(t,x,v)n_{1,\varepsilon}^1(t,x,v)]$$
$$\times \partial_v\xi_k(v)\theta_p(x)dxdv$$
$$= -2\int_{\mathbb{R}^d}[|\rho_1(t,x)|_\varepsilon + |\rho_2(t,x)|_\varepsilon](-\Delta_x)^{\frac{\alpha}{2}}\theta_p(x)dx$$
$$-2\int_{\mathbb{R}^{d+1}}[n_{1,\varepsilon}(t,x,v) + n_{2,\varepsilon}(t,x,v)]\operatorname{sgn}(v)\partial_v\xi_k(v)\theta_p(x)dxdv$$
$$-2\int_{\mathbb{R}^d}[n_{2,\varepsilon}^1(t,x,\rho_1(\cdot,\cdot))\xi_k(\rho_1(\cdot,\cdot)) + n_{1,\varepsilon}^1(t,x,\rho_2(\cdot,\cdot))\xi_k(\rho_2(\cdot,\cdot))]$$
$$* g_{1,\varepsilon_1} * g_{2,\varepsilon_2}(t,x)\theta_p(x)dx$$
$$+2\int_{\mathbb{R}^{d+1}}[u_{1,\varepsilon}(t,x,v)n_{2,\varepsilon}^1(t,x,v) + u_{1,\varepsilon}(t,x,v)n_{1,\varepsilon}^1(t,x,v)]$$
$$\times \partial_v\xi_k(v)\theta_p(x)dxdv. \tag{7.2.18}$$

对固定的 ε_1，ε_2，

$$[u_{1,\varepsilon}(t,x,v)n_{2,\varepsilon}^1(t,x,v) + u_{1,\varepsilon}(t,x,v)n_{1,\varepsilon}^1(t,x,v)] \in C([0,T];L^1(\mathbb{R}^d)).$$

所以，

$$\lim_{k\to\infty}\lim_{p\to\infty}\int_{\mathbb{R}^{d+1}}[u_{1,\varepsilon}(t,x,v)n_{2,\varepsilon}^1(t,x,v) + u_{1,\varepsilon}(t,x,v)n_{1,\varepsilon}^1(t,x,v)]$$
$$\times \partial_v\xi_k(v)\theta_p(x)dxdv = 0. \tag{7.2.19}$$

利用式（7.2.3），

$$\lim_{k\to\infty}\lim_{p\to\infty}\int_{\mathbb{R}^{d+1}}[n_{1,\varepsilon}(t,x,v) + n_{2,\varepsilon}(t,x,v)]\operatorname{sgn}(v)\partial_v\xi_k(v)\theta_p(x)dxdv = 0. \tag{7.2.20}$$

结合式 (7.2.19) 和 (7.2.20)，从式 (7.2.18)，我们得到

$$\lim_{k\to\infty}\lim_{p\to\infty}\lim_{\sigma\to 0}\int_{\mathbb{R}^{d+1}} I_2(t,x,v)\xi_k(x)\theta_p(x)dxdv$$

$$= -2\int_{\mathbb{R}^d}[n^1_{2,\varepsilon}(t,x,\rho_1(\cdot,\cdot)) + n^1_{1,\varepsilon}(t,x,\rho_2(\cdot,\cdot))] * g_{1,\varepsilon_1} * g_{2,\varepsilon_2}(t,x)dx. \tag{7.2.21}$$

从式 (7.2.21)，如果依次令 $\varepsilon_1\downarrow 0$，$\varepsilon_2\downarrow 0$，则

$$\lim_{\varepsilon_2\to 0}\lim_{\varepsilon_1\to 0}\lim_{k\to\infty}\lim_{P\to\infty}\lim_{\sigma\to 0}\int_{\mathbb{R}^{d+1}} I_2(t,x,v)\xi_k(x)\theta_p(x)dxdv$$

$$= -2\int_{\mathbb{R}^d}\mathrm{sgn}(\rho_2(t,x)-\rho_1(t,x))[(-\Delta_x)^{\frac{\alpha}{2}}\rho_2(t,x)-(-\Delta_x)^{\frac{\alpha}{2}}\rho_1(t,x)]dx$$

$$\leqslant -2\int_{\mathbb{R}^d}(-\Delta_x)^{\frac{\alpha}{2}}|\rho_2(t,x)-\rho_1(t,x)|dx.$$

$$= 0 \tag{7.2.22}$$

由注记 7.1.4,(7.2.7) 可以写成如下形式:

$$\frac{d}{dt}\int_{\mathbb{R}^{d+1}}[|u_{1,\varepsilon}|+|u_{2,\varepsilon}|-2u^{\sigma}_{1,\varepsilon}u^{\sigma}_{2,\varepsilon}]\xi_k(x)\theta_p(x)dxdv$$

$$= \int_{\mathbb{R}^{d+1}}[|u_{1,\varepsilon}|+|u_{2,\varepsilon}|-2u^{\sigma}_{1,\varepsilon}u^{\sigma}_{2,\varepsilon}]\xi_k(x)f(v)\cdot\nabla_x\theta_p(x)dxdv$$

$$-\int_{\mathbb{R}^{d+1}}(-\Delta_x)^{\frac{\alpha}{2}}\theta_p(x)[|u_{1,\varepsilon}|+|u_{2,\varepsilon}|]\xi_k(x)dxdv$$

$$-2\int_{\mathbb{R}^{d+1}}[u^{\sigma}_{1,\varepsilon}R^{\sigma}_{2,\varepsilon}+u^{\sigma}_{2,\varepsilon}R^{\sigma}_{1,\varepsilon}]\xi_k\theta_p dxdv$$

$$+\int_{\mathbb{R}^{d+1}}I_1(t,x,v)\xi_k(x)\theta_p(x)dxdv+\int_{\mathbb{R}^{d+1}}I_2(t,x,v)\xi_k(x)\theta_p(x)dxdv. \tag{7.2.23}$$

根据式 (7.2.11)，(7.2.15) 和 (7.2.22)，若依次令 $\sigma\downarrow 0$，$p\uparrow\infty$，$k\uparrow\infty$，$\varepsilon_1\downarrow 0$，$\varepsilon_2\downarrow 0$，我们得到

$$\frac{d}{dt}\int_{\mathbb{R}^{d+1}}[|u_1|+|u_2|-2u_1u_2]dxdv\leqslant 0. \tag{7.2.24}$$

因为 $|u_1|=|u_1|^2$，$|u_2|=|u_2|^2$，$|u_1-u_2|=|u_1-u_2|^2$，从式 (7.2.24)，最后得到

$$\frac{d}{dt}\int_{\mathbb{R}^{d+1}}[u_1(t)-u_2(t)]dxdv\leqslant 0.$$

这表明

$$\int_{\mathbb{R}^d} |\rho_1(t) - \rho_2(t)| dx = \int_{\mathbb{R}^{d+1}} |u_1(t) - u_2(t)| dxdv = 0. \tag{7.2.25}$$

由此，我们完成了唯一性的证明.

（存在性） 我们用黏性消失法证明解的存在性. 假设 $\rho_0 \in L^\infty \cap L^1 \cap BV(\mathbb{R}^d)$. 考虑如下 Cauchy 问题:

$$\begin{cases} \frac{\partial}{\partial t}\rho_\varepsilon(t,x) + \mathrm{div}_x F(\rho_\varepsilon) + (-\Delta_x)^{\frac{\alpha}{2}}\rho_\varepsilon - \varepsilon\Delta\rho_\varepsilon = 0, (t,x) \in (0,T) \times \mathbb{R}^d, \\ \rho_\varepsilon(t=0) = \rho_0, x \in \mathbb{R}^d. \end{cases} \tag{7.2.26}$$

由经典抛物理论（见文献［32］），方程（7.2.26）存在一个唯一的强解 ρ_ε，对于任何光滑的凸函数 η，式（7.1.12）成立（见注记 7.1.2）. 此外，以下不等式成立:

$$\begin{cases} \|\rho_\varepsilon(t)\|_{L^1(\mathbb{R}^d)} \leqslant \|\rho_0\|_{L^1(\mathbb{R}^d)}, \|\rho_\varepsilon(t)\|_{BV(\mathbb{R}^d)} \leqslant \|\rho_0\|_{BV(\mathbb{R}^d)}, \\ \|\partial_t\rho_\varepsilon(t)\|_{L^1(\mathbb{R}^d)} \leqslant C(\|\rho_0\|_{L^1(\mathbb{R}^d)} + \|\rho_0\|_{BV(\mathbb{R}^d)}). \end{cases} \tag{7.2.27}$$

事实上，如果我们选择 $\eta(\rho) = |\rho|$，由熵不等式（因为经典解也是熵解），这样推出

$$\frac{\partial}{\partial t}|\rho_\varepsilon| + \mathrm{div}_x[\mathrm{sgn}(\rho_\varepsilon)F(\rho_\varepsilon)] \leqslant \varepsilon\Delta|\rho_\varepsilon| - (-\Delta_x)^{\frac{\alpha}{2}}|\rho_\varepsilon|, \tag{7.2.28}$$

对不等式（7.2.28）两边在 $\mathbb{R}^d$ 上积分，可以获得

$$\int_{\mathbb{R}^d} |\rho_\varepsilon(t,x)| dx \leqslant \int_{\mathbb{R}^d} |\rho_0(x)| dx.$$

这表明了（7.2.27）中的第一不等式是成立的.

设 $\rho_\varepsilon^h(t,x) = \rho_\varepsilon(t,x+h)$ 和 $\rho_0^h(x) = \rho_0(x+h)$，则

$$\begin{cases} \frac{\partial}{\partial t}\rho_\varepsilon^h(t,x) + \mathrm{div}_x F(\rho_\varepsilon^h) + (-\Delta_x)^{\frac{\alpha}{2}}\rho_\varepsilon^h - \varepsilon\Delta\rho_\varepsilon^h = 0, (t,x) \in (0,T) \times \mathbb{R}^d, \\ \rho_\varepsilon^h(t=0) = \rho_0^h, x \in \mathbb{R}^d. \end{cases}$$

类似式（7.2.2)—(7.2.24）的讨论，推出

$$\int_{\mathbb{R}^d} |\rho_\varepsilon^h(t,x) - \rho_\varepsilon(t,x)| dx \leqslant \int_{\mathbb{R}^d} |\rho_0^h(x) - \rho_0(x)| dx. \tag{7.2.29}$$

如果令 h 趋于零，则（7.2.27）中的第二不等式成立.（7.2.27）中的第三个不等式来自以下估计:

$$\begin{aligned} \|\partial_t\rho_\varepsilon(t)\|_{L^1(\mathbb{R}^d)} &\leqslant \|\mathrm{div}_x F(\rho_0) + (-\Delta_x)^{\frac{\alpha}{2}}\rho_0\|_{L^1(\mathbb{R}^d)} \\ &\leqslant C(\|\rho_0\|_{L^1(\mathbb{R}^d)} + \|\rho_0\|_{BV(\mathbb{R}^d)}). \end{aligned} \tag{7.2.30}$$

从（7.2.27），用利 Helly 定理（看［79］，p.17），Frechet－Kolmogorov 紧性定理和 Arzela－Ascoli 紧性准则，存在一个子序列（仍用它自己表示）使得

当 $\varepsilon \to 0$ 时，在 $C([0,T];L^1(\mathbb{R}^d))$ 中，$\rho_\varepsilon \to \rho$.　　(7.2.31)

通过式（7.2.31），从（7.2.27），令 $\varepsilon \to 0$，则

$$\int_{\mathbb{R}^d} |\rho^h(t,x) - \rho(t,x)|\, dx \leqslant \int_{\mathbb{R}^d} |\rho_0^h(x) - \rho_0(x)|\, dx,$$

这表明

$$\rho \in L^\infty([0,T];BV(\mathbb{R}^d)). \tag{7.2.32}$$

此外，对任意的光滑函数 η，ρ 满足条件（7.1.5）—(7.1.7)．所以 ρ 也是 Cauchy 问题（7.1.1）—(7.1.2) 的一个熵解．然后应用定理 7.1.5，ρ 也是 Cauchy 问题（7.1.1）—(7.1.2) 的一个动理学解.

当 $\rho_0 \in L^1 \cap BV(\mathbb{R}^d)$，我们使用序列 $\rho_0^\sigma \in L^\infty \cap L^1 \cap BV(\mathbb{R}^d)$ 逼近初值，使得

在 $L^1 \cap BV(\mathbb{R}^d)$ 中 $\rho_0^\sigma \to \rho_0$，且 $\|\rho_0^\sigma\|_{L^1(\mathbb{R}^d)} \leqslant C\|\rho_0\|_{L^1(\mathbb{R}^d)}$，

$$\|\rho_0^\sigma\|_{BV(\mathbb{R}^d)} \leqslant C\|\rho_0\|_{BV(\mathbb{R}^d)}. \tag{7.2.33}$$

则 Cauchy 问题（7.1.1）—(7.1.2) 存在一个动理学解，且对任意的 $h \in \mathbb{R}$，

$$\int_{\mathbb{R}^d} |\rho_\sigma^h(t,x) - \rho_\sigma(t,x)|\, dx \leqslant \int_{\mathbb{R}^d} |\rho_0^\sigma(x+h) - \rho_0^\sigma(x)|\, dx. \tag{7.2.34}$$

相应地，非负测度 m_σ 和 n_σ 满足式子（7.1.17）和（7.1.18）.

此外，对任意的 σ_1，$\sigma_2 > 0$，

$$\|\rho_{\sigma_1}(t) - \rho_{\sigma_2}(t)\|_{L^1(\mathbb{R}^d)} \leqslant \|\rho_0^{\sigma_1}(t) - \rho_0^{\sigma_2}(t)\|_{L^1(\mathbb{R}^d)}. \tag{7.2.35}$$

用 $M_b([0,T)\times(\mathbb{R}^d))$ 表示在 $[0,T)\times(\mathbb{R}^d)$ 上的有界 Borel 测度构成的空间（范数由全变差确定）．在（7.1.17）—(7.1.18) 和式（7.2.34）—(7.2.35) 的帮助下，通过选择一个子列（记其本身），则存在 $\rho \in C([0,T];L^1(\mathbb{R}^d)) \cap L^\infty([0,T);BV(\mathbb{R}^d))$，$m \in L^\infty(R_v;M_b([0,T)\times(\mathbb{R}^d))$ 使得

当 $\sigma \to 0$ 有

$$\begin{aligned}
&\text{在空间 } C([0,T];L^1(\mathbb{R}^d)) \text{ 中}, \rho_\sigma \to \rho,\\
&\text{在空间 } L_w^\infty(\mathbb{R}_v;M_b([0,T)\times(\mathbb{R}^d))) \text{ 中}, m_\sigma \to m,\\
&\text{在空间 } L_w^\infty(\mathbb{R}_v;L_1([0,T)\times(\mathbb{R}^d))) \text{ 中}, n_\sigma \to n,
\end{aligned} \tag{7.2.36}$$

其中 n 满足（7.1.17），$m+n \in L^\infty(\mathbb{R}_v;L_1([0,T)\times(\mathbb{R}^d)))$.

而且，通过注记 7.1.6，如果我们分别取 Kruzkov 熵 $(\rho_\sigma - v)_+$ 和 $(\rho_\sigma - v)_-$，则 $m_\sigma + n_\sigma$ 分别满足式（7.1.20）和式（7.1.21），因此，非负测度 m 和 n 满足式

(7.1.18)，ρ 是 Cauchy 问题（7.1.1)—(7.1.2）的一个动理学解.

注记 7.2.2. 在上述的证明中，我们使用了泛函

$$\begin{aligned} G(t,x,v) &= |\chi_{\rho_1(t,x)}(v)| + |\beta_{\rho_2(t,x)}(v)| - 2\chi_{\rho_1(t,x)}(v)\chi_{\rho_2(t,x)}(v) \\ &= |u_1(t,x,v)| + |u_2(t,x,v)| - 2u_1(t,x,v)u_2(t,x,v), \end{aligned} \quad (7.2.37)$$

这个泛函是由 Perthame（见［199，200］）在考虑一阶双曲型方程时引入的. 这个泛函随后被 Chen 和 Perthame［67］引入到双曲抛物型方程中，导出了该方程动理学解的唯一性（关于双曲抛物型方程还可参看［156，208］). 在此，我们使用这个泛函证明了分数阶守恒律方程动理学解的唯一性.

注记 7.2.3. 我们的存在性和唯一性结果可以推广到非齐次问题（7.2.22)，如果假设（7.2.23）成立，并且

$$B' \in L^\infty(\mathbb{R}), \exists M_1, M_2 \in \mathbb{R}, 1_{v>0}A'(v) \leqslant M_1, -M_2 \leqslant 1_{v\leqslant 0}A'(v) \leqslant M_1. \quad (7.2.38)$$

事实上，如果我们取函数 G 如同（7.2.37)，通过重复的计算从式（7.2.2）到（7.2.23)，最后得到

$$\frac{d}{dt}\int_{\mathbb{R}^{d+1}}[u_1(t) - u_2(t)]dxdv \leqslant \int_{\mathbb{R}^{d+1}} A'(v)|u_1(t) - u_2(t)|dxdv.$$

这将直接得出解的唯一性.

对存在性部分，我们选择 $\rho_0 \in L^\infty \cap L^1 \cap BV(\mathbb{R}^d)$. 首先考虑一下逼近问题：

$$\begin{cases} \dfrac{\partial}{\partial t}\rho_\varepsilon(t,x) + \mathrm{div}_x F(\rho_\varepsilon) + (-\Delta_x)^{\frac{\alpha}{2}} B(\rho_\varepsilon) = A(\rho_\varepsilon), \\ \rho_\varepsilon(t=0) = \rho_0, x \in \mathbb{R}^d. \end{cases} \quad (7.2.39)$$

能得到类似估计式（7.2.27）的一个估计：

$$\begin{cases} \|\rho_\varepsilon(t)\|_{L^1(\mathbb{R}^d)} \leqslant \exp(M_1 t)\|\rho_0\|_{L^1(\mathbb{R}^d)}, \\ \|\rho_\varepsilon(t)\|_{BV(\mathbb{R}^d)} \leqslant \exp(M_1 t)\|\rho_0\|_{BV(\mathbb{R}^d)}, \\ \|\partial_t\rho_\varepsilon(t)\|_{L^1(\mathbb{R}^d)} \leqslant C(t, A, \|\rho_0\|_{L^\infty})(\|\rho_0\|_{L^1(\mathbb{R}^d)} + \|\rho_0\|_{BV(\mathbb{R}^d)}). \end{cases} \quad (7.2.40)$$

通过熵公式（7.1.7)，得到

$$\begin{aligned} &\int_0^T\int_{\mathbb{R}^d}(m+n)(dt,dx,v) \\ &\leqslant \frac{1}{2}\int_0^T\int_{\mathbb{R}^d}\mathrm{sgn}(\rho - v)_+ A(\rho)dxdt + \frac{1}{2}\int_{\mathbb{R}^d}|(\rho_0(x) - v)_+ - (\rho(T,x) - v)_+|dx \end{aligned}$$

和

$$\int_0^T\int_{\mathbb{R}^d}(m+n)(dt,dx,v)$$

$$\leqslant \frac{1}{2}\int_0^T\int_{\mathbb{R}^d}\operatorname{sgn}(\rho-v)_- A(\rho)dxdt+\frac{1}{2}\int_{\mathbb{R}^d}|(\rho_0(x)-v)_- -(\rho(T,x)-v)_-|dx.$$

因此，

$$\begin{aligned}
&\int_0^T\int_{\mathbb{R}^d}(m+n)(dt,dx,v)\\
&\leqslant \frac{M_1}{2}1_{v>0}\int_0^T\int_{\mathbb{R}^d}\operatorname{sgn}(\rho-v)_+\ |\rho|\,dxdt\\
&\quad+\frac{1}{2}1_{v>0}\|(\rho_0(x)-v)_+-(\rho(T,x)-v)_+\|_{L^1(\mathbb{R}^d)}\\
&\quad+\frac{M_2}{2}1_{v\leqslant 0}\int_0^T\int_{\mathbb{R}^d}\operatorname{sgn}(\rho-v)_-\ |\rho|\,dxdt\\
&\quad+\frac{1}{2}1_{v\leqslant 0}\|(\rho_0(x)-v)_--(\rho(T,x)-v)_-\|_{L^1(\mathbb{R}^d)}.
\end{aligned}$$

结合紧性讨论，我们完成正则初值的证明.

其次，当 $\rho_0\in L^1\cap BV(\mathbb{R}^d)$ 时，通过逼近讨论，我们得到（7.2.36）的类似结论.

通过与定理3.1相同的计算，我们得到了以下结果.

推论7.2.4.（比较原理） 设（7.1.3）、（7.1.23）和（7.2.38）成立，$\rho_{0,1}$，$\rho_{0,2}\in L^1\cap BV$（$\mathbb{R}^d$）. 假设 ρ_1 和 ρ_2 是方程（7.1.22）$_1$ 两个动理学解，分别满足初值 $\rho_{0,1}$ 和 $\rho_{0,2}$. 则

$$\|\rho_1(t)-\rho_2(t)\|_{L^1(\mathbb{R}^d)}\leqslant \exp(M_1t)\|\rho_{0,1}-\rho_{0,2}\|_{L^1(\mathbb{R}^d)}. \tag{7.2.41}$$

此外，如果 $\rho_{0,1}\leqslant\rho_{0,2}$，则 $\rho_1\leqslant\rho_2$. 特别的，如果初始值是非负的，则唯一的动理学解也是非负的.

注记7.2.5. 从上面的比较原理（7.2.41）中，如果 $M_1<0$（举个例子 $A(\rho)=M_1\rho$）对任意的初值 $\rho_0\in L^1\cap BV(\mathbb{R}^d)$，方程

$$\frac{\partial}{\partial t}\rho(t,x)+\operatorname{div}_xF(\rho)+(-\Delta_x)^{\frac{\alpha}{2}}B(\rho)=M_1\rho,(t,x)\in(0,T)\times\mathbb{R}^d \tag{7.2.42}$$

的唯一的动理学解 ρ 当 $t\to\infty$ 时，收敛到0，i. e.，{0} 是解半群的唯一全局吸引子.

尽管关于 A 的限制条件很严格，但在人口动力学、化学中波的传播以及流体力学等学科中存在很多模型满足限制条件的 A. 现在，我们来举个例子来说明这个问题.

例子 7.2.6. 考虑下面的多为分数阶 Burgers – Fisher 方程

$$\begin{cases}\frac{\partial}{\partial t}\rho(t,x)+\mathrm{div}_x F(a\rho^l)+v(-\Delta_x)^{\frac{\alpha}{2}}\rho=A(\rho),(t,x)\in(0,T)\times\mathbb{R}^d\\ \rho(t=0,x)=\rho_0(x),x\in\mathbb{R}^d\end{cases}\tag{7.2.43}$$

其中 $a\in\mathbb{R}^d$是一个向量，$\beta\geqslant 0$，$l\in\mathbb{N}$，

$$A(\rho)=\begin{cases}\beta\rho(1-\rho^k), & \rho\geqslant 0,\\ 0, & \rho<0.\end{cases}\tag{7.2.44}$$

当 $\alpha=2$，$a=0$ 和 $d=k=1$ 时，上述方程为经典的 Fisher 方程，最早起源于人口动力学（参看文献［114］），此时 $v>0$ 是一个扩散常数，$\beta>0$ 是线性增长率. 当 $\alpha=2$，$d=1$ 和 $l=k$，它被称为广义 Burgers – Fisher 方程，最早用于描述反应机理，对流效应和输运扩散的相互作用（看文献［151］）. 当 $\alpha\in(0,2)$，$\beta=0$，它被称为广义分数阶 Burgers 方程，最早出现在连续介质力学（看文献［37］）. 在此，我们讨论更一般的形式的 Burgers 方程. 称为广义分数阶 Burger – Fisher – 型方程.

显然，$F\in W^{1,\infty}_{loc}(\mathbb{R}^d)$. 当 k 是一个偶数时，如果取 $M_1=\beta$，$M_2=0$，则（7.2.38）成立. 通过定理 7.2.1，我们有下面的结论.

推论 7.2.7. 设 $0\leqslant\rho_0\in L^1\cap BV(\mathbb{R}^d)$，$\alpha\in(0,1)$，$k$ 是一个偶数. 则 Cauchy 问题（7.2.43）存在唯一一个动理学解，而且，唯一的动理学解也是非负的.

7.3 连续依赖性

这一部分主要讨论动理学解关于 t 的正则性和对参数 f，v 和 α 的连续依赖性.

由于对非齐次问题的讨论与齐次情形很类似，所以我们仅仅讨论齐次方程. 我们的主要结果为：

定理 7.3.1. 考虑以下 Cauchy 问题：

$$\begin{cases}\frac{\partial}{\partial t}\rho^1_\alpha(t,x)+\mathrm{div}_x F_1(\rho^1_\alpha)+\nu_1(-\Delta_x)^{\frac{\alpha}{2}}\rho^1_\alpha=0,(t,x)\in(0,T)\times\mathbb{R}^d,\\ \rho^1_\alpha(t=0,x)=\rho_0(x),x\in\mathbb{R}^d,\end{cases}\tag{7.3.1}$$

和

$$\begin{cases}\frac{\partial}{\partial t}\rho_\beta^2(t,x)+\operatorname{div}_x F_2(\rho_\beta^2)+\nu_2(-\Delta_x)^{\frac{\alpha}{2}}\rho_\beta^2=0,(t,x)\in(0,T)\times\mathbb{R}^d,\\ \rho_\beta^2(t=0,x)=\rho_0(x),x\in\mathbb{R}^d,\end{cases}\tag{7.3.2}$$

其中

$$\rho_0\in L^1\cap BV(\mathbb{R}^d),F_1,F_2\in W_{loc}^{1,\infty}(\mathbb{R},\mathbb{R}^d)$$

和

$$F_1'-F_2'\in L^\infty(\mathbb{R},\mathbb{R}^d),\alpha,\beta\in(0,1).\tag{7.3.3}$$

设ρ_α^1，ρ_β^2分别是方程（7.3.1）和（7.3.2）的唯一的动理学解，则下面的断言成立：

（i）如果$F_1'-F_2'\in L^\infty(\mathbb{R},\mathbb{R}^d)$，则$\rho_\alpha^1$和$\rho_\beta^2$在下面意义下，关于$t$是Lipschitz连续的：对任意的$t$，$s\in[0,T]$，

$$\begin{aligned}&\|\rho_\alpha^1(t)-\rho_\alpha^1(s)\|_{L^1(\mathbb{R}^d)}\\&\leqslant\|\rho_0\|_{BV(\mathbb{R}^d)}\|F_1'\|_{L^1(\mathbb{R}^d)}|t-s|+C\|\rho_0\|_{L^1(\mathbb{R}^d)}^{1-\alpha}\|\rho_0\|_{BV(\mathbb{R}^d)}^{\alpha}|t-s|\end{aligned}\tag{7.3.4}$$

和

$$\begin{aligned}&\|\rho_\beta^2(t)-\rho_\beta^2(s)\|_{L^1(\mathbb{R}^d)}\\&\leqslant\|\rho_0\|_{BV(\mathbb{R}^d)}\|F_2'\|_{L^\infty(\mathbb{R}^d)}|t-s|+C\|\rho_0\|_{L^1(\mathbb{R}^d)}^{1-\beta}\|\rho_0\|_{BV(\mathbb{R}^d)}^{\beta}|t-s|.\end{aligned}\tag{7.3.5}$$

（ii）关于非线性项和黏性系数的连续依赖性：如果$\alpha=\beta$，那么

$$\begin{aligned}&\|\rho_\alpha^1-\rho_\alpha^2\|_{C([0,T];L^1(\mathbb{R}^d))}\\&\leqslant T\|\rho_0\|_{BV(\mathbb{R}^d)}\|F_1'-F_2'\|_{L^\infty(\mathbb{R}^d)}+T(\nu_1-\nu_2)C\|\rho_0\|_{L^1(\mathbb{R}^d)}^{1-\alpha}\|\rho_0\|_{BV(\mathbb{R}^d)}^{\alpha}.\end{aligned}\tag{7.3.6}$$

（iii）关于Levy测度的Lipschitz连续：如果$F_1=F_2$，则对每一个$\lambda\in(0,1)$，

$$\begin{aligned}&\limsup_{\alpha,\beta\to\lambda}\frac{\|\rho_\alpha^1-\rho_\beta^1\|_{C([0,T];L^1(\mathbb{R}^d))}}{|\alpha-\beta|}\\&\leqslant CT\|\rho_0\|_{L^1(\mathbb{R}^d)}^{1-\lambda}\|\rho_0\|_{BV(\mathbb{R}^d)}^{\lambda}\left(1+\left|\log\frac{\|\rho_0\|_{L^1}}{\|\rho_0\|_{BV}}\right|\right).\end{aligned}\tag{7.3.7}$$

在证明上述结果之前，我们引入关于解的其他一些概念，并给出了一个有用的引理.

定义 7.3.2. 设$\rho_0\in L^\infty(\mathbb{R}^d)$，$F_1\in W_{loc}^{1,\infty}(\mathbb{R},\mathbb{R}^d)$和$\alpha\in(0,1)$. 我们称可测函数$\rho\in L^\infty([0,T]\times\mathbb{R}^d)$是方程（7.3.1）的一个熵解，如果对任意的$v\in\mathbb{R}$，$r>0$和任意的非负函数$\psi\in\mathcal{D}([0,T)\times\mathbb{R}^d)$，

$$\int_0^T\int_{\mathbb{R}^d}\left[|\rho_\alpha^1-v|\frac{\partial}{\partial t}\psi(t,x)+\operatorname{sgn}(\rho_\alpha^1-v)(F_1(\rho_\alpha^1)-F_1(v))\cdot\nabla\psi\right]dtdx$$

$$+\int_{\mathbb{R}^d}|\rho_0-v|\psi(0,x)dx$$

$$+\int_0^T\int_{\mathbb{R}^d}[\,|\rho_\alpha'-v|\mathcal{L}_r^\alpha[\psi(t,x)]+\text{sgn}(\rho_\alpha^1-v)\mathcal{L}^{\alpha,\gamma}[\rho_\alpha^1]\psi(t,x)]dtdx\geqslant 0$$

(7.3.8)

其中 $\mathcal{L}_\gamma^\alpha$和 $\mathcal{L}^{\alpha,\gamma}$定义如下：对任意的$\varphi\in\mathcal{D}(\mathbb{R}^d)$ 和 $x\in\mathbb{R}^d$，

$$\mathcal{L}_r^\alpha\varphi(x)=c(d,\alpha)\int_{|z|<r}\frac{\varphi(z+x)-\varphi(x)-\nabla\varphi(x)\cdot z}{|z|^{d+\alpha}}dz,$$

$$\mathcal{L}^{\alpha,r}\varphi(x)=c(d,\alpha)\int_{|z|<r}\frac{\varphi(z+x)-\varphi(x)}{|z|^{d+\alpha}}dz.$$

引理 7.3.3. （i）［6，定理 2.5］如果 $\rho_0\in L^\infty\cap L^1\cap BV$（$\mathbb{R}^d$），那么定义 7.1.1 和定义 7.3.2. 是等价的. 因此，通过定理 7.1.5 中的动理学公式，定义 7.1.1 和定义 7.3.2. 是等价的.

（ii）［7，定理 3.3 和 3.4］或［8，定理 2 和 4］如果 $\rho_0\in L^\infty\cap L^1\cap BV(\mathbb{R}^d)$，则定理 7.3.1. 成立.

注记 7.3.4. 注意到（7.3.4)—(7.3.7）的右端仅依赖于 $\|\rho_0\|_{L^1}$和 $\|\rho_0\|_{BV}$，如果熵解取值在函数空间 $C([0,T];L^1(\mathbb{R}^d))\cap L^\infty([0,T];BV(\mathbb{R}^d)))$，则 (7.3.4)—(7.3.7）是成立的. 然而，当 $\rho\in C([0,T];L^1(\mathbb{R}^d))\cap L^\infty([0,T];BV(\mathbb{R}^d)))$ 时，(7.3.7）中的项 $\int_0^T\int_{\mathbb{R}^d}\text{sgn}(\rho_\alpha^1-v)(F_1(\rho_\alpha^1)-F_1(v))\cdot\nabla\psi(t,x)dtdx$ 是没有合理意义的. 为了克服这个困难，我们引入动理学解的概念，然后将引理 7.3.3. 推广到函数空间 $L^1\cap BV(\mathbb{R}^d)$.

定理 7.3.1 的证明. 我们使用 ρ_0^σ 逼近 ρ_0，使得（7.2.30）成立. 通过 (7.1.13)，和 (7.2.30)，得

$$\|\rho_\alpha^{1,\sigma}(t)-\rho_\alpha^{1,\sigma}(s)\|_{L^1(\mathbb{R}^d)}$$
$$\leqslant\|\rho_0^\sigma\|_{BV(\mathbb{R}^d)}\|F_1'\|_{L^\infty(\mathbb{R})}|t-s|+C\|\rho_0^\sigma\|_{L^1(\mathbb{R}^d)}^{1-\alpha}\|\rho_0^\sigma\|_{BV(\mathbb{R}^d)}^{\alpha}|t-s| \tag{7.3.9}$$

和

$$\|\rho_\beta^{2,\sigma}(t)-\rho_\beta^{2,\sigma}(s)\|_{L^1(\mathbb{R}^d)}$$
$$\leqslant\|\rho_0^\sigma\|_{BV(\mathbb{R}^d)}\|F_2'\|_{L^\infty(\mathbb{R})}|t-s|+C\|\rho_0^\sigma\|_{L^1(\mathbb{R}^d)}^{1-\beta}\|\rho_0^\sigma\|_{BV(\mathbb{R}^d)}^{\beta}|t-s| \tag{7.3.10}$$

其中常数 C 仅依赖 $\|F_1'\|_{L^\infty(\mathbb{R})}$，$\|F_2'\|_{L^\infty(\mathbb{R})}d$ 和 α，β.

通过引理 7.3.3（i）和（ii），$\rho_\alpha^{1,\sigma}$ 和 $\rho_\beta^{2,\sigma}$ 满足，

$$\|\rho_\alpha^{1,\sigma}-\rho_\alpha^{2,\sigma}\|_{C([0,T];L^1(\mathbb{R}^d))}$$

$$\leqslant T\|\rho_0^\sigma\|_{BV(\mathbb{R}^d)}\|F_1'-F_2'\|_{L^\infty(\mathbb{R})}+T(\nu_1-\nu_2)C\|\rho_0^\sigma\|_{L^1(\mathbb{R}^d)}^{1-\alpha}\|\rho_0^\sigma\|_{BV(\mathbb{R}^d)}^{\alpha} \quad (7.3.11)$$

和

$$\|\rho_\alpha^{1,\sigma}-\rho_\beta^{1,\sigma}\|_{C([0,T];L^1(\mathbb{R}^d))}$$

$$\leqslant T\int_{\mathbb{R}^d}\|\rho_0^\sigma(\cdot+z)-\rho_0^\sigma(\cdot)\|_{L^1(\mathbb{R}^d)}+T(v_1-v_2)d|\mu_\alpha-\mu_\beta|, \quad (7.3.12)$$

其中

$$d\mu_\alpha=\frac{C(d,\alpha)}{|z|^{d+\alpha}}dz, d\mu_\beta=\frac{C(d,\beta)}{|z|^{d+\beta}}dz.$$

当 $\sigma\to 0$ 时，在函数空间 $C([0,T];L^1(\mathbb{R}^d))$ 中，

$\rho_\alpha^{1,\sigma}\to\rho_\alpha^1$，$\rho_\beta^{2,\sigma}\to\rho_\beta^2$，$\rho_\alpha^{2,\sigma}\to\rho_\alpha^2$，$\rho_\beta^{1,\sigma}\to\rho_\beta^1$.

从（7.3.9）—（7.3.12），我们便得到不等式（7.3.4）—（7.3.6）. 因此，定理7.3.1中的断言（i）和（ii）成立.

从式（7.3.9）—（7.3.12），我们得到

$$\|\rho_\alpha^1-\rho_\beta^1\|_{C([0,T];L^1(\mathbb{R}^d))}\leqslant T\int_{\mathbb{R}^d}\|\rho_0^\sigma(\cdot+z)-\rho_0^\sigma(\cdot)\|_{L^1(\mathbb{R}^d)}d|\mu_\alpha-\mu_\beta|. \quad (7.3.13)$$

为了证明结论（ii），取 $0<r_1\in\mathbb{R}$，我们将式（7.3.13）右端的积分分成两部分：

$$\int_{|z|\geqslant r_1}\|\rho_0(\cdot+z)-\rho_0(\cdot)\|_{L^1(\mathbb{R}^d)}|\mu_\alpha-\mu_\beta|$$

$$+\int_{|z|\geqslant r_1}\|\rho_0(\cdot+z)-\rho_0(\cdot)\|_{L^1(\mathbb{R}^d)}|\mu_\alpha-\mu_\beta|. \quad (7.3.14)$$

然后，应用文献［8］的定理4的证明，我们得到式（7.3.6）. 这就完成了证明.

注记7.3.5. 通过引入函数G（在（7.2.37）中给出），可以证明解对非线性性质的连续依赖性. 事实上，首先用动理学公式将（7.3.1）和（7.3.2）用微观形式写出. 然后关于 t，x，v 进行正则化，重复（7.2.11）到（7.2.23）的计算，得到

$$\frac{d}{dt}\int_{\mathbb{R}^{d+1}}|u_\alpha^1(t,x,v)-u_\alpha^2(t,x,v)|dxdv$$

$$\leqslant 2\|F_1'-F_2'\|_{L^\infty(\mathbb{R})}\|\rho_0^\sigma\|_{BV(\mathbb{R}^d)}+2|\nu_1-\nu_2|\|\rho_0\|_{L^1(\mathbb{R}^d)}^{1-\alpha}\|\rho_0\|_{BV(\mathbb{R}^d)}^{\alpha}, \quad (7.3.15)$$

其中 $u_\alpha^1=\chi_{\rho_\alpha^1}(v)$，$u_\alpha^2=\chi_{\rho_\alpha^2}(v)$.

从式（7.3.15），得到

$$\|\rho_\alpha^1-\rho_\alpha^2\|_{C([0,T];L^1(\mathbb{R}^d))}$$
$$\leqslant 2T\|\rho_0\|_{BV(\mathbb{R}^d)}\|F_1'-F_2'\|_{L^\infty(\mathbb{R}^d)}+|\nu_1-\nu_2|\|\rho_0\|_{L^1(\mathbb{R}^d)}^{1-\alpha}\|\rho_0\|_{BV(\mathbb{R}^d)}^{\alpha}. \quad (7.3.16)$$

如果我们用 $I(T,\rho_0,F_1,F_2,v_1,v_2)$ 简记（7.3.16）的右端，则从式（7.3.6）可得，

$$\|\rho_\alpha^1-\rho_\alpha^2\|_{C([0,T];L^1(\mathbb{R}^d))}\leqslant\frac{1}{2}I(T,\rho_0,F_1,F_2,v_1,v_2).$$

所以式（7.3.6）可以推出（7.3.16），在这个意义下，我们称估计式（7.3.6）比式（7.3.16）好. 因此，证明定理7.3.1，我们采用文献［7，8］的方法.

除了连续依赖性外，我们还得到 $\alpha\downarrow 0$ 和 $\nu\downarrow 0$ 的极限方程. 首先，对给定 v 给出一个有用的引理，这将很好的帮助我们解决 $\alpha\downarrow 0$ 的极限问题，为简单起见，我们取 $\nu=1$.

引理 7.3.6（［3，定理 3］）. 设 $\rho_0\in L^\infty(\mathbb{R}^d)$. 对 $\alpha\in(0,1)$，令 ρ_α 表示 Cauchy 问题（7.1.1）—（7.1.2）的唯一熵解. 如果 $\rho_0\in L^1(\mathbb{R}^d)$，则当 $\alpha\downarrow 0$ 时，ρ_α 在 $C([0,T];L^1_{loc}(\mathbb{R}^d))$ 中收敛到 Cauchy 问题

$$\begin{cases}\dfrac{\partial}{\partial t}\rho(t,x)+\mathrm{div}_xF(\rho)+\rho=0,(t,x)\in(0,T)\times\mathbb{R}^d,\\ \rho(t=0,x)=\rho_0(x),x\in\mathbb{R}^d,\end{cases}\quad (7.3.17)$$

的唯一熵解 $\rho\in C([0,T];L^1(\mathbb{R}^d)\cap L^\infty([0,T);BV(\mathbb{R}^d)))$.

我们的结果如下.

定理 7.3.7. 设 $\rho_0\in L^1\cap BV(\mathbb{R}^d)$，对 $\alpha\in(0,1)$，令 ρ_α^ν 表示 Cauchy 问题（7.1.1）—（7.1.2）的唯一动理学解.

（i）当 $\nu\downarrow 0$，在函数空间 $C([0,T];L^1(\mathbb{R}^d))$ 中，ρ_α^ν 收敛到 Cauchy 问题

$$\begin{cases}\dfrac{\partial}{\partial t}\rho(t,x)+\mathrm{div}_xF(\rho)=0,(t,x)\in(0,T)\times\mathbb{R}^d,\\ \rho(t=0,x)=\rho_0(x),x\in\mathbb{R}^d,\end{cases}\quad (7.3.18)$$

的唯一的动理学解 ρ.

此外，我们有下面的误差估计：对任意的 $T>0$，

当 $\nu\to 0$ 时，$\|\rho_\alpha^\nu-\rho\|_{C([0,T];L^1(\mathbb{R}^d))}=O(v)$. (7.3.19)

（ii）当 $\alpha\downarrow 0$，在函数空间 $C([0,T];L^1(\mathbb{R}^d))$ 中，ρ_α^ν 收敛到 Cauchy 问题：

$$\begin{cases}\dfrac{\partial}{\partial t}\rho^\nu(t,x)+\mathrm{div}_xF(\rho^\nu)+\nu\rho^\nu=0,(t,x)\in(0,T)\times\mathbb{R}^d,\\ \rho^\nu(t=0,x)=\rho_0(x),x\in\mathbb{R}^d,\end{cases}\quad (7.3.20)$$

的唯一熵解 ρ^ν.

证明. 对任意的一对 ν_1, $\nu_2>0$, 通过使用定理 7.3.1 (ii), 得到

$$\|\rho_\alpha^{\nu_1}-\rho_\alpha^{\nu_2}\|_{C([0,T];L^1(\mathbb{R}^d))}\leqslant T|\nu_1-\nu_2|\,\|\rho_0\|_{L^1(\mathbb{R}^d)}^{1-\alpha}\|\rho_0\|_{BV(\mathbb{R}^d)}^{\alpha}. \tag{7.3.21}$$

这就推出, 在函数空间 $C([0,T];L^1(\mathbb{R}^d))$ 中, $\{\rho_\alpha^\nu\}_\nu$是一个 Cauchy 序列. 所以 $\{u_\alpha^\nu=\chi_{\rho_\alpha^\nu}\}_\nu$在函数空间 $C([0,T];L^1(\mathbb{R}^{d+1}))$ 中, 也是一个 Cauchy 序列.

u_α^ν满足

$$\begin{cases}\dfrac{\partial}{\partial t}u_\alpha^\nu(t,x,v)+f(v)\cdot\nabla_x u_\alpha^\nu+\nu(-\Delta_x)^{\frac{\alpha}{2}}u_\alpha^\nu=\dfrac{\partial}{\partial v}(m_\alpha^\nu+n_\alpha^\nu),\\ u_\alpha^\nu(t=0,x,v)=\chi_{\rho_0(x)}(v),x\in\mathbb{R}^d,\end{cases} \tag{7.3.22}$$

结合 (7.1.17) 和 (7.1.20), 我们得到: 当 $\nu\downarrow 0$ 时,

$$\text{在函数空间 } L^1_{loc}(\mathbb{R}_v,L^1([0,T)\times\mathbb{R}^d)) \text{ 中}, n_\alpha^\nu\to 0. \tag{7.3.23}$$

再由估计式 (7.1.18)、估计式 (7.1.20) 和估计式 (7.1.21), 存在一个非负测度 $m\in L_0^1(\mathbb{R}_v,M_b([0,T)\times\mathbb{R}^d))$ 使得: 当 $\nu\downarrow 0$ 时,

$$\text{在函数空间 } L_w^\infty(\mathbb{R}_v,M_b([0,T)\times\mathbb{R}^d)) \text{ 中}, m_\alpha^\nu\to m. \tag{7.3.24}$$

通过式 (7.3.21), (7.3.23), (7.3.24) 和估计式

$$\|\rho_\alpha^\nu(t)\|_{BV(\mathbb{R}^d)}\leqslant\|\rho_0\|_{BV(\mathbb{R}^d)}. \tag{7.3.25}$$

在分布意义下, 对 (7.3.22) 取极限 $\nu\downarrow 0$, 则存在一个可测函数 $\rho\in C([0,T];L^1(\mathbb{R}^d))\cap L^\infty([0,T);BV(\mathbb{R}^d))$ 满足

$$\begin{cases}\dfrac{\partial}{\partial t}\chi_{\rho(t,x)}(v)+f(v)\cdot\nabla_x\chi_{\rho(t,x)}(v)=\dfrac{\partial}{\partial v}m(t,x,v),\\ u(t=0,x,v)=\chi_{\rho_0(x)}(v),x\in\mathbb{R}^d.\end{cases} \tag{7.3.26}$$

显然, (7.3.18) 的动理学解是唯一的, 因此 ρ 是 (7.3.18) 的唯一动理学解.

通过令 $\nu_2\downarrow 0$, 误差估计 (7.3.19) 可以从 (7.3.21) 得到, 再用 v 代替 ν_1, 就完成了 (i) 的证明.

剩下证明 (ii), 在不失一般性, 我们假设 $\nu=1$.

设 ρ_0^σ和 ρ_α^σ由 (7.3.9) 给出. 借助于引理 7.3.6, 当 $\alpha\downarrow 0$ 时, 在函数空间 $C([0,T];L^1_{loc}(\mathbb{R}^d))$ 中, ρ_α^σ 收敛到下面 Cauchy 问题

$$\begin{cases}\dfrac{\partial}{\partial t}\rho^\sigma(t,x)+\mathrm{div}_x F(\rho^\sigma)+\rho^\sigma=0,(t,x)\in(0,T)\times\mathbb{R}^d,\\ \rho^\sigma(t=0,x)=\rho_0^\sigma(x),x\in\mathbb{R}^d.\end{cases} \tag{7.3.27}$$

的唯一的熵解 $\rho\in C([0,T];L^1(\mathbb{R}^d))\cap L^\infty([0,T);BV(\mathbb{R}^d))$.

在经典动理学公式 (参考文献 [26]),

$$\rho \in L^{\infty}([0,T)\times\mathbb{R}^d)\cap C([0,T);L^1(\mathbb{R}^d))\cap L^{\infty}([0,T);BV(\mathbb{R}^d)),$$

且它是（7.3.27）的唯一的动理学解; i.e. $u^{\sigma}(t,x,v)=\chi_{\rho^{\sigma}}(v)$ 满足

$$\begin{cases}\frac{\partial}{\partial t}u^{\sigma}+f(v)\cdot\nabla_x u^{\sigma}-v\frac{\partial}{\partial v}u^{\sigma}=\frac{\partial}{\partial v}m^{\sigma},(t,x,v)\in(0,T)\times\mathbb{R}^d\times\mathbb{R},\\ u^{\sigma}(t=0)=\chi_{\rho_0^{\sigma}(x)}(v),(x,v)\in\mathbb{R}^d\times\mathbb{R},\end{cases}\tag{7.3.28}$$

其中 m^{σ} 是一个非负测度，满足

$$\int_0^T\int_{\mathbb{R}^d}m^{\sigma}(dt,dx,v)\ \in L_0^{\infty}(\mathbb{R}).\tag{7.3.29}$$

利用估计式（7.1.18），估计式（7.1.20）和估计式（7.1.21），存在一个非负测度 $m\in L_0^{\infty}(\mathbb{R}_v,M_b([0,T)\times\mathbb{R}^d))$ 使得当 $\sigma\downarrow 0$ 时，

在函数空间 $L_w^{\infty}(\mathbb{R}_v,M_b([0,T)\times\mathbb{R}^d))$ 中，$m^{\sigma}\to m.$ （7.3.30）

使用（7.3.24）和（7.3.29）和（7.3. 30），如果我们对（7.3.28）在分布意义下，取 $\sigma\downarrow 0$，则有 $\rho\in C([0,T);L^1(\mathbb{R}^d))\cap L^{\infty}([0,T);BV(\mathbb{R}^d))$ 满足

$$\begin{cases}\frac{\partial}{\partial t}\chi_{\rho(t,x)}(v)+f(v)\cdot\nabla_x\chi_{\rho(t,x)}(v)-\nu\frac{\partial}{\partial v}\chi_{\rho}(v)=\frac{\partial}{\partial v}m(t,x,v),\\ u(t=0,x,v)=\chi_{\rho_0(x)}(v),x\in\mathbb{R}^d.\end{cases}\tag{7.3.31}$$

因此，ρ 是（7.3.26）的唯一的动理学解.

注记 7.3.8. 如果将推论 7.2.7 的计算过程在此重新计算一遍，可得：如果 $\rho_0\geqslant 0$，则（7.3.18）的唯一的动理学解 ρ，（7.3.20）的唯一的动理学解 ρ^{ν} 都是非负的. 而且，我们有下面恒等式：

$$\int_{\mathbb{R}^d}\rho(t,x)dx=\int_{\mathbb{R}^d}\rho_0(x)dx,\tag{7.3.32}$$

$$\int_{\mathbb{R}^d}\rho^{\nu}(t,x)dx+\nu\int_0^t\int_{\mathbb{R}^d}\rho^{\nu}(s,x)dxds=\int_{\mathbb{R}^d}\rho_0(x)dx.$$

另一方面，令 ρ_{α}^{ν} 是下述方程的唯一动理学解

$$\begin{cases}\frac{\partial}{\partial t}\rho_{\alpha}^{\nu}(t,x)+\mathrm{div}_xF(\rho_{\alpha}^{\nu})+v(-\Delta_x)^{\frac{\alpha}{2}}\rho_{\alpha}^{\nu}=0,(t,x)\in(0,T)\times\mathbb{R}^d,\\ \rho_{\alpha}^{\nu}(t=0,x)=\rho_0(x)\geqslant 0,x\in\mathbb{R}^d,\end{cases}\tag{7.3.33}$$

则 $\int_{\mathbb{R}^d}\rho_{\alpha}^{\nu}(t,x)dx=\int_{\mathbb{R}^d}\rho_0(x)dx.$ （7.3.34）

因此，质量守恒性质在 $\nu\downarrow 0$ 时，仍然成立，但在 $\alpha\downarrow 0$ 时，不在成立. 所以，一般情况下，对于（7.3.20），当 $\alpha\downarrow 0$ 时，ρ_{α}^{ν} 不会在函数空间 $C([0,T];L^1(\mathbb{R}^d))$ 中收敛到（7.3.20）的唯一的动理学解. 从这一点看，这里的收敛是

最优的．但是当讨论情形（i）时，质量守恒性质在极限状态依然满足，因此我们可以期望，对于情形（i），在 L^1 中 ρ_α^ν 收敛．为了确保此时收敛的正确性，我们选取了一个较为合适的空间 $L^1\cap BV(\mathbb{R}^d)$．基于此，我们得到了文献［6，定理3.3］和文献［8，定理3］的类似结果，但是此时我们并没有假设 $\rho_0\in L^\infty$．

7.4　注　　记

关于 Levy 飞行相关的反常扩散可以参看文献［103，155，209，215］．此时，经典的 Laplacian 算子要被分数阶 Laplacian 算子所替换．本章中，我们讨论了分数阶 Laplacian 算子驱动的守恒律的 Cauchy 问题（7.1.1）—(7.1.2)．这类问题在金融数学［100］，流体力学［219］，声学［220］，曲面扩散的积聚效应［238］，统计力学［36，239］，松弛现象［205］，生理学［37，98］，分子生物学［6，99］以及相关的随机分析［38，39，241］都十分常见．

对于 $v=0$ 时，此时方程变为经典的双曲守恒律方程，这方面的理论与结果目前已经十分成熟（［166］）．对于 $\alpha\in(1,2)$（称为次临界）时，目前也有很多结果，可以参看［98，100，101］．对于临界 $\alpha=1$ 和超临界 $\alpha\in(0,1)$ 情形，此时问题就显得十分困难．对于临界 $\alpha=1$ 和超临界 $\alpha\in(0,1)$ 情形，Alibaud［6］建立了分数阶守恒律有界弱解的存在唯一性．

由于守恒律方程描述的是自然界的某种守恒，比如质量、动量等．而对于 Cauchy 问题（7.1.1）—(7.1.2)，u 通常表示密度，所以建立 Cauchy 问题(7.1.1)—(7.1.2）的可积函数解是十分合理的，关于本章的具体细节可看［230］．我们的证明方法来源于［200］．此外，关于有界区域上的守恒律方程的适定性可以参看 Imbert 和 Vovelle 的工作［150］，与此相关的问题可以参看［28—31，57，71，157，222］．

第 8 章　随机双曲平衡律

这一章主要研究非线性平衡律方程，我们打算建立相应的随机熵解的存在唯一性.

8.1　预备知识

考虑下面的在 $\Omega\times(0,T)\times\mathbb{R}^d$ 中的随机线性退化抛物方程：

$$\begin{cases}\partial_t u(t,x,v)+b(t,x,v)\cdot\nabla_{x,v}u-a_{i,j}(t,v)\partial^2_{x_i,x_j}u+\nabla_x u\cdot\dot{M}=\mathrm{div}_v m,\\ u(t,x,v)\mid_{t=0}=u_0(x,v)\end{cases}\tag{8.1.1}$$

其中$(x,v)\in\mathbb{R}^{d_1}\times\mathbb{R}^{d_2}=\mathbb{R}^d$,$0\leqslant d_1,d_2\in\mathbb{N}$,$m=(m_1,\cdots,m_{d_2})$ 且对 $\mathbb{P}-a.s.\ \omega\in\Omega$，$i=1$，$\cdots$，$d_2$，

$$0\leqslant m_i\text{ 关于 }t\text{ 连续：当 }s\to t\text{ 时，}m_i([0,s]\times\mathbb{R}^d)\to m_1([0,t]\times\mathbb{R}^d),\tag{8.1.2}$$

$$M_t=M_t(v)=\int_0^t\sigma(s,v)dW_s,\sigma=(\sigma_{i,j})_{1\leqslant i,j\leqslant d_1}\in L^1_{loc}([0,T]\times\mathbb{R}^{d_2};\mathbb{R}^{d_1\times d_1}).\tag{8.1.3}$$

定义 8.1.1. 设 $u_0\in L^1\cap L^\infty(\mathbb{R}^d)$，(8.1.2)—(8.1.3) 成立，$\mathrm{div}b\in L^1_{loc}([0,T]\times\mathbb{R}^d)$，我们称随机场 $u\in L^\infty(\Omega\times[0,T]\times\mathbb{R}^d)\cap L^\infty(\Omega;C([0,T];L^1(\mathbb{R}^d)))$ 是 (8.1.1) 的一个随机弱解，如果对任意的 $\tilde{\varphi}(x,v)\in\mathcal{D}(\mathbb{R}^d)$，随机过程 $\int_{\mathbb{R}^d}u(t,x,v)\tilde{\varphi}(x,y)dxdv$，$\{\mathcal{F}_t\}_{t\geqslant0}$-半鞅，存在一个连续的修正，且等式

$$\int_{\mathbb{R}^d} u(t,x,v)\,\tilde{\varphi}(x,y)\,dxdv - \int_{\mathbb{R}^d} u_0(x,v)\,\tilde{\varphi}(x,y)\,dxdv$$

$$= \int_0^t \int_{\mathbb{R}^d} \mathrm{div}_{x,y}(b\tilde{\varphi})u(s,x,v)\,dxdvds + \int_0^t dW_j(s)\int_{\mathbb{R}^d} u\sigma_{i,j}(s,v)\,\partial_{x_i}\tilde{\varphi}(x,v)\,dxdv$$

$$+ \int_0^t \int_{\mathbb{R}^d} a_{i,j}(s,v)\,\partial^2_{x_i,x_j}\tilde{\varphi}\,udxdvds - \int_0^t \int_{\mathbb{R}^d} \nabla_v \tilde{\varphi}\cdot m(ds,dx,dv), \qquad (8.1.4)$$

对几乎所有的 $\omega\in\Omega$ 和所有的 $t\in(0,t)$ 成立.

注记 8.1.2. 显然（5.1.4）有如下的等价形式

$$\int_0^T \int_{\mathbb{R}^d} \nabla_v \tilde{\psi}(t,x,v)\cdot m(dt,dx,dv) - \int_0^T dW_j(t)\int_{\mathbb{R}^d} u\sigma_{i,j}(t,v)\,\partial_{x_i}\tilde{\psi}\,dxdvdt$$

$$= \int_0^T \int_{\mathbb{R}^d} u(t,x,v)\,\partial_t\tilde{\psi}\,dxdvdt + \int_0^T \int_{\mathbb{R}^d} a_{i,j}(t,v)\,\partial^2_{x_i,x_j}\tilde{\psi}\,u(t,x,v)\,dxdvdt$$

$$+ \int_0^T \int_{\mathbb{R}^d} \mathrm{div}_{x,v}[b\tilde{\psi}]udxdvdt + \int_{\mathbb{R}^d} u_0(x,v)\,\tilde{\varphi}(0,x,v)\,dxdv, P-a.s.\ \omega\in\Omega$$

$$(8.1.5)$$

其中 $\tilde{\psi}(t,x,v)\in\mathcal{D}([0,T]\times\mathbb{R}^d)$.

8.2　随机双曲平衡律：随机熵解的唯一性

在这一小节里，我们主要考虑在 $\Omega\times(0,T)\times\mathbb{R}^d$ 中的随机双曲平衡律

$$\begin{cases} \partial_t\rho(t,x) + \mathrm{div}_x B(\rho(t,x)) + \partial_{x_i}B_{i,j}(t,\rho(t,x))\circ\dot{W}_j(t) \\ = A(t,x,\rho(t,x)),(\omega,t,x)\in\Omega\times(0,T)\times\mathbb{R}^d, \\ \rho(t,x)\mid_{t=0} = \rho_0(x), x\in\mathbb{R}^d. \end{cases} \qquad (8.2.1)$$

我们打算建立随机熵解的唯一性，为此首先假设

$$\begin{cases} A(t,x,v)\in L^1([0,T];L^1(\mathbb{R}^d_x;W^{1,1}_{loc}(\mathbb{R}_v))) + L^1([0,T];L^\infty(\mathbb{R}^d_x;W^{1,1}_{loc}(\mathbb{R}^v))). \\ A(t,x,0)=0, B\in W^{1,1}_{loc}(\mathbb{R};\mathbb{R}^d), B_{i,j}\in L^2([0,T];W^{1,2}_{loc}(\mathbb{R})), 1\leqslant i,j\leqslant d. \end{cases}$$

$$(8.2.2)$$

记 $b=B'$，$\sigma_{i,j}(t,v)=\partial_v B_{i,j}(t,v)$，且还设 $\sigma_{i,j}=\sigma_{j,i}$. 此处我们记

$$a = (a_{i,j})_{1\leqslant i,j\leqslant d} = \frac{1}{2}(\sigma_{i,j})_{1\leqslant i,j\leqslant d}(\sigma_{i,j})_{1\leqslant i,j\leqslant d}. \qquad (8.2.3)$$

首先，我们来给出随机弱解的定义.

定义 8.2.1. 设 $\rho_0 \in L^1 \cap L^\infty(\mathbb{R}^d)$. 若随机场

$$\rho \in L^\infty(\Omega;[0,T]\times\mathbb{R}^d)\cap L^\infty(\Omega;C(0,T);L^1(\mathbb{R}^d))$$

且对任意的 $\varphi \in \mathcal{D}(\mathbb{R}^d)$ 以概率 1，对任意的 $t\in[0,T)$ 如下的等式成立

$$\int_{\mathbb{R}^d}\varphi(x)\rho(t,x)dx - \int_0^t\int_{\mathbb{R}^d}B(\rho)\cdot\nabla_x\varphi(x)dxds - \int_{\mathbb{R}^d}\varphi(x)\rho_0(x)dx$$

$$= \int_0^t\int_{\mathbb{R}^d}A(s,x,\rho)\varphi(x)dxds + \int_0^t\circ\, dW_j(s)\int_{\mathbb{R}^d}\partial_{x_i}\varphi(x)B_{i,j}(s,\rho)dx,$$

则我们称 ρ 是 (8.2.1) 的一个随机弱解.

定义 8.2.2. 随机弱解 ρ 被称为是随机熵解，如果对任意的 $\eta\in\Upsilon$，在分布意义下我们有

$$\partial_t\eta(\rho) + \operatorname{div}Q(\rho) + \partial_{x_i}Q_{i,j}(t,\rho)\circ\dot{W}_j(t) \leqslant h(t,x,\rho),\quad \mathbb{P}=a.s.,\tag{8.2.4}$$

即对任意的 $\psi(t,x)\in\mathcal{D}_+([0,T)\times\mathbb{R}^d)$ 的几乎所有的 $\omega\in\Omega$，我们有

$$\int_0^T dt\int_{\mathbb{R}^d}\partial_t\psi\eta(\rho)dx + \int_0^T\int_{\mathbb{R}^d}Q(\rho)\cdot\nabla_x\psi dxdt + \int_{\mathbb{R}^d}\psi(0,x)\eta(\rho_0)dx$$

$$\geqslant -\int_0^T\circ\, dW_j(t)\int_{\mathbb{R}^d}\partial_{x_i}\psi Q_{i,j}(t,\rho)dx - \int_0^T\int_{\mathbb{R}^d}h\psi(t,x)dxdt,$$

其中

$$Q(\rho) = \int^\rho\eta'(v)b(v)dv, Q_{i,j}(t,\rho) = \int^\rho\eta'(v)\sigma_{i,j}(t,v)dv,$$

$$h(t,x,\rho) = A(t,x,\rho)\eta'(\rho),\tag{8.2.5}$$

$$\Upsilon = \left(c_0\rho + \sum_{k=1}^n c_k|\rho-\rho_k|, c_0,\rho_k,c_k\in\mathbb{R}\ \text{是常数}\right).$$

注记 8.2.3. (i) 为了使 (8.2.4) 的每一项都有意义，此处取

$$\partial_\rho[|\rho-\rho_k|] = \operatorname{sign}(\rho-\rho_k).$$

(ii) 如果 ρ, B, A 和 σ 均光滑，则对任意的凸函数 η，由经典的链规则，我们得到

$$\partial_t\eta(\rho(t,x)) + \operatorname{div}_x(Q(\rho)) + \partial_{x_i}Q_{i,j}(t,\rho)\circ\dot{W}_j(t)\leqslant h(t,x,\rho).$$

而对一般的情形，我们可以将 (8.2.1) 视为如下问题 $\varepsilon\to 0$ 的黏性消失极限

$$\partial_t\rho_\varepsilon(t,x) + \operatorname{div}_x(B(\rho_\varepsilon)) + \partial_{x_i}Q_{i,j}(t,\rho)\circ\dot{W}_j(t) - \varepsilon\Delta\rho_\varepsilon(t,x) = A(t,x,\rho_\varepsilon).$$

而此时

$$\partial_t\eta + \operatorname{div}_x(Q(\rho_\varepsilon)) + \partial_{x_i}Q_{i,j}(t,\rho)\circ\dot{W}_j(t) - \varepsilon\Delta\eta(\rho_\varepsilon)\leqslant h(t,x,\rho_\varepsilon),$$

所以当 $\varepsilon\to 0$，我们就得到了不等式 (8.2.4).

(iii) $\eta\in\Upsilon$，则 η 是导数有界的凸函数，且 $\eta(\rho,\bar{\rho}) = |\rho-\bar{\rho}|$ 时，

$$Q(\rho,\bar{\rho}=\text{sign}(\rho-\bar{\rho}))[B(\rho)-B(\bar{\rho})],$$

$$Q_{i,j}(t,\rho,\bar{\rho})=\text{sign}(\rho-\bar{\rho})[B_{i,j}(t,\rho)-B_{i,j}(t,\bar{\rho})],$$

其中 $\bar{\rho}$ 是一个取值于$\mathbb{R}$ 的参数.

为了证明唯一性，我们首先给出如下的动理学公式.

定理 8.2.4.（随机动理学公式） 设（8.2.2），（8.2.3）成立.

（i）若 ρ 是（8.2.1）的一个随机熵解，令 $u(t,x,v)=\chi_\rho(t,x)(v)$，定义如下

$$u(t,x,v)=\chi_\rho(v)=\begin{cases}1, & 当 0<v<\rho,\\ -1, & 当 \rho<v<0,\\ 0, & 其他,\end{cases} \tag{8.2.6}$$

则

$$u\in L^\infty(\Omega;L^\infty([0,T];L^\infty(\mathbb{R}_x^d;L^1(\mathbb{R}_v))))$$
$$\cap L^\infty(\Omega;C([0,T];L^1(\mathbb{R}_x^d\times\mathbb{R}_v))), \tag{8.2.7}$$

且它满足下面的线性随机输运方程

$$\partial_t u(t,x,v)+b(v)\cdot\nabla_x u(t,x,v)+A(t,x,v)\partial_v u+\partial_{x_i}u\circ\dot{W}_t(t,v)=\partial_v m, \tag{8.2.8}$$

和初始条件

$$u(t,x,v)|_{t=0}=\chi_{\rho_0(x)}(v), \tag{8.2.9}$$

且 $0\leqslant m\in L^\infty(\Omega;\mathcal{D}'([0,T)\times\mathbb{R}_x^d\times\mathbb{R}_v))$ 满足：对任意的 $T_0=[0,T)$ 和几乎所有的 $\omega\in\Omega$,

m 在 $[0,T_0]\times\mathbb{R}^d\times\mathbb{R}$ 是有界的且关于 v 支柱是紧的，关于 t 是连续的，

$$\tag{8.2.10}$$

其中

$$M_i(t,v)=\int_0^t\sigma_{i,j}(s,v)dW_j(s).$$

（ii）如果 $u\in L^\infty(\Omega;L^\infty([0,T];L^\infty(\mathbb{R}_x^d;L^1(\mathbb{R}_v))))\cap L^\infty(\Omega;C([0,T];L^1(\mathbb{R}_x^d\times\mathbb{R}_v)))$ 是（8.2.8），（8.2.9）的一个随机弱解，且 m 满足（8.2.10），则

$$\rho(t,x)=\int_{\mathbb{R}}u(t,x,v)dx\in L^\infty(\Omega;L^\infty([0,T];L^\infty(\mathbb{R}^d))$$
$$\cap C([0,T];L^1(\mathbb{R}_x^d))) \tag{8.2.11}$$

且它是（8.2.1）的一个随机熵解.

在证明上述动理学公式之前，我们先给出两个引理.

引理 8.2.5. (8.2.8) 有如下的等价表示

$$\partial_t u + b(v)\cdot\nabla_x u + \partial_{x_i} U\dot{M}_i(t,v) - a_{i,j}(t,v)\partial^2_{x_i,x_j} u + A(t,x,v)\partial_v u = \partial_v m. \tag{8.2.12}$$

证明. 显然，只需证：对任意的 $\tilde{\varphi}\in\mathcal{D}(\mathbb{R}^{d+1})$，和所有的 $t\in[0,T]$，

$$\int_0^t\int_{\mathbb{R}^{d+1}}\partial_{x_i}\tilde{\varphi}(x,v)u(s,x,v)dxM_i(\circ\, ds,dv)$$

$$=\int_0^t\int_{\mathbb{R}^{d+1}}\partial_{x_i}\tilde{\varphi}(x,v)u(s,x,v)dxM_i(ds,dv)+\int_0^t ds\int_{\mathbb{R}^{d+1}}a_{i,j}(s,v)\partial^2_{x_i,x_j}\tilde{\varphi}\,udxdv.$$

另一方面我们也注意到

$$\int_0^t\int_{\mathbb{R}^{d+1}}\partial_{x_i}\tilde{\varphi}(x,v)u(s,x,v)dxM_i(\circ\, ds,dv)$$

$$=\int_0^t\int_{\mathbb{R}^{d+1}}\partial_{x_i}\tilde{\varphi}(x,v)udxM_i(ds,dv)$$

$$+\frac{1}{2}\int_{\mathbb{R}}\Big[\int_{\mathbb{R}^d}\partial_{x_i}\tilde{\varphi}(x,v)u(\cdot,x,v)dx,M_i(\cdot,v)\Big]_t dv,$$

其中 $[\cdot,\ \cdot]_t$ 表示交互变差. 因此我们只需证

$$\int_{\mathbb{R}}\Big[\int_{\mathbb{R}^d}\partial_{x_i}\tilde{\varphi}(x,v)u(\cdot,x,v)dx,M_i(\cdot,v)\Big]_t dv$$

$$=2\int_0^t ds\int_{\mathbb{R}^{d+1}}a_{i,j}(s,v)\partial^2_{x_i,x_j}\tilde{\varphi}\,udxdv.$$

而无论是 (8.2.8) 还是 (8.2.12) 成立，对任意的 $\phi\in\mathcal{D}(\mathbb{R}^{d+1})$ 所有的 $t\in[0,T]$，$\int_{\mathbb{R}^d}\partial_{x_i}\tilde{\varphi}(x,v)u(t,x,v)dx$ 的鞅部分都由如下形式给出

$$\int_0^t\int_{\mathbb{R}^d}\partial^2_{x_i,x_j}\tilde{\varphi}(x,v)u(s,x,v)dxM_j(ds,v).$$

所以

$$\int_{\mathbb{R}}\Big[\int_{\mathbb{R}^d}\partial_{x_i}\tilde{\varphi}(x,v)u(\cdot,x,v)dx,M_i(\cdot,v)\Big]_t dv$$

$$=\int_{\mathbb{R}}\Big[\int_0 M_j(ds,v)\int_{\mathbb{R}^d}\partial^2_{x_i,x_j}\tilde{\varphi}(x,v)u(s,x,v)dx_i,M_i(\cdot,v)\Big]_t dv$$

$$=\int_{\mathbb{R}}dv\int_0^t ds\int_{\mathbb{R}^d}\partial^2_{x_i,x_j}\tilde{\varphi}(x,y)u(s,x,v)\sigma_{i,k}(s,v)\sigma_{j,k}(s,v)dx$$

$$=2\int_0^t ds\int_{\mathbb{R}^{d+1}}a_{i,j}(s,v)\partial^2_{x_i,x_j}\tilde{\varphi}(x,v)u(s,x,v)dxdv.$$

引理 8.2.6. 对任意的 $p\in[1,\ \infty]$，我们如下的嵌入：

$L^p(\mathbb{R}^d;W_{loc}^{1,1}(\mathbb{R}))\to L^p(\mathbb{R}^d;C(\mathbb{R}))$.

证明. 首先 $W_{loc}^{1,1}(\mathbb{R})\to C(\mathbb{R})$，所以若 $f\in L^p(\mathbb{R}^d;W_{loc}^{1,1}(\mathbb{R}))$，则对几乎所有的 $x\in\mathbb{R}^d$, $f(x,\cdot)\in C(\mathbb{R})$. 设 $-\infty<a<b<\infty$ 是两个实数，则当 $p<\infty$ 时，

$$\begin{aligned}\|f\|_{L^p(\mathbb{R}^d,L^\infty(a,b))}^p &= \int_{\mathbb{R}^d}\|f(x,\cdot)\|_{L^\infty(a,b)}^p dx\\ &= \int_{\mathbb{R}^d}\left\|\int_0^\cdot \partial_u f(x,v)dv+f(x,a)\right\|_{L^\infty(a,b)}^p dx\\ &\leqslant 2^{p-1}\left[\int_{\mathbb{R}^d}\left[\int_a^b|\partial_u f(x,v)|dx\right]^p dx+\int_{\mathbb{R}^d}|f(x,a)|^p dx\right]\\ &<\infty.\end{aligned}$$

当 $p=\infty$ 时，对几乎所有的 $x\in\mathbb{R}^d$ 和所有的 $v\in[a,b]$,

$$\begin{aligned}|f(x,v)| &= \left|\int_a^v \partial_y f(x,y)dy+f(x,a)\right|\\ &\leqslant \int_a^v|\partial_y f(x,y)|dy+|f(x,a)|\\ &\leqslant \int_a^b|\partial_y f(x,y)|dy+|f(x,a)|\\ &<\infty.\end{aligned}$$

因此 $L^p(\mathbb{R}^d;W_{loc}^{1,2}(\mathbb{R}))\to L^p(\mathbb{R}^d;L_{loc}^\infty(\mathbb{R}))$.

定理 8.2.4 的证明. 对任意的 α_1, $\alpha_2\in\mathbb{R}$，注意到

$$\int_{\mathbb{R}}|\chi_{\alpha_1}(v)-\chi_{\alpha_2}(v)|dv=|\alpha_1-\alpha_2|,$$

从（8.2.11）可得（8.2.7），且相反的事实也是很自然的，所以我们只需证明定理中的剩余部分.

（i）我们选证明定理的第一部分. 此时设 ρ 是（8.2.1）的一个随机熵解，满足（i）中性质，则对任意的 $v\in\mathbb{R}$，我们有

$$\partial_t\eta(\rho,v)+\operatorname{div}Q(\rho,v)+\partial_{x_i}Q_{i,j}(t,p,v)\circ\dot{W}_j=\operatorname{sign}(\rho-v)A(t,x,\rho)-2m,\tag{8.2.13}$$

其中对几乎所有的 $\omega\in\Omega$,

$$\begin{cases}\eta(\rho,v)=|\rho-v|-|v|,\\ Q(\rho,v)=\operatorname{sign}(\rho-v)[B(\rho)-B(v)]-\operatorname{sign}vB(v),\\ Q_{i,j}(t,\rho,v)=\operatorname{sign}(\rho-v)[B_{i,j}(t,\rho)-B_{i,j}(t,v)]-\operatorname{sign}vB_{i,j}(t,v)\\ m\text{ 是}[0,T)\times\mathbb{R}^d\times\mathbb{R}\text{ 上的一非负测度.}\end{cases}$$

注意到 $A(t,x,0)=0$，所以如果在（8. 2. 13）中在分布意义下关于 v 求导，那么

$$\begin{cases}\partial_v\eta(\rho,v)=-2u(t,x,v),\\ \partial_v Q(\rho,v)=-2b(v)u(t,x,v),\\ \partial_v Q_{i,j}(t,\rho,v)=-2\sigma_{i,j}(t,v)u(t,x,v),\\ \partial_v \mathrm{sign}(\rho-v)A(t,x,\rho)=2\partial_v u(t,x,v)A(t,x,v),\end{cases}$$

这样我们就得到（8. 2. 8）

事实上，如果我们以上述式子中的最后一个为例，因为 $A(t,x,0)=0$，在分布意义下则有

$$\begin{aligned}\partial_v \mathrm{sign}(\rho-v)A(t,x,\rho)&=-2\delta_\rho(v)A(t,x,\rho)\\ &=-2\delta_\rho(v)A(t,x,v)\\ &=2\delta_0(v)A(t,x,v)-2\delta_p(v)A(t,x,v),\end{aligned}$$

注意到 $\delta_0(v)A(t,x,v)-2\delta_\rho(v)A(t,x,v)=\begin{cases}\partial_v(1_{[0,\rho]}(v)A(t,x,v)),\text{当}\,\rho\geqslant 0,\\ \partial_v(-1_{[\rho,0]}(v)A(t,x,v)),\text{当}\,\rho<0,\end{cases}$

所以 $\partial_v \mathrm{sign}(\rho-v)A(t,x,\rho)=2\partial_v u(t,x,v)A(t,x,v)$.

ρ 关于时间是局部有界的，从（8. 2. 13），m 关于 v 的支柱是紧的，且如果我们设 $K=\|\rho\|_{L^\infty(\Omega\times(0,T)\times\mathbb{R}^d}$，那么它的支柱包含在 $\Omega\times[0,T)\times\mathbb{R}^d\times[-K,K]$ 中. 所以我们只剩下证 m 是有界的且关于时间 t 是连续的.

因为 $m\geqslant 0$ 且它关于 v 的支柱是紧的，对任意的 $\psi\in D_+([0,T]\times\mathbb{R}^d)$ 和几乎所有的 $\omega\in\Omega$，借助于引量 8. 2. 5 我们有

$$\begin{aligned}0&\leqslant\langle m,\psi\otimes 1\rangle_{t,x,v}\\ &=-\langle\partial_t u+b(v)\cdot\nabla_x u+A\partial_v u(t,x,v),\psi\otimes v\rangle_{t,x,v}\\ &=-\langle\sigma_{i,j}\partial_{x_i}u\dot{W}_j(t)-a_{i,j}\partial^2_{x_i,x_j}u,\psi\otimes v\rangle_{t,x,v}.\end{aligned}\tag{8.2.14}$$

注意到以下事实

$$\int_{\mathbb{R}}g'(v)u(t,x,v)dv=g(\rho(t,x))-g(0),\forall g\in W^{1,1}_{loc}(\mathbb{R}),$$

对几乎所有的 $\omega\in\Omega$ 和任意的 $\psi\in\mathcal{D}_+[0,T)\times(\mathbb{R}^d)$，我们有

$$\begin{aligned}&-\langle\partial_t u+b(v)\cdot\nabla_x u+A\partial_v u+\sigma_{i,j}\partial_{x_i}u\dot{W}_i(t)-a_{i,j}\partial^2_{x_i,x_j}u,\psi\otimes v\rangle_{t,x,v}\\ &=\frac{1}{2}\int_0^T\int_{\mathbb{R}^d}\partial_t\psi(t,x)\rho^2dxdt+\frac{1}{2}\int_{\mathbb{R}^d}\psi(0,x)\rho_0^2(x)dx\\ &\quad+\int_0^T\int_{\mathbb{R}^d}\rho A(t,x,\rho)\psi(t,x)dxdt\end{aligned}$$

$$+\int_0^T\int_{\mathbb{R}^d}\Big[B(\rho(t,x))\rho(t,x)-\int_0^{\rho(t,x)}B(v)dv\Big]\cdot\nabla_x\psi(t,x)dxdt$$

$$+\int_0^T\int_{\mathbb{R}^d}\Big[A_{i,j}(t,\rho(t,x))\rho(t,x)-\int_0^{\rho(t,x)}A_{i,j}(t,v)dv\Big]\partial^2_{x_i,x_j}\psi(t,x)dxdt$$

$$+\int_0^T\int_{\mathbb{R}^d}\Big[A_{i,j}(t,\rho(t,x))\rho(t,x)-\int_0^{\rho(t,x)}A_{i,j}(t,v)dv\Big]\partial^2_{x_i,x_j}\psi(t,x)dxdt,$$

其中$\partial_v A_{i,j}(t,v)=a_{i,j}(t,v)$.

由假设（8.2.2），并借助于引理8.2.6，所以

$$-\langle\partial_t u+b(v)\cdot\nabla_x u+A\partial_v u+\sigma_{i,j}\partial_{x_i}u\dot{W}_j(t)-a_{i,j}\partial^2_{x_i,x_j}u,\psi\otimes v\rangle_{t,x,v}$$

$$\leqslant\frac{1}{2}\int_0^T\int_{\mathbb{R}^d}\partial_t\psi\rho^2dxdt+\frac{1}{2}\int_{\mathbb{R}^d}\psi(0,x)\rho^2dx+C(T)\int_0^T\int_{\mathbb{R}^d}\tilde{a}(t,x)\rho^2\psi(t,x)dxdt$$

$$+C(T)\Big[\int_0^T\int_{\mathbb{R}^d}|\rho(t,x)||\nabla_x\psi|dxdt+\int_0^T\int_{\mathbb{R}^d}\tilde{a}_{i,j}(t)|\rho(t,x)||\partial^2_{x_i,x_j}\psi|dxdt\Big]$$

$$+\int_0^T\int_{\mathbb{R}^d}\Big[B_{i,j}(t,\rho)\rho-\int_0^{\rho(t,x)}B_{i,j}(t,v)dv\Big]\partial_{x_i}\psi(t,x)dxdW_j(t),\qquad(8.2.15)$$

其中

$$\tilde{a}(t,x)=\sup_{v\in[-M,M]}|A(t,x,v)|\in L^1([0,T];L^1(\mathbb{R}^d))+L^1([0,T];L^\infty(\mathbb{R}^d)),$$

$$\tilde{a}_{i,j}(t)=\sup_{v\in[-M,M]}|A_{i,j}(t,v)|\in L^1([0,T]).$$

特别的（8.2.15）对$\psi(t,x)=\psi_1(t)\phi(x/n)(n\in\mathbb{N})$成立，这里$\psi_1\in\mathcal{D}_+([0,T))$．对这里固定的$n$，通过一个逼近论证，我们可以取

$$\psi_1(t)=\begin{cases}1, & t\in\Big[0,T_0-\dfrac{1}{n}\Big],\\ -n(t-T), & t\in\Big(T_0-\dfrac{1}{n},T_0\Big],\\ 0, & t\in(T_0,T),\end{cases}$$

其中 $T_0\in[0,T]$.

由 Itô 等距，则

$$\mathbb{E}\Big[\int_0^{T_0}\int_{\mathbb{R}^d}\Big[B_{i,j}(t,\rho)\rho-\int_0^{\rho(t,x)}B_{i,j}(t,v)dv\Big]\partial_{x_i}\psi(t,x)dxdW_j(t)\Big]^2$$

$$=\int_0^{T_0}\mathbb{E}\Big[\sum_{i=1}^d\int_{\mathbb{R}^d}\Big[B_{i,j}(t,\rho)\rho-\int_0^{\rho(t,x)}B_{i,j}(t,v)dv\Big]\partial_{x_i}\psi(t,x)dx\Big]^2dt$$

$$\leqslant C(T_0\,\mathbb{E}\int_0^{T_0}\tilde{b}^2_{i,j}(t)\Big[\int_{\mathbb{R}^d}|\rho(t,x)||\partial_{x_i}\psi(t,x)|dx\Big]^2dt,$$

其中

$$\widetilde{b}_{i,j}(t)=\sup_{v\in[-M,M]}|B_{i,j}(t,v)|\in L^2([0,T]).$$

令 $n\to\infty$，从(8.2.14)和(8.2.15)，就得

$$\int_0^{T_0}\int_{\mathbb{R}_x^d}\int_{\mathbb{R}_v}m(dt,dx,dv)$$

$$\leqslant\frac{1}{2}\left[\int_{\mathbb{R}^d}\rho_0^2dx-\int_{\mathbb{R}^d}\rho^2(T_0,x)dx\right]+C(T_0)\int_0^{T_0}\int_{\mathbb{R}^d}\widetilde{a}(t,x)\rho^2(t,x)dxdt,$$

(8.2.16)

因此 $m\in L^\infty(\Omega;\mathcal{D}'([0,T_0]\times\mathbb{R}^{d+1}))$ 且有 $[0,T_0]\times\mathbb{R}^d\times\mathbb{R}$ 上是有界的. 特别的，在（8.2.16）中，我们令 $T_0\to0$，于是得到

$$\lim_{T_0\to0}\int_0^{T_0}\int_{\mathbb{R}_x^d}\int_{\mathbb{R}_v}m(dt,dx,dv)=0,\quad P-a.s.\ w\in\Omega.$$

如果将以上的 0 和 T_0 换为任意的 $0\leqslant s$，$t<T$，重得之前的论证我们就有

$$\lim_{t\to s}\int_s^t\int_{\mathbb{R}_x^d}\int_{\mathbb{R}_v}m(dt,dx,dv)=0,$$

所以 m 关于 t 是连续的. 再由注记 8.1.2，所以 u 是（8.2.9）的随机弱解.

（ii）下面来证明相反的事实. 对任意给定的 $\varepsilon>0$ 和 $\bar{\rho}\in\mathbb{R}$，令

$$\eta_\epsilon(t,\bar{\rho})=(\sqrt{(t-\bar{\rho})^2+\epsilon^2}-\epsilon)-|\bar{\rho}|\in C^2(\mathbb{R}),$$

则 η_ε 是凸的且 $\eta_\varepsilon'(t,\bar{\rho})\in C_b(\mathbb{R})$ 和

$$\eta_\epsilon(t,\bar{\rho})\to|t-\bar{\rho}|-|\bar{\rho}|\text{ 当 }\varepsilon\to0.$$

因为 $u(t,x,v)$ 是问题（8.2.9），（8.2.10）的一个随机弱解，对任意的 $\psi\in\mathcal{D}_+([0,T_0)\times\mathbb{R}^d)$，所以

$$\langle\partial_v m,\psi\eta'(v,\bar{\rho})\widetilde{\phi}_k(v)\rangle_{t,x,v}=\langle\partial_t u+\sigma_{i,j}(t,v)\partial_{x_i}u\circ\dot{W}_j(t),\psi\eta'(v,\bar{\rho})\widetilde{\phi}_k(v)\rangle_{t,x,v}$$
$$+\langle A\partial_v u+b(v)\cdot\nabla_x u,\psi\eta_\epsilon'(v,\bar{\rho})\widetilde{\phi}_k(v)\rangle_{t,x,v}.$$

(8.2.17)

用一次分部积分，我们得

$$\lim_{k\to\infty}\langle\partial_v m,\psi\eta_\varepsilon'(v,\bar{\rho})\widetilde{\phi}_k\rangle_{t,x,v}=-\lim_{k\to\infty}\langle m,\psi[\eta_\varepsilon''(v,\bar{\rho})\widetilde{\phi}_k+\eta_\varepsilon'(v,\bar{\rho})\widetilde{\phi}_k'\rangle_{t,x,v}\leqslant0.$$

(8.2.18)

从（8.2.17）—(8.2.18)，如果令 $k\to\infty$，那么

$$\int_0^T dt\int_{\mathbb{R}^d}\partial_t\psi[\eta(\rho,\bar{\rho})-\eta(0,\bar{\rho})]dx+\int_0^T\int_{\mathbb{R}^d}Q(\rho,\bar{\rho})\cdot\nabla_x\psi dxdt$$

$$\geqslant-\int_{\mathbb{R}^d}\psi(0,x)[\eta(\rho,\bar{\rho})-\eta(0,\bar{\rho})]dx-\int_0^T\int_{\mathbb{R}^d}\eta_\varepsilon'(\rho,\bar{\rho})A(t,x,\rho)\psi(t,x)dxdt$$

$$-\int_0^T \circ\, dW_j(t) \int_{\mathbb{R}^d} \partial_{x_i}\psi(t,x) Q^{\epsilon}_{i,j}(t,\rho,\bar{\rho})\,dx, \quad \mathbb{P}-a.s.\ \omega \in \Omega, \tag{8.2.19}$$

这里

$$Q_\varepsilon(\rho,\bar{\rho}) = \int_{\mathbb{R}} b(v)\eta'_\varepsilon(v,\bar{\rho})u(t,x,v)\,dv, Q^{\varepsilon}_{i,j}(t,\rho,\bar{\rho})$$

$$= \int_{\mathbb{R}} \sigma_{i,j}(t,v)\eta'_\varepsilon(v,\bar{\rho})u(t,x,v)\,dv.$$

另一方面，对几乎所有的$(\omega,t,x) \in \Omega \times [0,T] \times \mathbb{R}^d$，

$$\lim_{\varepsilon \to 0}\eta'_\varepsilon(v,\bar{\rho}) = \mathrm{sign}(v-\bar{\rho}),$$

和

$$\lim_{\varepsilon\to 0} Q_\varepsilon(\rho,\bar{\rho}) = \mathrm{sign}(\rho,\bar{\rho})[B(\rho)-B(\bar{\rho})] - \mathrm{sign}\bar{\rho}[B(\bar{\rho})-B(0)],$$

$$\lim_{\varepsilon\to 0} Q^{\varepsilon}_{i,j}(t,\rho,\bar{\rho}) = \mathrm{sign}(\rho,\bar{\rho})[B_{i,j}(t,\rho)-B_{i,j}(t,\bar{\rho})] - \mathrm{sign}\bar{\rho}[B_{i,j}(t,\bar{\rho})-B_{i,j}(t,0)].$$

在（8.2.19）中，通过令 ε 趋近于 0，我们就得到不等式（8.2.4），所以 ρ 是一个随有机熵解.

注记 8.2.7.（i）我们上面的讨论主要是对数量值函数而言的，如何将其推广到一般的向量值函数 ρ，目前来说还是一个公开的问题.

（ii）类似的证明也可以使我们得到如下非线性抛物问题

$$\begin{cases} \partial_t\rho + \mathrm{div}_x B(\rho) - \dfrac{\partial^2}{\partial_{x_i}\partial_{x_j}} A_{i,j}(t,\rho) = 0, \\ \rho(t,x)\mid_{t=0} = \rho_0(x), x \in \mathbb{R}^d, \end{cases}$$

和线性退化抛物问题

$$\begin{cases} \partial_t u + b(v)\cdot \nabla_x u - a_{i,j}(t,v)\dfrac{\partial^2}{\partial x_i \partial x_j} u = \partial_v m, (t,x,v) \in (0,T) \times \mathbb{R}^{d+1}, \\ u(t,x,v)\mid_{t=0} = \chi_{\rho_0(x)}(v), (x,v) \in \mathbb{R}^{d+1}, \end{cases}$$

的等价性，其中 $a \geqslant 0$.

下面我们来给出本章的第一个唯一性结果.

定理 8.2.8.（随机熵解的唯一性） 设 A，B 和 $B_{i,j}$ 满足假设（8.2.2），且

$$[\partial_v A(t,x,v)]_+ \in L^1([0,T];(\mathbb{R}^{d+1})),$$

$$\frac{A(t,x,v)}{1+|v|} \in L^1([0,T];L^1(\mathbb{R}^d_x+\mathbb{R}_v)+L^\infty(\mathbb{R}^d_x+\mathbb{R}_v)+L^1(\mathbb{R}^d_x;L^\infty(\mathbb{R}_v))).$$

此外我们还设

$$B \in L^1([0,T];W^{1,\infty}_{loc}(\mathbb{R}^d;\mathbb{R}^d)), B_{i,j} \in L^2([0,T];W^{1,\infty}_{loc}(\mathbb{R}^d)),$$

则 Cauchy 问题（8.2.1）的随机熵解是唯一的.

为了证明上述为唯一性，我们先给出两个引理. 第一个引理的证明和 DiPerna – Lions 引理的证明相仿，在此我们仅给出结果. 对第二个引理，我们给出详细的证明.

引理 8.2.9. **（交换子估计）** 设 $E\in L^{p_1}(\Omega;L^{p_2}([0,T];W^{1,\alpha}_{loc}(\mathbb{R}^d;\mathbb{R}^d)))$, $F\in L^{q_1}(\Omega;L^{q_2}([0,T];L^{\beta}_{loc}(\mathbb{R}^d)))$，其中 p_1，p_2，q_1，q_2，α，$\beta\in[1,\infty]$，则

在 $L^{r_1}(\Omega;L^{r_2}([0,T];L^{\gamma}_{loc}(\mathbb{R}^d)))$ 中，$\lim\limits_{\varepsilon\to0}[(E\cdot\nabla F)*\hat{\varrho}_{\varepsilon_1}-E\cdot\nabla(F*\hat{\varrho}_{\varepsilon_1})]=0$,

其中 $d\in\mathbb{N}$，$1\leqslant\gamma$，r_1，$r_2<\infty$，满足

$$\frac{1}{\alpha}+\frac{1}{\beta}\leqslant\frac{1}{\gamma},\ \frac{1}{p_1}+\frac{1}{q_1}\leqslant\frac{1}{r_1},\ \frac{1}{p_2}+\frac{1}{q_2}\leqslant\frac{1}{r_2},$$

$$\hat{\varrho}\in\mathcal{D}_+(\mathbb{R}^d),\int_{\mathbb{R}^d}\hat{\varrho}(y)dy=1,\hat{\varrho}=\begin{cases}1, & 当\ |y|\leqslant1,\\0, & 当\ |y|>2.\end{cases}$$

引理 8.2.10. 设 $f\in L^2(\Omega;L^2_{loc}([0,\infty))$，对任意的 $T\in(0,\infty)$，我们有

在 $L^2(\Omega\times[0,T])$ 中，$\lim\limits_{\varepsilon\to0}\int_0^{\cdot} f(s)dW_s*\bar{\varrho}_{\varepsilon}(t)=\int_0^t f(s)dW_s$,

其中

$$\bar{\varrho}\in\mathcal{D}_+(\mathbb{R}),\int_{\mathbb{R}}\bar{\varrho}(t)dt=1,\mathrm{supp}\,\bar{\varrho}\subset(-1,0).$$

证明. 事实上，对任意的 $T\in(0,\infty)$,

$$\begin{aligned}
&\mathbb{E}\int_0^T\left|\left[\int_0^{\cdot} f(s)dW_s*\varrho_{2,\varepsilon_2}\right](t)-\int_0^t f(s)dW_s\right|^2dt\\
&=\mathbb{E}\int_0^T\left|\int_{\mathbb{R}}\varrho_{2,\varepsilon_2}(s)ds\int_0^{t-s}f(r)dW_r-\int_0^t f(s)dW_s\right|^2dt\\
&=\mathbb{E}\int_0^T\left|\int_{-1}^0\varrho_2(s)ds\int_0^{t-\varepsilon_2 s}f(r)dW_r-\int_0^t f(s)dW_s\right|^2dt\\
&=\mathbb{E}\int_0^T\left|\int_{-1}^0\varrho_2(s)ds\int_0^{t-\varepsilon_2 s}f(r)dW_r\right|^2dt\\
&\leqslant\int_0^T\mathbb{E}\sup_{s\in[0,1]}\left|\int_t^{t+\varepsilon_2 s}f(r)dW_r\right|^2dt. \qquad (8.2.20)
\end{aligned}$$

因为 $f\in L^2(\Omega;L^2_{loc}([0,\infty))$，所以随机过程 $\left\{\int_0^t f(r)dW_r,t\geqslant0\right\}$ 是个鞅. 由 Doob 不等式和 Itô 等距，从（8.2.20），所以

$$\begin{aligned}
&\mathbb{E}\int_0^T\left|\left[\int_0^{\cdot} f(r)dW_s*\varrho_{2,\varepsilon_2}\right](t)-\int_0^t f(s)dW_s\right|^2dt\\
&\leqslant4\int_0^T\sup_{0\leqslant s\leqslant1}\mathbb{E}\left|\int_t^{t+\varepsilon_2 s}f(r)dW_r\right|^2dt
\end{aligned}$$

$$= 4\int_0^T \int_t^{t+\varepsilon_2} \mathbb{E}|f(r)|^2 drdt.$$

通过令 ε 趋近于 0，这样我们就完成了证明.

定理 8.2.8 的证明. 设 ρ_1 和 ρ_2 是（8.2.1）的两个随机熵解，则由（8.2.6）定义 u_1 和 u_2 是（8.2.8），（8.2.9）的随机弱解（此时的非负测度分别记为 m_1 和 m_2）. 对 ε_1，ε_2，$\epsilon > 0$，则 $u_t^{\varepsilon,\epsilon}: = u_t * \varrho_{\varepsilon_1} * \overline{\varrho}_{\varepsilon_2} * \widetilde{\varrho}_{\epsilon}$ （$t = 1, 2$）（类似的我们记 $u_t^{\varepsilon}: = u_t * \varrho_{\varepsilon_1} * \overline{\varrho}_{\varepsilon_2}$，此外关于 $m_t^{\varepsilon,\epsilon}$，$m_t^{\varepsilon}$，$\rho_t^{\varepsilon}$ 的记法类似）满足

$$\begin{cases} \partial_t u_t^{\varepsilon,\epsilon} + b(v) \cdot \nabla_x u_1^{\varepsilon,\epsilon} + A(t,x,v)\partial_v u_t^{\varepsilon,\epsilon} + \partial_{x_i} u_t^{\varepsilon,\epsilon} \circ \dot{M}_i(t,v) = \partial_v m_1^{\varepsilon,\epsilon} + R_t^{\varepsilon,\epsilon}, \\ u_t^{\varepsilon,\epsilon}(t,x,v)|_{t=0} = \chi_{\rho_0^t} * \varrho_{\varepsilon_1} * \overline{\varrho}_{\epsilon}(x,v), \end{cases} \tag{8.2.21}$$

其中 $R_t^{\varepsilon,\epsilon} = R_{t,1}^{\varepsilon,\epsilon} + R_{t,2}^{\varepsilon,\epsilon} + R_{t,3}^{\varepsilon,\epsilon}$,

$$\begin{cases} R_{t,1}^{\varepsilon,\epsilon} = b(v) \cdot \nabla_x u_t^{\varepsilon,\epsilon} - [b(v) \cdot \nabla_x u_t]^{\varepsilon,\epsilon}, \\ R_{t,2}^{\varepsilon,\epsilon} = A(t,x,v)\partial_v u_t^{\varepsilon,\epsilon} - [A(t,x,v)\partial_v u_t]^{\varepsilon,\epsilon}, \\ R_{t,3}^{\varepsilon,\epsilon} = \partial_{x_i} u_l^{\varepsilon,\epsilon} \circ \dot{M}_i(t,v) - [\partial_{x_i} u_i \circ \dot{M}(t,v)]^{\varepsilon,\epsilon}. \end{cases} \tag{8.2.22}$$

因为 $m_\iota^{\varepsilon,\epsilon}$ 关于 v 是绝对连续的，所以对 $\iota = 1, 2$,

$$\begin{aligned} &\frac{d}{dt}\int_{\mathbb{R}^{d+1}} |u_t^{\varepsilon,\epsilon}| \widetilde{\phi}_k(v)\phi_n(x)dxdv \\ &= \int_{\mathbb{R}^{d+1}} |u_t^{\varepsilon,\epsilon}| \widetilde{\phi}_k(v)b(v) \cdot \nabla_x \phi_n(x)dxdv + \\ &\int_{\mathbb{R}^{d+1}} |u_t^{\varepsilon,\epsilon}| \partial_v[\widetilde{\phi}_k(v)A(t,x,v)]\phi_n(x)dxdv \\ &+ \int_{\mathbb{R}^{d+1}} |u_t^{\varepsilon,\epsilon}| \partial_{x_i}\widetilde{\phi}_n(x)\widetilde{\phi}_k(v) \circ \dot{M}_i(t,v)dxdv \\ &+ \int_{\mathbb{R}^{d+1}} \mathrm{sign} u_t^{\varepsilon,\epsilon} \widetilde{\phi}_k \phi_n R_t^{\varepsilon,\epsilon}(t,x,v)dxdv \\ &+ \int_{\mathbb{R}^{d+1}} \widetilde{\phi}_k(v)\mathrm{sign} u_t^{\varepsilon,\epsilon} \widetilde{\phi}_n(x)\partial_v m_t^{\varepsilon,\epsilon}(t,x,v)dxdv. \end{aligned} \tag{8.2.23}$$

类似的计算我们也可以得到

$$\begin{aligned} &\frac{d}{dt}\int_{\mathbb{R}^{d+1}} u_1^{\varepsilon,\epsilon}(t,x,v)u_2^{\varepsilon,\epsilon}(t,x,v)\widetilde{\phi}_k(v)\phi_n(x)dxdv \\ &= \int_{\mathbb{R}^{d+1}} u_1^{\varepsilon,\epsilon}u_2^{\varepsilon,\epsilon}\widetilde{\phi}_k(v)b(v) \cdot \nabla_x\phi_n(x)dxdv \\ &+ \int_{\mathbb{R}^{d+1}} u_1^{\varepsilon,\epsilon}u_2^{\varepsilon,\epsilon}\partial_v[\widetilde{\phi}_k(v)A(t,x,v)]\phi_n(x)dxdv \\ &+ \int_{\mathbb{R}^{d+1}} u_1^{\varepsilon,\epsilon}u_2^{\varepsilon,\epsilon}\partial_{x_i}\phi_n\widetilde{\phi}_k \circ \dot{M}_i(t,v)dxdv \end{aligned}$$

$$+\int_{\mathbb{R}^{d+1}}\tilde{\phi}_k\phi_n[u_1^{\varepsilon,\epsilon}\partial_v m_2^{\varepsilon,\epsilon}+u_2^{\varepsilon,\epsilon}\partial_v m_1^{\varepsilon,\epsilon}]dxdv$$

$$+\int_{\mathbb{R}^{d+1}}\tilde{\phi}_k(v)\phi_n(x)[R_1^{\varepsilon,\epsilon}(t,x,v)u_2^{\varepsilon,\epsilon}dxdv+R_2^{\varepsilon,\epsilon}(t,x,v)u_1^{\varepsilon,\epsilon}]dxdv. \tag{8.2.24}$$

从（8.2.23）和（8.2.24），我们得

$$\frac{d}{dt}\int_{\mathbb{R}^{d+1}}|u_1^{\varepsilon,\epsilon}|\tilde{\phi}_k(v)\phi_n(x)dxdv+\frac{d}{dt}\int_{\mathbb{R}^{d+1}}|u_2^{\varepsilon,\epsilon}|\tilde{\phi}_k\phi_n dxdv$$

$$-2\frac{d}{dt}\int_{\mathbb{R}^{d+1}}u_1^{\varepsilon,\epsilon}u_2^{\varepsilon,\epsilon}\tilde{\phi}_k\phi_n dxdv$$

$$=\int_{\mathbb{R}^{d+1}}[|u_1^{\varepsilon,\epsilon}|+|u_2^{\varepsilon,\epsilon}|-2u_1^{\varepsilon,\epsilon}u_2^{\varepsilon,\epsilon}]\tilde{\phi}_k(v)b(v)\cdot\nabla_x\phi_n(x)dxdv$$

$$+\int_{\mathbb{R}^{d+1}}[|u_1^{\varepsilon,\epsilon}|+|u_2^{\varepsilon,\epsilon}|-2u_1^{\varepsilon,\epsilon}u_2^{\varepsilon,\epsilon}]\partial_v[\tilde{\phi}_k A(t,x,v)]\tilde{\phi}_n dxdv$$

$$+\int_{\mathbb{R}^{d+1}}[|u_1^{\varepsilon,\epsilon}|+|u_2^{\varepsilon,\epsilon}|-2u_1^{\varepsilon,\epsilon}u_2^{\varepsilon,\epsilon}]\partial_{x_i}\phi_n(x)\tilde{\phi}_k(v)\circ\dot{M}_i(t,v)dxdv$$

$$+\int_{\mathbb{R}^{d+1}}\tilde{\phi}_k\phi_n[\mathrm{sign}u_1^{\varepsilon,\epsilon}R_1^{\varepsilon,\epsilon}+\mathrm{sign}u_2^{\varepsilon,\epsilon}R_2^{\varepsilon,\epsilon}]dxdv$$

$$-2\int_{\mathbb{R}^{d+1}}\tilde{\phi}_k(v)\phi_n(x)[R_1^{s,\epsilon}(t,x,v)u_2^{\varepsilon,\epsilon}dxdv+R_2^{s,\epsilon}(t,x,v)u_1^{\varepsilon,\epsilon}]dxdv+I, \tag{8.2.25}$$

其中

$$I=\int_{\mathbb{R}^{d+1}}\tilde{\phi}_k(v)\phi_n(x)[\mathrm{sign}u_1^{\varepsilon,\epsilon}\partial_v m_1^{\varepsilon,\epsilon}+\mathrm{sign}u_2^{\varepsilon,\epsilon}\partial_v m_2^{\varepsilon,\epsilon}]dxdv$$

$$-2\int_{\mathbb{R}^{d+1}}\tilde{\phi}_k\phi_n[u_1^{\varepsilon,\epsilon}\partial_v m_2^{\varepsilon,\epsilon}+u_2^{\varepsilon,\epsilon}\partial_v m_1^{\varepsilon,\epsilon}]dxdv$$

$$=:I_1-2I_2.$$

对几乎所有的 $\omega\in\Omega$，m_1 和 m_2 在 $[0,T]\times\mathbb{R}^d\times\mathbb{R}$ 上是有界的，支柱在 $[0,T]\times\mathbb{R}^d\times[-K,K]$ $(K=\|\rho_1\|_{L^\infty(\Omega\times(0,T)\times\mathbb{R}^d)}\vee\|\rho_2\|_{L^\infty(\Omega\times(0,T)\times\mathbb{R}^d)})$，所以当 k 充分大时，

$$\int_{\mathbb{R}^{d+1}}\partial_v\tilde{\phi}_k(v)\phi_n(x)[\mathrm{sign}u_1^{\varepsilon,\epsilon}m_1^{\varepsilon,\epsilon}+\mathrm{sign}u_2^{\varepsilon,\epsilon}\partial_v m_2^{\varepsilon,\epsilon}]dxdv=0,$$

$$\int_{\mathbb{R}^{d+1}}\partial_v\tilde{\phi}_k(v)\phi_n(x)[u_1^{\varepsilon,\epsilon}m_2^{\varepsilon,\epsilon}+u_2^{\varepsilon,\epsilon}\partial_v m_1^{\varepsilon,\epsilon}]dxdv=0. \tag{8.2.26}$$

从（8.2.21）和（8.2.6），借助于假设（8.2.2）和引理 8.2.6，所以 m_ϵ^ε 关于 v 在 0 附近是连续的. 此外，注意到

当 $\epsilon\to 0$ 时，$\mathrm{sign}u_\iota^{\varepsilon,\epsilon}\to \mathrm{sign}u_\iota^{\varepsilon,\epsilon}=\mathrm{sign}\, v$，

因此，对充分大的 k，

$$\lim_{\epsilon\to 0}I_1=-2\int_{\mathbb{R}^d}\phi_n(x)[m_1^\varepsilon(t,x,0)+m_2^\varepsilon(t,x,0)]dxdv. \tag{8.2.27}$$

另一方面，因为 $m_\iota\geqslant 0$（$\iota=1$，2），对充分大的 k，所以

$$\begin{aligned}I_2&=\int_{\mathbb{R}^{d+1}}\varrho_{\varepsilon_1}(y)\bar{\varrho}_{\varepsilon_2}(s)dyds\int_{\mathbb{R}^{d+2}}[\tilde{\phi}_k(\rho_1(t-s,x-y)+\tau)\\&\quad m_2^{\varepsilon,\epsilon}(t,x,\rho_1(t-s,x-y)+\tau)+\tilde{\phi}_k(\rho_2(t-s,x-y)+\tau)\\&\quad m_1^{\varepsilon,\epsilon}(t,x,\rho_2(t-s,x-y)+\tau)]\bar{\varrho}_\epsilon(\tau)\phi_n(x)dxdvd\tau\\&\quad-\int_{\mathbb{R}^{d+1}}\tilde{\phi}_k(v)\phi_n(x)[m_1^{\varepsilon,\epsilon}(t,x,v)+m_2^{\varepsilon,\epsilon}(t,x,v)]\bar{\varrho}_\epsilon(v)dxdv\\&\geqslant-\int_{\mathbb{R}^{d+1}}\tilde{\phi}_k(v)\phi_n(x)[m_1^{\varepsilon,\epsilon}(t,x,v)+m_2^{\varepsilon,\epsilon}(t,x,v)]\bar{\varrho}_\epsilon(v)dxdv\\&\to-\int_{\mathbb{R}^d}\phi_n(x)[m_1^\varepsilon(t,x,0)+m_2^\varepsilon(t,x,0)]dx,\text{当 }\epsilon\to 0.\end{aligned} \tag{8.2.28}$$

由（8.2.22），借助于引理 8.2.9，

$$\text{在 } L^1(\Omega;L^1(0,T;L^1_{loc}(\mathbb{R}^{d+1})))\text{ 中}\lim_{\varepsilon_1\to 0}\lim_{\varepsilon_2\to 0}\lim_{\epsilon\to 0}R_{\iota,i}^{\varepsilon,\epsilon}=0,\ \iota,\ i=1,\ 2. \tag{8.2.29}$$

注意到，对固定的 ε_1，我们有

$$R_{\iota,3}^\varepsilon=\partial_{x_i}u_\iota^{\varepsilon,\epsilon}\circ\dot{M}_i(t,v)-[\partial_{x_i}u_\iota\circ\dot{M}_i(t,v)]^{\varepsilon,\epsilon}:=I_{\iota,3}^{\varepsilon,\epsilon}-\frac{1}{2}J_{\iota,3}^{\varepsilon,\epsilon},$$

其中

$$I_{\iota,3}^{\varepsilon,\epsilon}=\partial_{x_i}u_\iota^{\varepsilon,\epsilon}\dot{M}_i(t,v)-[\partial_{x_i}u_\iota^{\varepsilon_1}\dot{M}_i(t,v)]^{\varepsilon_2,\epsilon},$$

$$J_{\iota,3}^{\varepsilon,\epsilon}=\partial^2_{x_i,x_j}u_\iota^{\varepsilon,\epsilon}\sigma_{i,k}\sigma_{j,k}(t,v)-[\partial^2_{x_i,x_j}u_\iota^{\varepsilon_1}\sigma_{i,k}\sigma_{j,k}]^{\varepsilon_2,\epsilon},$$

由引理 8.2.10，

$$\text{在 } L^2(\Omega;L^2(0,T;L^2_{loc}(\mathbb{R}^{d+1})))\text{ 中，}\lim_{\varepsilon_1\to 0}\lim_{\varepsilon_2\to 0}\lim_{\epsilon\to 0}I_{\iota,3}^{\varepsilon,\epsilon}=0, \tag{8.2.30}$$

再加上引理 8.2.9，因此

$$\text{在 } L^1(\Omega;L^1(0,T;L^1_{loc}(\mathbb{R}^{d+1})))\text{ 中，}\lim_{\varepsilon_1\to 0}\lim_{\varepsilon_2\to 0}\lim_{\epsilon\to 0}J_{\iota,3}^{\varepsilon,\epsilon}=0. \tag{8.2.31}$$

其中 $\iota=1$，2.

固定 n 和 k，依次令 ϵ，ε_2，ε_1 趋过于 0，并注意到（8.2.27）—（8.2.31），所以

$$\frac{d}{dt}\int_{\mathbb{R}^{d+1}}|u_1|\tilde{\phi}_k(v)\phi_n(x)dxdv+\frac{d}{dt}\int_{\mathbb{R}^{d+1}}|u_2|\tilde{\phi}_k\phi_ndxdv$$

$$
\begin{aligned}
&-2\frac{d}{dt}\int_{\mathbb{R}^{d+1}}u_1u_2\tilde{\phi}_k\phi_n dxdv\\
\leqslant&\int_{\mathbb{R}^{d+1}}[|u_1|+|u_2|-2u_1u_2]\tilde{\phi}_k(v)b(v)\cdot\nabla_x\phi_n(x)dxdv\\
&+\int_{\mathbb{R}^{d+1}}[|u_1|+|u_2|-2u_1u_2]\partial_v[\tilde{\phi}_k(v)A(t,x,v)]\phi_n(x)dxdv\\
&+\int_{\mathbb{R}^{d+1}}[|u_1|+|u_2|-2u_1u_2]\partial_{x_i}\phi_n(x)\tilde{\phi}_k(v)\circ\dot{M}_i(t,v)dxdv.
\end{aligned}
$$

注意到 $|u_1-u_2|^2=|u_1-u_2|$，因此

$$
\begin{aligned}
&\frac{d}{dt}\int_{\mathbb{R}^{d+1}}|u_1-u_2|\tilde{\phi}_k(v)\phi_n(x)dxdv\\
\leqslant&\int_{\mathbb{R}^{d+1}}|u_1-u_2|\tilde{\phi}_k(v)b(v)\cdot\nabla_x\phi_n(x)dxdv\\
&+\int_{\mathbb{R}^{d+1}}|u_1-u_2|\partial_v[\tilde{\phi}_kA(t,x,v)]\phi_n dxdv\\
&+\int_{\mathbb{R}^{d+1}}|u_1-u_2|\partial_{x_i}\phi_n(x)\tilde{\phi}_k(v)\circ\dot{M}_i(t,v)dxdv.
\end{aligned}
$$

然后依次令 n 和 k 趋于无穷，我们就得

$$
\frac{d}{dt}\int_{\mathbb{R}^{d+1}}|u_1-u_2|dxdv\leqslant\int_{\mathbb{R}^{d+1}}|u_1-u_2|\partial_vA(t,x,v)dxdv.
$$

所以

$$
\begin{aligned}
&\int_{\mathbb{R}^d}|\rho_1(t)-\rho_2(t)|dx\\
=&\int_{\mathbb{R}^{d+1}}|u_1-u_2|(t)dxdv\\
=&\int_{\mathbb{R}^{d+1}}|u_0^1-u_0^2|dxdv\exp\left(\int_0^T\|[\partial_vA(s,\cdot,\cdot)]^+\|_{L^\infty(\mathbb{R}^{d+1})}ds\right)\\
=&\int_{\mathbb{R}^d}|\rho_0^1(x)-\rho_0^2(x)|dx\exp\left(\int_0^T\|[\partial_vA(s,\cdot,\cdot)]^+\|_{L^\infty(\mathbb{R}^{d+1})}ds\right).
\end{aligned}
$$

因为 ρ_1 和 ρ_2 的初值相同，这样我们就完成了证明.

从以上的证明，我们还可以得到如下的比较原理.

推论 8.2.11. 设 ρ_1 和 ρ_2 是（8.2.1）满足初值 ρ_0^1 和 ρ_0^2 的随机熵解. 如果 $\rho_0^1\leqslant\rho_0^2$，则对几乎所有的 $\omega\in\Omega$，$\rho_1\leqslant\rho_2$.

证明. 重复上述定理的证明可得

$$
\frac{d}{dt}\int_{\mathbb{R}^{d+1}}[u_1(t,x,v)-u_2(t,x,v)]dxdv
$$

$$= \int_{\mathbb{R}^{d+1}} [u_1(t,x,v) - u_2(t,x,v)] \partial_v A(t,x,v) dxdv.$$

注意到

$$[u_1(t,x,v) - u_2(t,x,v)]^- = \frac{|u_1 - u_2| - (u_1 - u_2)}{2},$$

因此

$$\frac{d}{dt}\int_{\mathbb{R}^{d+1}} [u_1(t,x,v) - u_2(t,x,v)]^- dxdv$$

$$= \frac{1}{2}\frac{d}{dt}\int_{\mathbb{R}^{d+1}} |u_1(t,x,v) - u_2(t,x,v)| + \frac{1}{2}\frac{d}{dt}\int_{\mathbb{R}^{d+1}} [u_1(t,x,v) - u_2(t,x,v)]$$

$$\leqslant \frac{1}{2}\int_{\mathbb{R}^{d+1}} [\,|u_1(t,x,v) - u_2(t,x,v)| - u_1(t,x,v) + u_2(t,x,v)] \partial_v A(t,x,v) dxdv$$

$$= \int_{\mathbb{R}^{d+1}} [u_1(t,x,v) - u_2(t,x,v)]^- \partial_v A(t,x,v) dxdv$$

$$\leqslant \int_{\mathbb{R}^{d+1}} [u_1(t,x,v) - u_2(t,x,v)]^- dxdv \| [\partial_v A(s,\cdot,\cdot)]^+ \|_{L^\infty(\mathbb{R}^{d+1})} ds.$$

所以通过一个 Grönwall 型的讨论，我们就得

$$\int_{\mathbb{R}^d} [\rho_1(t,x) - \rho_2(t,x)]^- dx$$

$$= \int_{\mathbb{R}^{d+1}} [u_1(t,x,v) - u_2(t,x,v)]^- \partial_v A(t,x,v) dxdv$$

$$\leqslant \int_{\mathbb{R}^{d+1}} [u_0^1(x,v) - u_0^2(x,v)]^- dxdv \exp\left(\int_0^T \| [\partial_v A(s,\cdot,\cdot)]^+ \|_{L^\infty(\mathbb{R}^{d+1})} ds\right)$$

$$\leqslant \mathbb{E}\int_{\mathbb{R}^{d+1}} [\rho_0^1(x) - \rho_0^2(x)]^- dx \exp\left(\int_0^T \| [\partial_v A(s,\cdot,\cdot)]^+ \|_{L^\infty(\mathbb{R}^{d+1})} ds\right) = 0,$$

因此 $\rho_1 \leqslant \rho_2$，$\mathbb{P}$ - a. s.

注记 8.2.12. 作为一个特例，我们得到问题

$$\begin{cases} \partial_t\rho(t,x) + \mathrm{div}_x B(\rho) + \nabla\rho(t,x).\circ\dot{W}(t) = A(t,x,\rho), (\omega,t,x) \in \Omega\times(0,T)\times\mathbb{R}^d, \\ \rho(t,x)|_{t=0} = \rho_0(x), x \in \mathbb{R}^d. \end{cases}$$

当 $B \in \mathbb{W}_{loc}^{1,\infty}$ 时的随机熵解的唯一性. 但此处我们并不能对一般的向量场（比如 $B \in L^\infty$ 给出一个肯定的回答.

在此我们给出一个例子，来说明我们的假设在许多情形下还是十分合理的.

例子 8.2.13. 一个带有非线性外源和随机扰动的多孔介质方程可以写成如下的形式

$$\partial_t\rho + \mathrm{div}_x(\zeta|\rho|^\alpha\rho) + \vartheta(t)\partial_{x_j}(|\rho|^{\beta/2}\rho)\circ\dot{W}_i = \mu A(\rho), \tag{8.2.32}$$

其中此时的区域是 $\Omega\times(0,T)\times\mathbb{R}^d$，$\zeta\in\mathbb{R}^d$ 是固定的向量，μ，α，$\beta\geqslant 0$ 是常数

$$\vartheta(t)\in L^2([0,T]),A(\rho)=\frac{\rho^2}{1+\rho^2}.$$

从定理 8.2.8 和推论 8.2.11，我们有如下的结论.

推论 8.2.14. （8.2.32）满足初值 $\rho(t,x)\mid_{t=0}=\rho_0\in L^1\cap L^\infty(\mathbb{R}^d)$ 的随机熵解是唯一的. 此外若 $\rho_0\geqslant 0$，则唯一的随机熵解 $\rho\geqslant 0$.

8.3 随机双曲平衡律：随机熵解的存在性

在这一小节里，我们建立 Cauchy 问题（8.2.1）随机弱解的存在性. 受定理 8.2.4 的启发，我们只需建立问题（8.2.8），（8.2.9）随机弱解的存在性. 为简单起见，这里我们设 $\sigma(t,v)=\sigma(t)$，即我们要建立在 $\Omega\times(0,T)\times\mathbb{R}^{d+1}$ 中的如下问题

$$\partial_t u(t,x,v)+b(v)\cdot\nabla_x u+A(t,x,v)\partial_v u+\nabla_x u\cdot\circ\dot{M}(t)=\partial_v m, \tag{8.3.1}$$

满足初值

$$u(t,x,v)\mid_{t=0}=\chi_{\rho_0(x)}(v),(x,v)\in\mathbb{R}^d\times\mathbb{R}, \tag{8.3.2}$$

$$M(t)=(M_1(t),\cdots,M_d(t)),M_i(t)=\int_0^t\sigma_{i,j}(s)dW_j(s),(1\leqslant j\leqslant d). \tag{8.3.3}$$

随机弱解的存在性，其中 m 满足定理 8.2.4 中的性质.

定理 8.3.1. 设 b，σ 和 A 满足如下的条件：

$$b\in W^{1,\infty}_{loc}(\mathbb{R}^d;\mathbb{R}^d),A\in L^1([0,T];W^{1,\infty}_{loc}(\mathbb{R}^d_x\times\mathbb{R}_v)),\sigma\in L^2([0,T]), \tag{8.3.4}$$

$$0\geqslant\partial_v A(t,x,v)\in L^1([0,T];L^\infty(\mathbb{R}^d_x\times\mathbb{R}_v)). \tag{8.3.5}$$

如果 $\rho_0\in L^\infty\cap L^1(\mathbb{R}^d)$，则问题（8.2.1）存在一个随机熵解.

证明. 我们打算分三步来证明这个结论.

- 第一步：$\sigma=0$. 此时（8.3.1），（8.3.2）可以表示为

$$\begin{cases}\partial_t u(t,x,v)+b(v)\cdot\nabla_x u+A(t,x,v)\partial_v u(t,x,v)=\partial_v m,\\(t,x,v)\in(0,T)\times\mathbb{R}^d\times\mathbb{R},\\u(t,x,v)\mid_{t=0}=\chi_{\rho_0(x)}(v),(x,v)\in\mathbb{R}^d\times\mathbb{R}.\end{cases} \tag{8.3.6}$$

首先我们用 BGK 模型来证明（8.3.6）是适定的，即对任意的 $\varepsilon>0$ 我们将（8.3.6）视为如下积分微分方程

$$
\begin{cases}
\partial_t u_\varepsilon(t,x,v)+b(v)\cdot\nabla_x u_\varepsilon+A(t,x,v)\partial_v u_\varepsilon, \\
=\dfrac{1}{\varepsilon}[\chi_{\rho_\varepsilon(t,x)}-u_\varepsilon],(t,x,v)\in(0,T)\times\mathbb{R}^d\times\mathbb{R}, \\
u_\varepsilon(t,x,v)\mid_{t=0}=\chi_{\rho_0(x)}(v),(x,v)\in\mathbb{R}^d\times\mathbb{R},
\end{cases}
\tag{8.3.7}
$$

当 $\varepsilon\to 0$ 的极限，其中 $\rho_\varepsilon(t,x)=\int_{\mathbb{R}}u_\varepsilon(t,x,v)dx$.

• **声明 1**：（8.3.7）在 $L^\infty([0,T];L^\infty(\mathbb{R}^{d+1}))\cap C([0,T]);L^1(\mathbb{R}^{d+1}))$ 中是适定的，显然 $(8.3.7)_1$ 有如下的等价表示

$$
\partial_t Z_\varepsilon+b(v)\cdot\nabla_x Z_\varepsilon+A(t,x,v)\partial_v Z_\varepsilon=\frac{1}{\varepsilon}e^{\frac{t}{\varepsilon}}\chi_{e^{\frac{t}{\varepsilon}}\tilde{\rho}_\varepsilon}(v),
$$

其中

$$
Z_\varepsilon(t,x,v)=e^{\frac{1}{\varepsilon}}u_\varepsilon(t,x,v),\tilde{\rho}_\varepsilon=\int_{\mathbb{R}}Z_\varepsilon(t,x,v)dv.
$$

在条件（8.3.4）和（8.3.5）下，对任意的 $(x,v)\in\mathbb{R}^{d+1}$，如下的常微分方程

$$
\begin{cases}
\dfrac{d}{dt}(X(t,x,v),V(t,x,v))^\top=(b(V),A(t,X,V))^\top, \\
(X(t,x,v),V(t,x,v))^\top\mid_{t=0}=(x,v)^\top,
\end{cases}
\tag{8.3.8}
$$

存在唯一的经典解.

所以沿着方向（8.3.8），就有

$$
Z_\varepsilon(t,X(t),V(t))=\frac{1}{\varepsilon}\int_0^t e^{\frac{s}{\varepsilon}}\chi_{e^{\frac{s}{\varepsilon}}\tilde{\rho}_\varepsilon(s,X)}(V(s,x,v))ds+\chi_{\rho_0(x)}(v),
$$

即

$$
u_\varepsilon(t,X(t),V(t))=\frac{1}{\varepsilon}\int_0^t e^{\frac{s-t}{\varepsilon}}\chi_{\rho_\varepsilon(s,x)}(V(s,x,v))ds+e^{-\frac{t}{\varepsilon}}\chi_{\rho_0(x)}(v).
$$

由条件（8.3.4）和（8.3.5），上述 ODE 的经典解不仅存在，而且映射 $(x,v)^\top\to(X,V)^\top$ 的逆也是存在的，这样我们就得到了

$$
u_\varepsilon(t,x,v)=\frac{1}{\varepsilon}\int_0^t e^{\frac{s-t}{\varepsilon}}\chi_{\rho_\varepsilon(s,X_{t,s}(x,v))}(V_{t,s}(x,v))ds+e^{\frac{1}{\varepsilon}}\chi_{\rho_0(X_{t,0}(x,v))}(V_{t,0}(x,v)),
\tag{8.3.9}
$$

其中 $(X_{t,s}(x,v)),V_{t,s}(x,v))^\top=[(X_{s,t}(x,v),V_{s,t}(x,v))^\top]^{-1}$，即

$$
\frac{d}{dt}(X_{s,t}(x,v),V_{s,t}(x,v))^\top=(b(V_{s,t}),A(t,X_{s,t},V_{s,t}))]^\top,t\geqslant s,
$$

满足 $(X_{s,t}(x,v),V_{s,t}(x,v))^{\top}|_{t=s}=(x,v)^{\top}$.

对任意的 $u\in L^{\infty}([0,T];L^{\infty}(\mathbb{R}^{d+1}))\cap C([0,T]);L^{1}(\mathbb{R}^{d+1}))$ 定义映射 S_{ε}

$$(S_{\varepsilon}u)(t,x,v)=\frac{1}{\varepsilon}\int_{0}^{t}e^{\frac{s-t}{\varepsilon}}\chi_{\rho^{u}(s,X_{t,s}(x,v))}(V_{t,s}(x,v))ds+e^{\frac{t}{\varepsilon}}\chi_{\rho_{0}^{u}(X_{t,0}(x,v))}(V_{t,0}(x,v)),\tag{8.3.10}$$

这里

$$\rho^{u}(t,x)=\int_{\mathbb{R}}u(t,x,v)dv,\rho_{0}^{u}(x)=\int_{\mathbb{R}}u(0,x,v)dv=\rho_{0}(x).$$

下面我们来证明：在 $L^{\infty}([0,T];L^{\infty}(\mathbb{R}^{d+1}))\cap C([0,T]);L^{1}(\mathbb{R}^{d+1}))$ 中，S_{ε} 的压缩的.

首先，我们来说明定义 (8.3.10) 是合理的. 事实上，显然有

$$\|S_{\varepsilon}u\|_{L^{\infty}([0,T]\times\mathbb{R}^{d+1})}\leqslant 1\tag{8.3.11}$$

且

$$\begin{aligned}&\sup_{0\leqslant t\leqslant T}\Big|\frac{1}{\varepsilon}\int_{0}^{t}e^{\frac{s-t}{\varepsilon}}ds\int_{\mathbb{R}_{x}^{d}\times\mathbb{R}_{v}}\chi_{\rho^{u}(s,X_{t,s}(x,y))}(V_{t,s}(x,v))dvdx\\&\quad+e^{-\frac{t}{\varepsilon}}\int_{\mathbb{R}_{x}^{d}\times\mathbb{R}_{v}}\chi_{\rho_{0}^{v}(X_{t,0}(x,y))}(V_{t,0}(x,v))dvdx\Big|\\&=\sup_{0\leqslant t\leqslant T}\Big|\frac{1}{\varepsilon}\int_{0}^{t}e^{\frac{s-t}{\varepsilon}}ds\int_{\mathbb{R}_{x}^{d}\times\mathbb{R}_{v}}\chi_{\rho^{u}(s,x)}(v)\exp\Big(\int_{0}^{s}\partial_{v}A(r,X_{s,r}(x,v),V_{0,r}(x,v))dr\Big)dvdx\\&\quad+e^{-\frac{t}{\varepsilon}}\int_{\mathbb{R}_{x}^{d}\times\mathbb{R}_{v}}\chi_{\rho_{0}^{v}(x)}(v)\exp\Big(\int_{0}^{s}\partial_{v}A(r,X_{0,r}(x,v),V_{0,r}(x,v))dr\Big)dvdx\Big|\\&\leqslant(1-e^{-\frac{T}{\varepsilon}})\|u\|_{C([0,T]);L^{1}(\mathbb{R}_{x}^{d}\times\mathbb{R}_{v}))}+\|\rho_{0}^{u}\|_{L^{1}(\mathbb{R}_{x}^{d}\times\mathbb{R}_{v})},\end{aligned}$$

因此 (8.3.10) 的定义是合理的.

对任意 f，$g\in L^{\infty}([0,T];L^{\infty}(\mathbb{R}^{d+1}))\cap C([0,T]);L^{1}(\mathbb{R}^{d+1}))$，我们可得

$$\begin{aligned}&\|S_{\varepsilon}f-S_{\varepsilon}g\|_{C([0,T]);L^{1}(\mathbb{R}_{x}^{d}\times\mathbb{R}_{v})}\\&\leqslant\sup_{0\leqslant t\leqslant T}\Big|\frac{1}{\varepsilon}\int_{0}^{t}e^{\frac{s-t}{\varepsilon}}ds\int_{\mathbb{R}_{x}^{d}\times\mathbb{R}_{v}}\Big|\chi_{\rho^{f}(s,X_{t,s}(x,y))}(V_{t,s}(x,v))\\&\quad-\chi_{\rho^{g}(s,X_{t,s}(x,y))}(V_{t,s}(x,v))\Big|dvdx+e^{-\frac{t}{\varepsilon}}\int_{\mathbb{R}_{x}^{d}\times\mathbb{R}_{v}}\Big|\chi_{\rho_{0}^{f}(X_{t,0}(x,y))}(V_{t,0}(x,v))\\&\quad-\chi_{\rho_{0}^{g}(X_{t,0}(x,y))}(V_{t,0}(x,v))\Big|dvdx\Big|\\&=\sup_{0\leqslant t\leqslant T}\Big|\frac{1}{\varepsilon}\int_{0}^{t}e^{\frac{s-t}{\varepsilon}}ds\int_{\mathbb{R}_{x}^{d}\times\mathbb{R}_{v}}\Big|\chi_{\rho^{f}(s,x)}(v)-\chi_{\rho^{g}(s,x)}(v)\Big|\exp\Big(\int_{s}^{t}\partial_{v}A(r,X_{s,r},V_{s,r})dr\Big)dvdx\\&\quad+e^{\frac{t}{\varepsilon}}\int_{\mathbb{R}_{x}^{d}\times\mathbb{R}_{v}}\Big|\chi_{\rho_{0}^{f}(x)}(v)-\chi_{\rho_{0}^{g}(x)}(v)\Big|\exp\Big(\int_{0}^{t}\partial_{v}A(r,X_{0,r}(x,v),V_{0,r}(x,v)dr\Big)dvdx\Big|\end{aligned}$$

$$\leqslant (1-e^{-\frac{T}{\varepsilon}}) \|f-g\|_{C([0,T]);L^1(\mathbb{R}_x^d\times\mathbb{R}_v))} + \|f_0-g_0\|_{L^1(\mathbb{R}_x^d\times\mathbb{R}_v)}. \tag{8.3.12}$$

特别的，如果 $f_0=g_0=\chi_{\rho_0}$，则有

$$\|S_\varepsilon f - S_\varepsilon g\|_{C([0,T]);L^1(\mathbb{R}_x^d\times\mathbb{R}_v))} \leqslant (1-e^{-\frac{T}{\varepsilon}}) \|f-g\|_{C([0,T]);L^1(\mathbb{R}_x^d\times\mathbb{R}_v))}.$$

由压缩映像原理，（8.3.7）存在唯一的随机弱解 $u_\varepsilon \in C([0,T]);L^1(\mathbb{R}^{d+1}))$. 此外借助（8.3.11），$u_\varepsilon \in L^\infty([0,T];L^\infty(\mathbb{R}^{d+1}))$，这样我们就完成了声明 1 的证明.

- **声明 2：（比较原理）** 对任意的 ρ_0，$\tilde{\rho}_0 \in L^\infty \cap L^1(\mathbb{R}^d)$（8.3.7）的相应的解 u_ε 和 $\tilde{u}_\varepsilon$ 满足.

$$\|[u_\varepsilon(t)-\tilde{u}_\varepsilon(t)]_+\|_{L^1(\mathbb{R}_x^d\times\mathbb{R}_v))} \leqslant \|[\chi_{\rho_0}-\chi_{\tilde{\rho}_0}]_+\|_{L^1(\mathbb{R}_x^d\times\mathbb{R}_v)}, \tag{8.3.13}$$

$$\|\rho_\varepsilon(t)\|_{L^\infty(\mathbb{R}^d)} \leqslant \|\tilde{\rho}_0\|_{L^\infty(\mathbb{R}^d)}. \tag{8.3.14}$$

此处，如果 $\rho_0 \leqslant \tilde{\rho}_0$，那么

$$\text{对几乎所有的}\ (t,x,v) \in (0,T)\times\mathbb{R}^d\times\mathbb{R},\ u_\varepsilon(t,x,v) \leqslant \tilde{u}_\varepsilon(t,x,v), \tag{8.3.15}$$

$$\text{对几乎所有的}\ (t,x) \in (0,T)\times\mathbb{R}^d,\ \rho_\varepsilon(t,x) \leqslant \tilde{\rho}_\varepsilon(t,x) \tag{8.3.16}$$

从（8.3.9）和（8.3.12），很容易得到（8.3.14）.（8.3.15）和（8.3.16）从（8.3.13）也很容易就得到了，所以我们只需证明（8.3.13）. 令 $\lambda_\varepsilon[u_\varepsilon-\tilde{u}_\varepsilon]_+$ 做个逼近讨论，在 $(0,T)\times\mathbb{R}^{d+1}$ 中它满足

$$\partial_t\lambda_\varepsilon + b(v)\cdot\nabla_x\lambda_\varepsilon + A\partial_v\partial_\varepsilon = \frac{1}{\varepsilon}[\chi_{\rho_\varepsilon}(t,x) - \chi_{\tilde{\rho}_\varepsilon(t,x)} - (u_\varepsilon-\tilde{u}_\varepsilon)]\mathrm{sign}\lambda_\varepsilon, \tag{8.3.17}$$

和初始条件

$$\lambda_\varepsilon|_{t=0} = \chi_{\rho_0(x)}(v) - \chi_{\tilde{\rho}_0(x)}(v), (x,v) \in \mathbb{R}^{d+1}. \tag{8.3.18}$$

注意到

$$[\chi_{\rho_\varepsilon}(t,x) - \chi_{\tilde{\rho}_\varepsilon(t,x)} - (u_\varepsilon-\tilde{u}_\varepsilon)]\mathrm{sign}\lambda_\varepsilon = [\chi_{\rho_\varepsilon(t,x)} - \chi_{\tilde{\rho}_\varepsilon(t,x)})]\mathrm{sign}\lambda_\varepsilon - \lambda_\varepsilon$$

和

$$\int_{\mathbb{R}}[\chi_{\rho_\varepsilon(t,x)}(v) - \chi_{\tilde{\rho}_\varepsilon(t,x)}(v)]\mathrm{sign}\lambda_\varepsilon(t,x,v)dv \leqslant \int_{\mathbb{R}}\lambda_\varepsilon(t,x,v)dv. \tag{8.3.19}$$

从（8.3.17），借助于（8.3.5）和一个 Grönwall 型的讨论，我们就得到了（8.3.13）.

事实上如果 $\rho_\varepsilon \leqslant \tilde{\rho}_\varepsilon$，（8.3.19）是显然的，否则

$$\int_{\mathbb{R}}[\chi_{\rho_\varepsilon(t,x)}(v) - \chi_{\tilde{\rho}_\varepsilon(t,x)}(v)]\mathrm{sign}\lambda_\varepsilon(t,x,v)dv \leqslant \int_{\mathbb{R}}[\chi_{\rho_\varepsilon(t,x)}(v) - \chi_{\tilde{\rho}_\varepsilon(t,x)}(v)]dv$$

$$
\begin{aligned}
&= \int_{\mathbb{R}} [u_\varepsilon - \tilde{u}_\varepsilon] dv \\
&\leqslant \int_{\mathbb{R}} \lambda_\varepsilon(t,x,v) dv.
\end{aligned}
$$

• **声明 3**：$\{u_\varepsilon\}$ 在 $C([0,T]);L^1(\mathbb{R}^{d+1}))$ 中是相对紧的，$\{\rho_\varepsilon\}$ 在 $C([0,T]);L^1(\mathbb{R}^d))$ 中是相对紧的.

从（8.3.12）（相差一个微小的改变），我们得：对任意的 $(\tilde{x},\tilde{v}) \in \mathbb{R}^{d+1}$，$t \in (0,T)$，

$$
\begin{aligned}
&\| u_\varepsilon(t,\tilde{x}+\cdot\ \tilde{v}+\cdot) - u_\varepsilon(t,\cdot,\cdot) \|_{L^1(\mathbb{R}_x^d \times \mathbb{R}_v)} \\
&\leqslant \frac{1}{\varepsilon} \int_0^t e^{\frac{s-t}{\varepsilon}} \| u_\varepsilon(s,\tilde{x}+\cdot,\tilde{v}+\cdot) - u_\varepsilon(s,\cdot,\cdot) \|_{L^1(\mathbb{R}_x^d \times \mathbb{R}_v)} ds \\
&\quad + e^{-\frac{t}{\varepsilon}} \int_{\mathbb{R}_x^d \times \mathbb{R}_v} |\chi_{\rho_0(x+\tilde{x})}(v+\tilde{v}) - \chi_{\rho_0(x)}(v)| dvdx.
\end{aligned}
$$

所以

$$
\begin{aligned}
&\| u_\varepsilon(t,\tilde{x}+\cdot\ \tilde{v}+\cdot) - u_\varepsilon(t,\cdot,\cdot) \|_{L^1(\mathbb{R}_x^d \times \mathbb{R}_v)} \\
&\leqslant \int_{\mathbb{R}_x^d \times \mathbb{R}_v} |\chi_{\rho_0(x+\tilde{x})}(v+\tilde{v}) - \chi_{\rho_0(x)}(v)| dvdx.
\end{aligned}
$$

特别的

$$
\begin{aligned}
&\| \rho_\varepsilon(t,\tilde{x}+\cdot) - \rho_\varepsilon(t,\cdot) \|_{L^1(\mathbb{R}^d)} \\
&= \int_{\mathbb{R}_x^d} \left| \int_{\mathbb{R}} u_\varepsilon(t,\tilde{x}+x,v) dv - \int_{\mathbb{R}} u_\varepsilon(t,x,v) dv \right| dx \\
&\leqslant \int_{\mathbb{R}_x^d} \int_{\mathbb{R}_v} | u_\varepsilon(t,\tilde{x}+x,v) dv - u_\varepsilon(t,x,v) | dvdx \\
&\leqslant \int_{\mathbb{R}_x^d} \int_{\mathbb{R}_v} |\chi_{\rho_0(x+\tilde{x})}(v) - \chi_{\rho_0(x)}(v)| dvdx.
\end{aligned}
$$

借助于 Riesz - Fréchet - Kolmogorov L^p 紧性准则和 Arzela - Ascoli 定理，函数族 $\{u_\varepsilon\}$ 在 $C([0,T]);L^1_{loc}(\mathbb{R}^{d+1}))$ 中是相对紧的，$\{\rho_\varepsilon\}$ 在 $C([0,T]);L^1_{loc}(\mathbb{R}^d))$ 中是相对紧的. 所以对任意的 $\{\varepsilon_k\}$（当 $k\to\infty$ 时，$\varepsilon_k\to 0$），存在两个子列（不妨设子列相同好了）$\{u_{\varepsilon_k}\}$ 的 $\{\rho_{\varepsilon_k}\}$，使得

当 $k\to\infty$ 时，$u_{\varepsilon_k}\to u \in C([0,T]);L^1_{loc}(\mathbb{R}^{d+1}))$，$\rho_{\varepsilon_k}\to\rho\in C([0,T]);L^1_{loc}(\mathbb{R}^d))$.

另一方面，由（8.3.11）和下半连续性，所以

$u \in L^\infty([0,T];L^\infty(\mathbb{R}^{d+1}))\cap C([0,T]);L^1(\mathbb{R}^{d+1}))$,

$\rho \in L^\infty([0,T];L^\infty(\mathbb{R}^d))\cap C([0,T]);L^1(\mathbb{R}^d))$.

• **声明 4**：存在 $m_\varepsilon \geqslant 0$ 使得 $\frac{1}{\varepsilon}[\chi_{\rho_\varepsilon} - u_\varepsilon] = \partial_v m_\varepsilon$，且 $m_\varepsilon \geqslant 0$ 关于时间 t 连续，

关于 ε 一致有界.

设 $(t,x)\in(0,T)\times\mathbb{R}^d$ 是固定的，且不妨设 $\rho_\varepsilon>0$，定义

$$m_\varepsilon(t,x,v)=\frac{1}{\varepsilon}\int_{-\infty}^{v}[\chi_{\rho_\varepsilon(t,x)}(\tau)-u_\varepsilon(t,x,\tau)]d\tau.$$

从（8.3.5）和（8.3.9），我们就得

$$u_\varepsilon(t,x,\tau)\in\begin{cases}[0,1], & 当\ \tau>0,\\ [-1,0], & 当\ \tau<0.\end{cases}$$

所以 $m_\varepsilon(t,x,v)$ 在（$-\infty$，ρ_ε）上是非降的，在［ρ_ε，∞］上是非增的．另一方面，$m_\varepsilon(t,x,-\infty)=m_\varepsilon(t,x,\infty)=0$，因此 $m_\varepsilon\geqslant 0$.

因为 $\rho_0\in L^\infty\cap L^1(\mathbb{R}^d)$，从（8.3.9）和（5.3.14），显然有

$$\operatorname{supp}m_\varepsilon\subset[0,T]\times\mathbb{R}_x^d\times[-K,K],$$

其中 $K=\|\rho\|_{L^\infty}\exp\left(\int_0^T\|\partial_v A(t)\|_{L^\infty(\mathbb{R}^{d+1})}\right)$．所以

$$\begin{aligned}&\int_0^T dt\int_{\mathbb{R}_x^d}dx\int_{\mathbb{R}_v}m_\varepsilon(t,x,v)dv\\
&=\int_0^T dt\int_{\mathbb{R}_x^d}dx\int_{-K}^{K}dv\int_{-K}^{v}[\partial_t u_\varepsilon+b(\tau)\cdot\nabla_x u_\varepsilon+A(t,x,\tau)\partial_\tau u_\varepsilon]d\tau\\
&=\int_0^T dt\int_{\mathbb{R}_x^d}dx\int_{-K}^{K}dv\int_{-K}^{v}[\partial_t u_\varepsilon(t,x,\tau)+A(t,x,\tau)\partial_\tau u_\varepsilon]d\tau\\
&\leqslant 2K[\|u_\varepsilon(T)\|_{L^1_{(\mathbb{R}^{d+1})}}+\|u_\varepsilon(0)\|_{L^1_{(\mathbb{R}^{d+1})}}]+\int_0^T dt\int_{\mathbb{R}_x^d}dx\int_{-K}^{K}Au_\varepsilon dv\\
&\quad-\int_0^T dt\int_{\mathbb{R}_x^d}dx\int_{-K}^{K}dv\int_{-K}^{v}\partial_\tau A(t,x,\tau)u_\varepsilon d\tau.\end{aligned}$$

由（8.3.5）和（8.3.14），这样我们就得到了

$$\begin{aligned}&\int_0^T dt\int_{\mathbb{R}_x^d}dx\int_{\mathbb{R}_v}m_\varepsilon(t,x,v)dv\\
&\leqslant 4K\|\rho_0\|_{L^1_{(\mathbb{R}^d)}}+(1+2K)\int_0^T dt\int_{\mathbb{R}_x^d}dx\int_{-K}^{K}\|\partial_v A(t)\|_{L^\infty(\mathbb{R}^d)}|u_\varepsilon(t,x,v)|dv\\
&\leqslant[4K+(1+2K)\int_0^T\|\partial_v A(t)\|_{L^\infty(\mathbb{R}^d)}dt]\|\rho_0\|_{L^1\mathbb{R}^d}\end{aligned}$$

所以 m_ε 关于 ε 是一致有界的．通过选取子列，就有

$$m_\varepsilon\to m\geqslant 0.$$

下面我们只剩下证明 m 关于 t 是连续的．因为此时的论证和论证 t 在 0 点的连续性是类似的，所以我们只要证明 m 在 0 点连续，而此事实是显然的，这样我们就完成了此处的证明.

• **声明 5**：$u(t,x,v)=\chi_{\rho(t,x)}(v)$，$\rho$ 满足 Cauchy 问题（8.2.1）（此时 $\sigma=0$）. 此外，对任意的 $\rho_0,\tilde{\rho}_0\in L^\infty\cap L^1(\mathbb{R}^d)$，（8.3.1），（8.3.2）相应的解 u 和 $\tilde{u}$ 满足

$$\|[u(t)-\tilde{u}(t)]_+\|_{L^1(\mathbb{R}_x^d\times\mathbb{R}_v)}\leqslant\|[\chi_{\rho_0}-\chi_{\tilde{\rho}_0}]_+\|_{L^1(\mathbb{R}_x^d\times\mathbb{R}_v)}$$

此外若 $\rho_0\leqslant\tilde{\rho}_0$，则

$$u(t,x,v)\leqslant\tilde{u}(t,x,v),\text{a. e. }(t,x,v)\in(0,T)\times\mathbb{R}^d\times\mathbb{R},$$

$$\rho(t,x)\leqslant\tilde{\rho}(t,x),\text{a. e. }(t,x)\in(0,T)\times\mathbb{R}^d.$$

特别的如果 $\rho_0\geqslant0$，则 $u\geqslant0$，$\rho\geqslant0$. 注意到

$$u_\varepsilon\to u,\ \rho_\varepsilon\to\rho\text{ 和 }m_\varepsilon\to m,$$

所以 $u_\varepsilon(t,x,v)-\chi_{\rho_\varepsilon}(v)\to0$，进而 $u=\chi_{\rho(t,x)}(v)$. 除此，ρ 是（8.2.1）的一个随机熵解.

另一方面，对任意的 α_1，$\alpha_2\in\mathbb{R}$，

$$\int_{\mathbb{R}}[\chi_{\alpha_1}(v)-\chi_{\alpha_2}(v)]_+dv=[\alpha_1-\alpha_2]_+$$

所以断言的剩余部分是显然的.

第二步：（8.3.1），（8.3.2）随机弱解的存在性.

首先引入一些记号. 对任意的 $a\in\mathbb{R}^d$，我们用 Ξ_a 表示

$$\Xi_a\varphi(x)=\varphi(x+a),\forall\varphi\in C(\mathbb{R}^d),$$

我们用 Ξ_a^* 表示拉回映射，对任意的 $\tilde{\varphi}\in\mathcal{D}([0,T)\times\mathbb{R}^d\times\mathbb{R})$，那么在 Ξ_a^* 拉回可表示为

$$\Xi_a^*m(\tilde{\varphi})=m(\Xi_{-a}\tilde{\varphi})\int_0^T dt\int_{\mathbb{R}^d}dx\int_{\mathbb{R}}\tilde{\varphi}(t,x-a,v)dv.$$

考虑下面的 Cauchy 问题

$$\begin{cases}\partial_t\tilde{u}(t,x,v)+b(v)\cdot\nabla_x\tilde{u}(t,x,v)+A(t,x+M(t),v)\partial_v\tilde{u}(t,x,v)\\\quad=\Xi_{M(t)}^*\partial_v m(t,x,v),(t,x,v)\in(0,T)\times\mathbb{R}^{d+1},\\\tilde{u}(t,x,v)|_{t=0}=\chi_{\rho_0(x)}(v),(x,v)\in\mathbb{R}^{d+1},\end{cases}\tag{8.3.20}$$

其中 $M(t)$ 由（8.3.3）给出.

对几乎所有固定的 $\omega\in\Omega,M(t)\in C([0,T];\mathbb{R}^d)$，且对此 ω，

$$A(t,x+M(t),v)\in L^1([0,T];W_{loc}^{1,\infty}(\mathbb{R}_x^d\times\mathbb{R}))$$

重复第一步的计算，存在 $\tilde{u}(\omega)\in L^\infty([0,T];L^\infty(\mathbb{R}^{d+1}))\cap C([0,T];L^1(\mathbb{R}^{d+1}))$ 满足（8.3.20）. 此外由（8.3.11）和（8.3.12），$\tilde{u}\in L^\infty(\Omega;L^\infty$

$([0,T];L^{\infty}(\mathbb{R}^{d+1})))\cap L^{\infty}(\Omega;C([0,T];L^{1}(\mathbb{R}^{d+1})))$.

用一次 Itô – Wentzell 公式，再加上一个与定理 3.2.6 中证明的类似讨论，我们就得

$$
\begin{aligned}
&\int_{\mathbb{R}_x^d} dx \int_{\mathbb{R}_v} u(t,x,v)\,\tilde{\varphi}(x,v)\,dv - \int_{\mathbb{R}^d} \chi_{\rho_0(x)}(v)\,\tilde{\varphi}(x,v)\,dv \\
&= \int_0^t ds \int_{\mathbb{R}_x^d} dx \int_{\mathbb{R}^v} u(s,x,v)b(v)\cdot\nabla_x\tilde{\varphi}(x,v)\,dv \\
&\quad + \int_0^t \circ\, dW_j(s) \int_{\mathbb{R}_x^d} dx \int_{\mathbb{R}_v} u\sigma_{i,j}\partial_{x_i}\tilde{\varphi}(x,v)\,dv \\
&\quad - \int_0^t ds \int_{\mathbb{R}_x^d} dx \int_{\mathbb{R}_v} \partial_v\tilde{\varphi}(x,v)\,m(ds,dx,dv) \\
&\quad + \int_0^t ds \int_{\mathbb{R}_x^d} dx \int_{\mathbb{R}_v} u(s,x,v)\partial_v[A(s,x,v)\,\tilde{\varphi}(x,v)]\,dv. \qquad (8.3.21)
\end{aligned}
$$

所以我们就得到了（8.3.1），（8.3.2）随机弱解的存在性.

第三步：（8.2.1）随机熵解的存在性.

做一个和第一步断言 5 类似讨论，我们就有

$$u(t,x,v)=\chi_{\rho(t,x)}(v),\rho\in L^{\infty}(\Omega[0,T]\times\mathbb{R}^{d})\cap L^{\infty}(\Omega;C([0,T];L^{1}(\mathbb{R}^{d}))).$$

从（8.3.21），并借助于定理 8.2.4（ii），所以 ρ 是（8.2.1）的一个随机熵解.

注记 8.3.2. 当 b 和 A 非常正则时，我们可以通过特征线方法和 BGK 模型来求解（8.3.1），（8.3.2）（可看［142］）. 此处我们并没有采取这种方法，因为借助于上述方法，或许我们可以对一般的向量场 b 和 A 来建立随机弱解的存在性（比如 3.2 节，只不过那里 $m=0$），进而在较弱的假设下得到（8.2.1）随机熵解的存在性. 此外如果随机弱解是唯一的，我们还有以下的关系：对任意的 $\tilde{\varphi}\in\mathcal{D}(\mathbb{R}^{d+1})$，

$$
\begin{aligned}
&\int_{\mathbb{R}_x^d} dx \int_{\mathbb{R}_v} u(t,x,v)\,\tilde{\varphi}(x,v)\,dv \\
&= \int_{\mathbb{R}_x^d} dx \int_{\mathbb{R}^v} \chi_{\rho_0(x)}(v)\,\tilde{\varphi}(X_{0,t},V_{0,t})\exp\Big(\int_0^t \partial_v A(r,X_{0,r},V_{0,r})\,dr\Big)dv \\
&\quad - \int_0^t ds \int_{\mathbb{R}_x^d} dx \int_{\mathbb{R}^v} \partial_v\Big[\tilde{\varphi}(X_{s,t},V_{s,t})\exp\Big(\int_s^t \partial_v A(r,X_{s,r},V_{s,r})\,dr\Big)\Big]m(ds,dx,dv).
\end{aligned}
$$

特别的，如果 $\tilde{u}$ 定义如下：对任意的 $\tilde{\varphi}\in\mathcal{D}(\mathbb{R}^{d+1})$，

$$
\begin{aligned}
&\int_{\mathbb{R}_t^d} dx \int_{\mathbb{R}_v} \tilde{u}(t,x,v)\,\tilde{\varphi}(x,v)\,dv \\
&= \mathbb{E}\int_{\mathbb{R}_x^d} dx \int_{\mathbb{R}_v} \chi_{\rho_0(x)}(v)\,\tilde{\varphi}(X_{0,t},V_{0,t})\exp\Big(\int_0^t \partial_v A(r,X_{0,r},V_{0,r})\,dr\Big)dv
\end{aligned}
$$

$$-\mathbb{E}\int_0^t ds\int_{\mathbb{R}_x^d}dx\int_{\mathbb{R}_v}dx\int_{\mathbb{R}_v}\partial_v\Big[\tilde{\varphi}(X_{s,t},V_{s,t})\exp\Big(\int_s^t\partial_vA(r,X_{s,r},V_{s,r})dr\Big)\Big]m(ds,dx,dv).$$

那么，它是如下问题的随机弱解

$$\partial_t\tilde{u}(t,x,v)+b(v)\cdot\nabla_x\tilde{u}+A(t,x,v)\partial_v\tilde{u}-\frac{1}{2}a_{i,j}(t,v)\partial^2_{x_i,x_j}\tilde{u}=\partial_vm.$$

因为（8.2.1）是非线性的，所以一般说来此时 $\tilde{u}$ 并不是（8.2.1）的随机弱解. 此外，如果 $A(t,x,v)$ 与 x 无关，我们也可以借助于 Fourier 分析和振荡积分理论来得到（8.2.1）随机弱解的表示：

$$\rho(t,x)=\int_{\mathbb{R}}\tilde{u}(t,x,v)dv,$$

其中 $\tilde{u}$ 定义如下：对任意的 $\tilde{\varphi}\in\mathcal{D}(\mathbb{R}^{d+1})$,

$$\int_{\mathbb{R}_x^d}dx\int_{\mathbb{R}_v}\tilde{u}(t,x,v)\tilde{\varphi}(x,v)dv$$

$$=\int_{\mathbb{R}_x^d}dx\int_{\mathbb{R}_v}\chi_{\rho_0(x)}(v)F^{-1}\big[\hat{\tilde{\varphi}}(\cdot,V_{0,t}(\cdot,v))\partial_vV_{0,t}(\cdot,v)\big]dv$$

$$-\int_0^t ds\int_{\mathbb{R}_x^d}dx\int_{\mathbb{R}_v}F^{-1}\Big[\frac{\partial}{\partial v}\Big(\frac{\hat{\tilde{\varphi}}(\cdot,V_{s,t}(\cdot,v))\partial_vV_{s,t}(\cdot,v)}{1+|\cdot|^2a(t,v)+i(\cdot)\cdot b(v)}\Big)\Big]m(ds,dx,dv),$$

这里

$$\hat{\tilde{\varphi}}(\xi,v)=\int_{\mathbb{R}^d}e^{i<\xi,x>}\tilde{\varphi}(x,v)dx$$

表示 $\tilde{\varphi}$ 关于 x 的 Fourier 变换，F^{-1}表示 Fourier 逆变换. $V_{s,t}(\xi,v)$ 满足

$$\frac{d}{dt}V_{s,t}(\xi,v)=\frac{A(t,V_{s,t})}{1+|\xi|^2a(t,v)+i\xi\cdot b(V_{s,t})},t\geqslant s$$

且 $V_{s,s}(\xi,v)=(\xi,v)$ 这里仅为了叙述和计算简便，我们在定理 8.3.1 中就作了 Lipschitz 正则性的假设. 下面我们就来给出一个明显的例子来说明在许多实际问题中，Lipschitz 性是自然满足的.

例子 8.3.3. 在此，我们考虑一维情形下的两种互不相容流体（比如油和水）在多孔介质中的渗流问题，这类方程以 Buckley – Leverett 方程著称. 考虑如下的随机非齐次 Buckley – Leverett 方程：在 $\Omega\times(0,T)\times\mathbb{R}$ 中

$$\partial_t\rho(t,x)+\partial_xB(\rho)+\partial_x\rho(t,x)\circ\dot{M}(t)=\mu A(\rho),$$

满足初值

$$\rho(t,x)|_{t=0}=\rho_0(x),x\in\mathbb{R},$$

其中

$$B(\rho)=\begin{cases}0, & 当\ \rho<0,\\ \dfrac{\rho^2}{\rho^2+(1-\rho)^2}, & 当\ 0\leqslant\rho\leqslant1,\\ 1, & 当\ \rho>1,\end{cases}\quad A(\rho)=\begin{cases}-\dfrac{\rho^2}{1+\rho^2}, & 当\ \rho<0,\\ 0, & 当\ \rho\geqslant0,\end{cases}\quad M(t)=$$

$\int_0^t\vartheta(s)dW_s$, $\mu\geqslant0$ 是一个常数.

推论 8.3.4. 设 $\vartheta\in L^2([0,T])$, $\rho_0\in L^\infty\cap L^1(\mathbb{R})$，则上述问题存在一个随机熵解 ρ. 若 A 还满足定理 8.2.8 中的条件，则随机熵解是唯一的. 此外如果 $\rho_0\geqslant0$，则 $\rho\geqslant0$.

8.4　注　　记

在这一章里，我们讨论了随机平衡律（8.2.1），其中第一个主要结果：随机动理学公式（定理 8.2.4）的直接想法来源于［180，198］，只不过我们这里的结果比那里更细致了. 正如［180］中所述，对一般的双曲平衡律系统如何建立类似定理 8.2.4 的结论目前来说还是一个公开的问题. 但对于特殊的平衡律系统：2×2 等熵气体动力学方程组和 $2\times2p$ – 系统，Lions，Perthame 和 Tadmor 在［181］中也给出了相应的动理学公式此外，借助于动理学公式，他们也给出了一些应用.

将确定的平衡律方程中的动理学公式推广到随机情形，并完整的建立随机平恒律适定性的第一个工作是 Debussche 和 Vovelle［86］给出的. 在［86］中，借助于随机动理学公式，抛物逼近和 Young 测度理论，他们得到了带有随机外力的守恒律方程：

$$d\rho+\operatorname{div}(B(\rho))dt=\Phi(\rho)dW,x\in[0,1]^d,t\in(0,T)\tag{8.4.1}$$

的适定性. 随后在［141］Hofmanova 也讨论了（8.4.1），不同于［86］中的是，Hofmanova 借助于确定方程中的 BGK 逼近，也建立了解的存在性. 然后通过建立比 较定理进而得到解的唯一性.

除此之外，近些年来关于随机守恒律的研究工作也是很多的，如［97，112，211，221，233］. 关于如下的退化抛物随机偏微分方程

$$d\rho+\operatorname{div}(B(\rho))dt=\operatorname{div}(A(x)\nabla\rho)dt+\Phi(\rho)dW,x\in[0,1]^d,t\in(0,T)\tag{8.4.2}$$

的研究也是很热的，可看［131，141］等.

以上我们提到的文献以及目前关于随机平衡律的其他工作其大部分研究重点都是集中在有界区域上的，借助于抛物逼近（有界区域时我们可以采用特征函 数展开）以及能量估计，他们就可以得到解的存在唯一性了. 然而目前，对于无界区域上的随机平衡律的研究还是比较少的.

2012 年，Chen 等人在［68］中讨论了如下的随机非线性平衡律

$$d\rho+\mathrm{div}(B(\rho))dt=\Phi(\rho)dW, x\in\mathbb{R}^d, t>0, \tag{8.4.3}$$

在假设：

$$\mathbb{E}\|\rho_0\|^p_{L^p(\mathbb{R}^d)}<\infty,\ p=1,\ 2,\ \cdots$$

$B\in C^2(\mathbb{R};\mathbb{R}^d)$，存在一个整数 r 使得 $|B(\rho)|\leqslant C(1+|\rho|^r)$，

$$\Phi(0)=0, |\Phi(\rho_1)-\Phi(\rho_2)|\leqslant C|\rho_1-\rho_2|, \forall\rho_1,\rho_2\in\mathbb{R}$$

下，他们得到了强随机熵解在 L^p 空间中的适定性.

此外，对于平衡律而言，关于非线性的 Stratonovich 型的随机噪声的研究也是很少的，但是对于平衡律，关于无界区域和 Stratonovich 型的随机噪声的研究确实是很有意义. 基于此，2013 年，Lions 等人［182］讨论了无界区域上的随机非线性平衡律

$$d\rho+\mathrm{div}(B(\rho))\circ dW_t=0, x\in\mathbb{R}^d, t>0. \tag{8.4.4}$$

在假设：$B\in C^2(\mathbb{R};\mathbb{R}^d)$ 下，他们得到了轨道随机熵解在 $C([0,\infty];L^1(\mathbb{R}^d))\cap L^\infty_{loc}([0,\infty);L^\infty(\mathbb{R}^d))$ 空间中的适定性.

对于一般的随机平衡律（8.2.1）或如下的更一般的随机平衡律

$$\partial_t\rho(t,x)+\mathrm{div}_x(B(\rho(t,x)))+\partial_{x_i}B_{i,j}(t,\rho(t,x))\circ\dot{W}_j(t)$$
$$=A(t,x,\rho(t,x))+E(t,x,\rho)d\tilde{W}(t), (\omega,t,x)\in\Omega\times(0,T)\times\mathbb{R}^d,$$

的研究那就更少了. 基于此，在本章中我们先讨论了无界区域上的随机双曲平衡律（8.2.1）. 借助于随机动理学公式，在经典双曲平衡律的框架下，我们得到了随机熵解的唯一性. 需要指出的是，不同于上述提到的（8.4.1）—（8.4.4）中文献的方法，我们仅仅使用经典的交换子估计就证明了随机熵解的唯一性. 此方法看起来比［68，131，141，182］中的方法简洁多了，所以唯一性部分的内容是十分有意义的.

除了唯一性，在第三节中我们也讨论了随机弱解的存在性. 此处的方法和［182］中提到的随机 BGK 逼近也是有区别的（可看注记 8.3.2），我们先对确定的平衡律用一次 BGK 逼近得到了随机弱解的存在性，然后通过随机变换将带有

随机积分的随机平衡律方程转化为了带有随机系数而不含随机积分的随机平衡律方程. 这种转化一方面可以让我们避开随机积分所带来的困难，另一方面我们也可以很好的在轨道层面上来研究问题，关于本章的细节可看［231］. 而在轨道成面上来研究问题，也有助于研究解的其他动理学行为，如吸引子的存在性，不变测度的唯一性［232］等.

第 9 章 结束语

本书研究了随机平衡律及相关问题. 对于线性非随机情形，即输运方程我们在第 3 章建立了重整化解的存在唯一性. 对于线性随机情形，即随机线性输运方程（连续性方程)，我们在第 4 章建立了其弱解的存在唯一性且作为其应用我们得到了（分数阶）Fokker – Planck 方程弱解的存在性. 紧接着在第 5 章，我们讨论了随机输运扩散方程，并建立了温和解的存在唯一性和 Schauder 估计，并在第 6 章考虑了一类特殊的非线性输运方程，进而建立了（分数阶）Ginzburg – Landau 方程弱解的存在唯一性. 随后在第 7 章我们讨论了分数阶双曲平衡律方程，在第 8 章讨论了一般的非线性随机双曲平衡律方程.

我们尝试解决非线性平衡律系统容许解的唯一性问题. 到目前为止，关于高维平衡律（特别的守恒律）系统的容许准则基本上还是空白的，所以此问题的研究是十分有价值的. 然而关于此问题的研究也是具有很大的挑战性的（正如许多数学家所言，这个问题看起来比千禧年问题 Navier – Stokes 方程问题更具有挑战性). 在本书中，我们说明了以下事实：带有 Stratonovich 的 Brownian 型的噪声（包括线性和非线性的）和带有旋转不变平稳过程的噪声（包括线性和非线性的）都是合理的. 至于一般的 Lévy 型噪声我们并没有考虑. 而且在上述合理噪声影响下，方程解的新的性质我们也没有给出. 所以关于此问题的研究还有很长的路要走. 在此我们给出一个例子简单说明后续的研究工作.

考虑 Keyfitz – Kranzer 系统（1.2.1). 这里我们给出在乘性 Stratonovich 意义下扰动的随机 Keyfitz – Kranzer 系统

$$\begin{cases}\partial_t u_i + \sum_{\alpha=1}^{d} \partial_{x_\alpha}(f_\alpha(|u|u_i) + \nabla u_i \circ \dot{W}_{i,t} = 0, (\omega,t,x) \in \Omega \times (0,T) \times \mathbb{R}^d, \\ u_i(t,x)|_{t=0} = u_i^0(x), (\omega,x) \in \Omega \times \mathbb{R}^d,\end{cases} \tag{9.1}$$

其中 $i=1,\cdots,n$, $W_{i,t}=(W_{i,t}^1,\cdots,W_{i,t}^d)$, $W_{1,t}\cdots,W_{n,t}$是独立的 d – 维 Brownian 运动.

(9.1) 可以分解为

$$\begin{cases}\partial_t\rho(t,x)+\sum_{\alpha=1}^{d}\partial_{x_\alpha}(f_\alpha(\rho)\rho)-\frac{1}{2}\Delta\rho=0,(t,x)\in(0,T)\times\mathbb{R}^d,\\ \rho(t,x)\mid_{t=0}=\rho_0(x),x\in\mathbb{R}^d,\end{cases}\tag{9.2}$$

和

$$\begin{cases}\partial_t\theta_i+f(\rho)\cdot\nabla\theta_i+\nabla\theta_i\circ\dot{W}_{i,t}-\nabla\log\rho\cdot\nabla\theta_i=0,\\ (\omega,t,x)\in\Omega\times(0,T)\times\mathbb{R}^d,\\ \theta_i(t,x)\mid_{t=0}=\theta_i^0(x),x\in\mathbb{R}^d.\end{cases}\tag{9.3}$$

所以通过 (9.2), (9.3) 的研究，或许我们可以得到在 Stratonovich 意义下扰动的随机 Keyfitz – Kranzer 系统的适定性.

值得注意的是，这里所加的噪声是 Brownian 型的，随机积分是 Stratonovich 意义下的，这样的噪声是否是最合理的我们并不知道. 但至少对于流体动理学和气体动理学中的方程如套色版系统和系统

$$\begin{cases}\partial_t u_1(t,x)+\partial_x[(u_1^2+u_2^2)u_1(t,x)]=0,(t,x)\in(0,T)\times\mathbb{R},\\ \partial_t u_2(t,x)+\partial_x[(u_1^2+u_2^2)u_2(t,x)]=0,(t,x)\in(0,T)\times\mathbb{R},\\ u_1(t,x)\mid_{t=0}=u_0^1,u_2(t,x)_{t=0}=u_0^2,x\in\mathbb{R},\end{cases}\tag{9.4}$$

我们还是可以做类似讨论的，这将是本书后续将要讨论的重点.

参考文献

［1］胡适耕，黄乘明，吴付科．随机微分方程［M］．北京：科学出版社，2007.

［2］黄志远．随机分析学基础［M］．2版．北京：科学出版社，2001.

［3］Adams A，Fourier J F. Sobolev Space［M］. Elsevier，Singapore，2005.

［4］Agarwal R P，Agarwal R P，Lakshmikantham V. Uniqueness and Non-uniqueness Criteria for Ordinary Differential Equations［M］. World Scientific，1993.

［5］Albeverio S，Wu J L，Zhang T S，Parabolic SPDEs driven by Poisson white noise［J］. Stochastic Processes and Their Applications 74（1）（1998）21－36.

［6］Alibaud N. Entropy formulation for fractal conservation laws［J］. Journal of Evolution Equations 7（2007）145－175.

［7］Alibaud N，Cifani S，Jakobsen E R. Continuous dependence estimates for nonlinear fractional convection－diffusion equations［J］. SIAM Journal on Mathematical Analysis 44（2012）603－632.

［8］Alibaud N，Cifani S，Jakobsen E R. Optimal continuous dependence estimates for fractional degenerate parabolic equations［J］. Archive for Rational Mechanics and Analysis 213（2014）705－762.

［9］Ambrosio L，De Lellis C. Existence of solutions for a class of hyperbolic systems of conservation laws in several space dimensions［J］. International Mathematical Research Notices 41（2003）2205－2220.

［10］Ambrosio L，Bouchut F，De Lellis C. Well－posedness for a class of hyperbolic systems of conservation laws in several space dimensions［J］. Communications in Partial Differential Equations 29（2004）635－1651.

［11］Ambrosio L，Crippa G，Figalli A，et al. Some new well－posedness results for continuity and transport equations，and applications to the chromatography system［J］. SIAM. Journal on Mathematical Analysis 41（5）（2009）890－1920.

[12] Ambrosio L. Transport equation and Cauchy problem for *BV* vector fields [J]. Inventions Mathematicae 158 (2004) 227 - 260.

[13] Ambrosio L, Figalli A. On flows associated to Sobolev vector fields in Wiener spaces: An approach a la DiPerna - Lions [J]. Journal of Functional Analysis 256 (1) (2009) 179 - 214.

[14] Ambrosio L. The Flow Associated to Weakly Differentiable Vector Fields: Recent Results and Open Problems [M]. Nonlinear Conservation Laws and Applications. Springer, 2011, 181 - 193.

[15] Ambrosio L, Savare G, Zambotti L. Existence and stability for Fokker - Planck equations with log - concave reference measure [J]. Probability Theory and Related Fields 145 (3 - 4) (2009) 517 - 564.

[16] Ambrosio L, Crippa G, Existence, uniqueness, stability and differentiability properties of the flow associated to weakly differentiable vector fields [J]. Lecture Notes of the Unione Mathematical Italiana 5 (2008) 3 - 57.

[17] Ambrosio L, Lecumberry M, Maniglia S, Lipschitz regularity and approximate differtiability of the Diperna - Lions flow [J]. Rendiconti del Seminario Fisico Matematico di Padova 114 (2005) 29 - 50.

[18] Applebaum D. Lévy Processes and Stochastic Calculus [M]. Cambridge University Press, Cambridge, 2009.

[19] Aronson D G. The Porous Medium Equation, Nonlinear Diffusion Problems [M]. Springer Berlin Heidelberg, 1986, 1 - 46.

[20] Attanasio S. Stochastic flows of diffeomorphisms for one - dimensional SDE with discontinuous drift [J]. Electronic Communications in Probability 15 (13) (2010) 213 - 226.

[21] Attanasio S, Flandoli F. Renormalized solutions for stochastic transport equations and the regularization by bilinear multiplication noise [J]. Communications in Partial Differential Equations 36 (8) (2010) 1455 - 1474.

[22] P. Auscher, J. V. Neerven, P. Portal. Conical stochastic maximal Lp - regularity for $1 < p < \infty$ [J]. Mathematische Annalen 359 (3 - 4) (2014) 863 - 889.

[23] Barbu V. Generalized solutions to nonlinear Fokker - Planck equations [J]. Journal of Differential Equations 261 (2016) 2446 - 2471.

[24] Barbu V. Generalized solutions to nonlinear Fokker – Planck equations with linear drift [M]. Stochastic Partial Differential Equations and Related Fields – In Honor of Michael Röckner, Springer Proceedings in Mathematics and Statistics, 2017.

[25] C. Bauzet, G. Vallet, P. Wittbold, The Cauchy problem for a conservation law with a multi – plicative stochastic perturbation [J]. Journal of Hyperbolic Differential Equations 9 (4) (2012) 661 – 709.

[26] C. Bauzet, G. Vallet, P. Wittbold, The Dirichlet problem for a conservation law with a multi – plicative stochastic perturbation [J]. Journal of Functional Analysis 266 (4) (2014) 2503 – 2545.

[27] Beck L, Flandoli F, Gubinelli M, Maurelli M. Stochastic ODEs and stochastic linear PDEs with critical drift: regularity, duality and uniqueness, arXiv: 1401.1530v2 (2014/2018).

[28] Bendahmane M, Karlsen K. Renormalized entropy solutions for quasi – linear anisotropic degenerate parabolic equations [J]. SIAM Journal on Mathematical Analysis 36 (2004) 405 – 422.

[29] Bendahmane M, Karlsen K. Renormalized solutions of an anisotropic reaction diffusion – advection system with L^1 data [J]. Communications on Pure and Applied Analysis 5 (2006) 733 – 762.

[30] Bendahmane M, Karlsen K, Saad M. Nonlinear anisotropic elliptic and parabolic equations with variable exponents and L1 data [J]. Communications on Pure and Applied Analysis 12 (2013) 1201 – 1220.

[31] Benilan P, Crandall M G. The Continuous dependence on y of solutions of $u_t - \Delta\varphi(u) = 0$ [M]. Mathematics Research Center, University of Wisconsin, 1979.

[32] Bianchini S, Bressan A. A case study in vanishing viscosity [J]. Discrete Continuous Dynamical Systems 7 (2001) 449 – 476.

[33] Bianchini S, Bressan A. On a Lyapunov functional relating shortening curves and viscous conservation laws [J]. Nonlinear Analysis: Theory, Methods Applications 51 (4) (2002) 649 – 662.

[34] Bianchini S, Bressan A. Vanishing viscosity solutions of nonlinear hyperbolic systems [J]. Annals of Mathematics 161 (2005) 223 – 342.

[35] Bianchini S, Bressan A. Hyperbolic systems of balance laws via vanishing viscosity [J]. Journal of Differential Equations 221 (2006) 470 - 541.

[36] Biler P, Woyczynski W A. Global and exploding solutions for nonlocal quadratic evolution problems [J]. SIAM. Journal on Applied Mathematical 59 (1998) 845 - 869.

[37] Biler P, Funaki T, Woyczynski W A. Fractal Burgers equations [J]. Journal of Differential Equations 148 (1998) 9 - 46.

[38] Biler P, Karch G, Woyczynski W A. Multifractal and Levy conservation laws [J]. C. R. Acad. Sci. Paris 330 (2000) 343 - 348.

[39] Biler P, Karch G, Woyczynski W A. Critical nonlinear exponent and self - similar asymptotics for Levy conservation laws [J]. Ann. Institute H. Poincare - Anal. Non Lineaive 18 (2001) 613 - 637.

[40] Biswas I H, Majee A K. Stochastic conservation laws: weak - in - time formulation and strong entropy condition [J]. Journal of Functional Analysis 267 (7) (2014) 2199 - 2252.

[41] Bogachev V I, Da Prato G, Rockner M. Fokker - Planck equations and maximal dissipativity for Kolmogorov operators with time dependent singular drifts in Hilbert spaces [J]. Journal of Functional Analysis 256 (4) (2009) 1269 - 1298.

[42] Bogachev V, Da Prato G, Rockner M. Existence and uniqueness of solutions for Fokker - Planck equations on Hilbert spaces [J]. Journal of Evolution Equations 10 (3) (2010) 487 - 509.

[43] Bogachev V, Da Prato G, Rockner M. Uniqueness for solutions of Fokker - Planck equations on infinite dimensional spaces [J]. Communications in Partial Differential Equations 36 (6) (2011) 925 - 939.

[44] Bogachev V I, Kirillov A I, Shaposhnikov S V. The Kantorovich and variation distances between invariant measures of diffusions and nonlinear stationary Fokker - Planck - Kolmogorov equations [J]. Mathematical Notes 96 (6) (2014) 855 - 863.

[45] Bogachev V I, Kirillov A I, Shaposhnikov S V. Distances between stationary distributions of diffusions and solvability of nonlinear Fokker - Planck - Kolmogorov equations [J]. Teor. Veroyatn. Primen. 62 (1) (2017) 16 - 43.

[46] Bogachev V I, Rockner M, Kirillov A I, Shaposhnikov S V. Distances between transition probabilities of diffusion and applications to nonlinear Fokker – Planck – Kolmogorov equations [J]. Journal of Functional Analysis 271 (2016) 1262 – 1300.

[47] Bouard A D, Debussche A. A stochastic nonlinear Schrodinger equation with multiplicative noise [J]. Communications in Mathematical Physics 205 (1) (1999) 161 – 181.

[48] Bouchut F, Crippa G. Uniqueness, renormalization and smooth approximations for linear transport equations [J]. SIAM Journal on Mathematical Analysis 38 (2006) 1316 – 1328.

[49] Bouchut F, Desvillettes L. On two – dimensional Hamiltonian transport equations with continuous coefficients [J]. Differential Integral Equations 14 (2001) 1015 – 1024.

[50] Bouchut F, James F. One dimensional transport equation with discontinuous coefficients [J]. Nonlinear Analysis 32 (1998) 891 – 933.

[51] Bouchut F, James F. Mancini S. Uniqueness and weak stability for multi – dimensional transport equations with one – sided Lipschitz coefficients [J]. Annali Scuola Normale Superior 5 (4) (2005) 1 – 25.

[52] Bouchut F. Introduction to the mathematical theory of kinetic equations [J]. Kinetic Boltzmann Vlasov and Related Equations 50 (5) (2011) 35 – 48.

[53] Bouchut F. Renormalized solutions to the Vlasov equation with coefficients of bounded variation [J]. Archive for Rational Mechanics and Analysis 157 (2001) 75 – 90.

[54] Bressan A. Hyperbolic Systems of Conservation Laws: the One Dimensional Cauchy Problem [M]. Oxford University Press, 2000.

[55] Bressan A. An ill posed Cauchy problem for a hyperbolic system in two space dimensions [J]. Rend. Sem. Mat. Univ Padova 110 (2003) 103 – 117.

[56] Brezis H, Browder F. Partial differential equations in the 20th century [J]. Advances in Mathematics 135 (1) (1998), 76 – 144.

[57] Brezis H, Crandall M G. Uniqueness of solution of the initial – value problem for $u_t - \Delta\varphi(u) = 0$ [J]. Journal de Mathematiques Pures et Appliquees 58

(1979) 153 - 163.

[58] Bris C L, Lions P L. Renormalized solutions of some transport equations with partially $W^{1,1}$ velocities and applications [J]. Annali di Matematica Pura ed Applicata 183 (2004) 97 - 130.

[59] Bris C L, Lions P L. Existence and uniqueness of solutions to Fokker - Planck type equations with irregular coefficients [J]. Communications in Partial Differential Equations 33 (7) (2008) 1272 - 1317.

[60] Brzeźniak Z, Hausenblas E, Maximal regularity for stochastic convolutions driven by Lévy processes [J]. Probability Theory and Related Fields 145 (145) (2009) 615 - 637.

[61] Carlson J, Jaffe A, Wiles A. The Millennium Prize Problems [M]. American Mathematical Society, 2006.

[62] Cauchy A L. Recherches sur I' equilibre et le mouvement interieur des corps solides oufluides, elastiques ou non elastiques [M]. 1822.

[63] Cauchy A L. De la pression ou tension dans un corps solide [J]. Exercises de Mathematiques 2 (1827) 42 - 56.

[64] Cauchy A L. Sur les relations qui existent dans l' etat d equilibre d' un corps solide ou fluide, entre les pressions ou tensions et les forces acceleratrices [J]. Exercises de Mathematiques 2 (1827) 108 - 111.

[65] Cauchy A L. Sur I equilibre et le movement interieur des corps consideres comme des masses continues [J]. Exercises de Mathematiques 4 (1829) 293 - 319.

[66] Challis J. On the velocity of sound in reply to the remarks of the Astronomer Royal [J]. The London, Edinburgh and Dublin Philosophical Magazine and Journal of science 32 (218) (1848) 494 - 499.

[67] Chen G Q, Perthame B. Well - posedness for non - isotropic degenerate parabolic - hyperbolic equations, Ann. Institute H. Poincare - Anal. Non Lineaive, 20 (2003) 645 - 668.

[68] Chen G Q, Ding Q, Karlsen K H. On nonlinear stochastic balance laws [J]. Archive for Rational Mechanics and Analysis 204 (2012) 707 - 743.

[69] Chow P L. Stochastic partial differential equations [M]. CRC Press, 2007.

[70] Christodoulou D. The Formation of Shocks in 3 – dimensional Fluids [M]. European Mathematical Society, 2007.

[71] Cifani S, Jakobsen E R. Entropy solution theory for fractional degenerate convection diffusion equations [J]. Ann. Institute H. Poincare – Anal. Non Lineaive 28 (2011) 413 –441.

[72] Clausius R. Über einer veränderte form des zweiten hauptsatzes der mechanischen wärmetheorie [J]. Annalen der Physik 93 (1854), 481 –506.

[73] Conlon J G. A theorem in ordinary differential equations with application to hyperbolic conservation laws [J]. Advances in Mathematics 35 (1980) 1 –18.

[74] Courant R, Friedrichs K O. Supersonic flow and shock waves [M]. New York: Wiley Interscience, 1948.

[75] Crippa G, Lellis C D. Oscillatory solutions to transport equations [J]. Indiana University Mathematics Journal 55 (1) (2006), 1 –14.

[76] Crippa G, Lellis C D. Estimates and regularity results for the Diperna – Lions flow [J]. Journal fur die Reine und Angewandte Mathematik 616 (2008) 15 – 46.

[77] Crippa G, Lellis C D. Regularity and Compactness for the DiPerna – Lions Flow [M]. Hyperbolic Problems: Theory, Numerics, Applications, Springer Berlin Heidelberg, 2008.

[78] Crippa G. The flow associated to weakly differentiable vector fields [J]. 2008

[79] Dafermos C M. Hyperbolic Conservation Laws in Continuum Physics [M]. Springer New York, 2010.

[80] Dafermos C M. The entropy rate admissibility criterion for solutions of hyperbolic conservation laws [J]. Journal of Differential Equations 14 (2) (1973) 202 – 212.

[81] Dalang R C, Khoshnevisan D, Zhang T. Global solutions to reaction – diffusion equations with super – linear drift and multiplicative noise [J]. The Annals of Probability 47 (1) (2019) 519 –559

[82] Da Prato G, Some results on linear stochastic differential equations in Hilbert spaces by semi – groups methods, Stochastic Analysis and Applications 1 (1)

(1983) 57 - 88.

[83] Da Prato G, Lunardi A, Maximal regularity for stochastic convolutions in Lp spaces, Atti Accad. Naz. Lincei Cl. Sci. Fis. Mat. Natur. Rend. Lincei (9) Mat. Appl. 9 (1) (1998) 25 - 29.

[84] Davie A M. Uniqueness of solutions of stochastic differential equations [J]. Int. Math. Res. Not. 2007 (1) (2007) 1 - 26.

[85] Debussche A, Vovelle J. Scalar conservation laws with stochastic forcing [J]. Journal of Functional Analysis 259 (4) (2010) 1014 - 1042.

[86] Debussche A, Moor S, Hofmanovά M. A regularity result for quasilinear stochastic partial differential equations of parabolic type [J]. SIAM Journal on Mathematical Analysis. 47 (2) (2015) 1590 - 1614.

[87] Debussche A, Hofmanovά M, Vovelle J. Degenerate parabolic stochastic partial differential equations: quasilinear case [J]. The Annals of Probability 44 (3) (2016) 1916 - 1955.

[88] Deissler R J. Noise - sustained structure, intermittency, and the Ginzburg - Landau equation [J]. Journal of Statistical Physics 40 (3 - 4) (1985) 371 - 395.

[89] Delarue F, Flandoli F, Vincenzi D. Noise prevents collapse of Vlasov - Poisson point charges [J]. Communications on Pure and Applied Mathematics 67 (10) (2014) 1700 - 1736.

[90] Denis L, Matoussi A, Stoica L. Lp estimates for the uniform norm of solutions of quasilinear SPDE's [J]. Probability Theory and Related Fields 133 (133) (2005) 437 - 463.

[91] Di Perna R J. Convergence of approximate solutions to conservation laws [J]. Archive for Rational Mechanics and Analysis 82 (1) (1983) 27 - 70.

[92] Di Perna R J, Lions P L. Ordinary differential equations, transport theory and Sobolev spaces [J]. Inventiones Mathematicae 98 (1989) 511 - 547.

[93] Di Perna R J, Lions P L. Global weak solutions of Vlasov - Maxwell systems [J]. Comunications on Pure and Applied Mathematics 42 (6) (1989), 729 - 757.

[94] Di Perna R J, Lions P L. On the Fokker - Planck - Boltzmann equation [J]. Communications in Mathematical Physics 120 (1988) 1 - 23.

[95] Di Perna R J, Lions P L. Equations differentielles ordinaires et quations de transport avec des coefficients irreguliers [J]. Semin. Equ. Deriv. Partielles 14 (1989) 1-9.

[96] Dirksen S, Maas J, Neerven J V. Poisson stochastic integration in Banach spaces [J]. Electronic Journal of Probability 18 (81) (2013) 1-28.

[97] Dong Z, Xu T G. One - dimensional stochastic Burgers equation driven by Lévy processes [J]. Journal of Functional Analysis 243 (2) (2007) 631-678.

[98] Droniou J, Gallouët T, Vovelle J. Global solution and smoothing effect for a nonlocal regularization of an hyperbolic equation [J]. Journal of Evolution Equations 3 (2003) 499-521.

[99] Droniou J. Vanishing non - local regularization of a scalar conservation law [J]. Electronic Journal of Differential Equations 2003 (2003) 1-20.

[100] Droniou J, Imbert C. Fractal first - order partial differential equations [J]. Archive for Rational Mechanics and Analysis 182 (2006) 299-331.

[101] Droniou J, Imbert C. Fractal first - order partial differential equations [J]. Archive for Rational Mechanics and Analysis 182 (2) (2006) 299-331.

[102] Du K, Liu J. A Schauder estimate for stochastic PDEs [J]. C. R. Math. Acad. Sci. Paris 354 (4) (2015) 371-375.

[103] Duan J. An Introduction to Stochastic Dynamics [M]. Cambridge University Press, New York, 2015.

[104] Duan J, Titi E S, Holmes P. Regularity, approximation and asymptotic dynamics for a generalized Ginzburg - Landau equation [J]. Nonlinearity 6 (6) (1993) 915.

[105] Duboscq R, Reveillac A. Stochastic regularization effects of semi - martingales on random functions [J]. Journal des Mathématiques Pures et Appliquées 106 (6) (2016) 1141-1173.

[106] Euler L. Opera Omnia [M]. Ser. II, Vols. XII - XIII, ed. C. A. Truesdell. Lausanne: Orell Fuissli Turici 1954-1955.

[107] Fang S, Luo D. Transport equations and quasi - invariant flows on the Wiener space [J]. Bulletin des sciences mathematiques 134 (3) (2010) 295-328.

[108] Fang S. DiPerna – Lions and Ambrosio's approach to ordinary differential equations [J]. 2008.

[109] Fedrizzi E, Flandoli F. Pathwise uniqueness and continuous dependence for SDEs with non – regular drift [J]. Stochastics: An International Journal of Probability and Stochastic Processes 83 (03) (2011) 241 – 257.

[110] Fedrizzi E, Flandoli F. Noise prevents singularities in linear transport equations [J]. Journal of Functional Analysis 264 (6) (2012) 1329 – 1354.

[111] Fedrizzi E, Flandoli F. Hölder flow and differentiability for SDEs with nonregular drift [J]. Stochastic Analysis and Applications 31 (4) (2013) 708 – 736.

[112] Feng J, Nualart D. Stochastic scalar conservation laws [J]. Journal of Functional Analysis 255 (2) (2008) 313 – 373

[113] Figalli A. Existence and uniqueness of the martingale solutions for SDEs with rough or degenerate coefficients [J]. Journal of Functional Analysis 254 (1) (2008) 109 – 153.

[114] Fisher R A. The wave of advance of advantageous genes [J]. Ann. Hum. Genet., 7 (1937) 355 – 369.

[115] Flandoli F, Gubinelli M, Priola E. Well – posedness of the transport equation by stochastic perturbation [J]. Inventiones Mathematicae 180 (2010) 1 – 53.

[116] Flandoli F, Russo F. Generalized calculus and SDEs with non regular drift [J]. Stochastics: An International Journal of Probability and Stochastic Processes 72 (1 – 2) (2002) 11 – 54.

[117] Flandoli F. Transport Equation: Random Perturbation of PDEs and Fluid Dynamic Models [M]. Springer Berlin Heidelberg, 2011, 101 – 131.

[118] Flandoli F. Noise prevents singularities in linear transport equations [J]. Journal of Functional Analysis 264 (6) (2013) 1329 – 1354.

[119] Flandoli F. Regularizing problems of Brownian paths and a result of Davie [J]. Stochastics and Dynamics 11 (02 – 03) (2011) 323 – 331.

[120] Flandoli F, Gubinelli M, Priola E. Flow of diffeomorphisms for SDEs with unbounded Hölder continuous drift [J]. Bulletin Des Sciences Mathematiques 134

(4) (2010) 405 -422.

[121] Flandoli F, Maurelli M, Neklyudov M. Noise prevents infinite stretching of the passive field in a stochastic vector advection equation [J]. Journal of Mathematical Fluid Mechanics 16 (4) (2014) 805 -822.

[122] Flandoli F, Luo D. Kolmogorov equations associated to the stochastic 2D Euler equations [J]. SIAM Journal on Mathematical Analysis 51 (3) (2019) 1761 -1791.

[123] Frank T D, Nonlinear Fokker - Planck Equations [M]. Fundamentals and Applications, Springer - Verlag, Berlin, 2005.

[124] Friz P, Gess B. Stochastic scalar conservation laws driven by rough paths [J]. Ann. Inst. H. Poincare Anal. Non Lineaire 33 (4) (2016) 933 -963.

[125] Foy R L. Steady state solutions of hyperbolic systems of conservation laws with viscosity terms [J]. Communications on Pure and Applied mathematics 17 (1964) 177 -188.

[126] Gess B, Maurelli M. Well - posedness by noise for scalar conservation laws [J]. Communications in Partial Differential Equations 43 (2017) 1702 -1736.

[127] Gihman I, Skorohod A V. Stochastic differential equations [M]. Springer New York, 1979.

[128] Gikhman I I. Stochastic partial differential equations [J]. Qualitative methods of investigating nonlinear differential equations and nonlinear oscillations (A 83 -25262 09 -70) Kiev, Institut Matematiki AN USSR. 1981 (1981) 25 -59.

[129] Girsanov A V. Existence and uniqueness theorems for the stochastic equations of K Ito (Resume of a report) (In Russian).

[130] Goodman J, Xin Z. Viscous limits for piecewise smooth solutions to systems of conservation laws [J]. Archive for rational mechanics and analysis 121 (3) (1992) 235 -265.

[131] Gyongy I, Rovira C. On Lp - solutions of semilinear stochastic partial differential equations [J]. Stochastic Processes and their Applications 90 (1) (2000) 83 -108.

[132] Gyongy I, Krylov N V. Existence of strong solutions for Ito's stochastic equations via approximations [J]. Probability Theory and Related Fields 105 (2)

(1996) 143 - 158.

[133] Hamedani H D, Zangeneh B J. Stopped doob inequality for pth moment, $0 < p < \infty$ [J]. stochastic convolution integrals, Stochastic Analysis and Applications 19 (5) (2001) 771 - 798.

[134] Hauray M. On Liouville transport equation with potential in BV_{loc} [J]. Communications in Partial Differential Equations 29 (2004) 207 - 217.

[135] Hauray M. On two - dimensional Hamiltonian transport equations with L^P_{loc} coeffiients [J]. Ann. IHP Nonlinear Anal. Non Lineaire 20 (2003) 625 - 644.

[136] Hauray M, Bris C L, Lions P L. Two remarks on generalized flows for ordinary differential equations [J]. C. R. Acad. Sci. Paris Ser. I 344 (2007) 759 - 764.

[137] Hausenblas E, Seidler J. A note on maximal inequality for stochastic convolutions [J]. Czechoslovak Math. J. 51 (4) (2001) 785 - 790.

[138] Hausenblas E. Maximal inequalities of the Itô integral with respect to Poisson random measures or Lévy processes on Banach spaces [J]. Potential Analysis 35 (3) (2011) 223 - 251.

[139] Hausenblas E, Seidler J. Stochastic convolutions driven by martingales: maximal inequalities and exponential integrability [J]. Stochastic Analysis and Applications 26 (1) (2008) 98 - 119.

[140] Hsu E P, Wang Y, Wang Z. Stochastic De Giorgi iteration and regularity of stochastic partial differential equations [J]. The Annals of Probability 45 (5) (2017) 2855 - 2866.

[141] Hofmanova M. Degenerate parabolic stochastic partial differential equations [J]. Stochastic Processes and their Applications 123 (12) (2013) 4294 - 4336.

[142] Hofmanová M. A Bhatnagar - Gross - Krook approximation to stochastic scalar conservation laws [J]. Ann. Inst. H. Poincare Probab. Statist. 51 (4) (2015) 1500 - 1528.

[143] Holden H, Øksendal B, UbØe J, et al. Stochastic Partial Differential Equations: a Modeling, White Noise Functional Approach [M]. Birkhauser Boston Inc, 1996.

[144] Hopf E. The partial differential equation $u_i + uu_x = \mu u_{xx}$ [J]. Communica-

tions on Pure and Applied mathematics 3 (1950) 201 - 230.

[145] Huang W, Ji M, Liu Z, et al. Integral identity and measure estimates for stationary Fokker - Planck equations [J]. The Annals of Probability 43 (2014) 1712 - 1730.

[146] Huang W, Ji M, Liu Z, et al. Steady states of Fokker - Planck equations: I existence [J]. Journal of Dynamics and Differential Equations 27 (2015) 721 - 742.

[147] Huang W, Ji M, Liu Z, et al. Steady states of Fokker - Planck equations: II nonexistence [J]. Journal of Dynamics and Differential Equations 27 (2015) 743 - 762.

[148] Huang W, Ji M, Liu Z, et al. Steady states of Fokker - Planck equations: III degenerate diffusion [J]. Journal of Dynamics and Differential Equations 28 (2016) 127 - 141.

[149] Ichikawa A. Some inequalities for martingales and stochastic convolutions [J]. Stochastic Analysis and Applications 4 (3) (1986), 329 - 339.

[150] Imbert C, Vovelle J. A kinetic formulation for multidimensional scalar conservation laws with boundary conditions and applications [J]. SIAM Journal on Mathematical Analysis 36 (2004) 214 - 232.

[151] Ismail HN, Raslan K, Rabboh A. A Domain Decomposition Method for Burger's - Huxley and Burger's - Fisher Equations [M]. Elsevier Science Inc. 2004.

[152] Itô K. Differential equations determining Markov processes [J]. Zenkoku Shij*o* Suguku Danwakai 1077 (1942) 1352 - 1400.

[153] Ito K. Stochastic integral [J]. Proc. Imp. Acad. 20 (8) (1944) 519 - 524.

[154] Ju. Veretennikov A. On the strong solutions of stochastic differential equations [J]. Theory Probability and its Applications 24 (2) (1980) 348 - 360.

[155] Karlsen K H, Risebro N H. On the uniqueness and stability of entropy solutions of nonlinear degenerate parabolic equations with rough coefficients [J]. Discrete and Continuous Dynamical Systems 9 (2003) 1081 - 1104.

[156] Karlsen K, Ulusoy S. Stability of entropy solutions for Levy mixed hyperbolic - parabolic equations [J]. Electron. Journal of Differential Equations 2011

(2011) 1 -23.

[157] Karlsen K, Ulusoy S. On a hyperbolic Keller - Segel system with degenerate nonlinear fractional diffusion [J]. Netw. Heterog. Media 11 (2016) 181 -201.

[158] Kim J U. On a stochastic scalar conservation law [J]. Indiana Univ. Math. J. 52 (1) (2003) 227 -255.

[159] Kim K H. L^q (L^p) theory and Hölder estimates for parabolic SPDEs [J]. Stochastic Processes and their Applications 114 (2) (2004) 313 -330.

[160] Kim K H. An Lp - theory of SPDEs on Lipschitz domains [J]. Potential Analysis 29 (3) (2008) 303 -326.

[161] Kim K H. A BMO estimate for stochastic singular integral operators and its application to SPDEs [J]. Journal of Functional Analysis 269 (5) (2015) 1289 - 1309.

[162] Kim I, Kim K H. An Lp - theory for stochastic partial differential equations driven by Lévy processes with pseudo - differential operators of arbitrary order [J]. Stochastic Processes and their Applications 126 (9) (2016) 2761 -2786.

[163] Kirchhoff G. Ueber den Einfluss der Warmeleitung in einem Gase auf die Schallbewegung [J]. Annalen der Physik 210 (6) (1868) 177 -193.

[164] Kotelenez P. A submartingale type inequality with applications to stochastic evolution equations [J]. Stochastics 8 (2) (1982) 139 -151.

[165] Kotelenez P. A stopped Doob inequality for stochastic convolution integrals and stochastic evolution equations [J]. Stochastic Analysis and Applications 2 (3) (1984) 245 -265.

[166] Kruzkov N. First order quasilinear equations in several independent variables [J]. Math. USSR Sbornik, 81 (1970) 228 -255.

[167] Krylov N V. On L^p - theory of stochastic partial differential equations in the whole space [J]. SIAM Journal on Mathematical Analysis 27 (2) (1996) 313 - 340.

[168] Krylov N V. An analytic approach to SPDEs [J]. Math. Surveys Monogr. 64 (1999) 185 -242.

[169] Krylov N V. SPDEs in L^q (0, τ; L^p) spaces [J]. Electronic Journal of Probability 5 (13) (2000) 1 -29.

[170] Krylov N V. A brief overview of the L^p – theory of SPDEs [J]. Theory of Stochastic Processes 14 (2) (2008) 101 – 122.

[171] Krylov N V. On the Ito – Wentzell formula for distribution – valued processes and related topics [J]. Probability theory and related fields 150 (1 – 2) (2011) 295 – 319.

[172] Krylov N V, Rockner M. Strong solutions of stochastic equations with singular time dependent drift [J]. Probability Theory and Related Fields 131 (2) (2005) 154 – 196.

[173] Kuksin S B. A stochastic nonlinear Schrödinger equation I: a priori estimates [J]. Proc. Steklov Inst. Math. 225 (1999) 219 – 242.

[174] Kuksin S B, Nadirashvili N S, Piatnitski A L. Hölder estimates for solutions of parabolic spdes [J]. Theory Probability and its Applications 47 (1) (2003) 152 – 159.

[175] Kuo H H. An introduction to stochastic integration [M]. Springer, 2006.

[176] Lax P D. Shock waves and entropy [J]. Selected Papers, 1 (2005) 302 – 333.

[177] Lax P D. Hyperbolic systems of conservation laws [J]. Communications on Pure and Applied Mathematics 10 (1957) 537 – 566.

[178] Lenglart E, Lepingle D, Pratelli M. Presentation unifiée de certaines inegalités de la théorie des martingles, in: J. Azema, M. Yor (Eds.), Séminaire de Probabilités XIV, in: Lecture Notes in Math., vol. 784, Springer – Verlag, Berlin – New York, 1978 – 1979, 26 – 48.

[179] Lions P L. Sur les equations differentielles ordinaires et les equations de transport [J]. Comptes Rendus de I' Academie des Sciences – Series I – Mathematics 326 (1998) 833 – 838.

[180] Lions P L, Perthame B, Tadmor E. A kinetic formulation of multidimensional scalar conservation laws and related equations [J]. Journal of the American Mathematical Society 7 (1994) 169 – 191.

[181] Lions P L, Perthame B, Tadmor E. Kinetic formulation of the isentropic gas dynamics and p – systems [J]. Communications in mathematical physics 163 (2)

(1994) 415 -431.

[182] Lions P L, Perthame B, Souganidis P E. Scalar conservation laws with rough (stochastic) fluxes [J]. Stochastic partial differential equations: analysis and computations 1 (2013) 664 -686.

[183] Liu T P. The entropy condition and the admissibility of shocks [J]. Journal of Mathematical Analysis and Applications 53 (1976) 78 -88.

[184] Liu T P. Nonlinear stability of shock waves for viscous conservation laws [J]. Bulletin of the American Mathematical Society 12 (2) (1985) 233 -236.

[185] Lv G, Wu J. Renormalized entropy solutions of stochastic scalar conservation laws with boundary condition [J]. Journal of Functional Analysis 271 (8) (2016) 2308 -2338.

[186] Lv G, Gao H, Wei J, Wu J. BMO and Morrey - Campanato estimates for stochastic convolutions and Schauder estimates for stochastic parabolic equations [J]. Journal of Differential Equations 266 (2019) 2666 -2717.

[187] Majda A, Pego R L. Stable viscosity matrices for systems of conservation laws [J]. Journal of Differential Equations 56 (1985) 229 -262.

[188] Malliavin P. Stochastic calculus of variation and hypoelliptic operators [C] /Proc. Intern. Symp SDE Kyoto 1976. Kinokuniya 1978, 195 -263.

[189] Marinnelli C, Prévôt C, Rockner M. Regular dependence on initial data for stochastic evolution equations with multiplicative Poisson noise [J]. Journal of Functional Analysis 258 (2) (2010) 616 -649.

[190] Marinnelli C, Rockner M. On the maximal inequalities of Burkholder, Davis and Gundy [J]. Expo. Math. 34 (1) (2016) 1 -26.

[191] Menoukeu O P, Mohammed S E A. Flows for singular stochastic differential equations with unbounded drifts [J]. Journal of Functional Analysis 277 (5) (2019) 1269 -1333.

[192] Mikulevicius R. On the Cauchy problem for parabolic SPDEs in Hölder classes [J]. The Annals of Probability 28 (1) (2000) 74 -103.

[193] Mironscu P. On the stability of radial solutions of the Ginzburg - Landau equation [J]. Journal of Functional Analysis 130 (1995) 334 -344.

[194] Mohammed A, Nilssen T K, Proske F N. Sobolev differentiable stochastic

flows for SDEs with singular coefficients: applications to the transport equation [J]. Annals of Probability 43 (3) (2015) 1535 – 1576.

[195] Neerven J V, Veraar M, Weis L. Stochastic maximal L^p – regularity [J]. The Annals of Probability 40 (2) (2012) 788 – 812.

[196] Odasso C. Ergodicity for the stochastic Complex Ginzburg – Landau equations [C]. Annales de l'Institut Henri Poincare (B) Probability and Statistics. No longer published by Elsevier 42 (4) (2006) 417 – 454.

[197] Oleinik O A. Uniqueness and stability of the generalized solution of the Cauchy problem for quasilinear equation [J]. Usp. Mat. Nauk 14 (1959) 165 – 170.

[198] Perthame B, Tadmor E. A kinetic equation with kinetic entropy functions for scalar conservation laws [J]. Communications Mathematical Physics 136 (1991) 501 – 517.

[199] Perthame B. Uniqueness and error estimates in first order quasilinear conservation laws via the kinetic entropy defect measure [J]. Journal des Mathématiques Pures et Appliquées 77 (1998) 1055 – 1064.

[200] Perthame B. Kinetic Formulation of Conservation Laws [M]. Oxford University Press, New York, 2002.

[201] Pratelli M. Intégration stochastique et géométrie des espaces de Banach, in: J. Azema, P. A. Meyer, M. Yor (Eds.), Sémi – naire de Probabilités XXII, in: Lecture Notes in Math., vol. 1321, Springer – Verlag, Berlin – New York, 1988, 129 – 137.

[202] Revuz D, Yor M. Continuous Martingale and Brownian Motion [M]. Springer, 1999.

[203] Risken H. Fokker – Planck equation [M]. Springer Berlin Heidelberg, 1984.

[204] Rochner M, Zhang X. Weak uniqueness of Fokker equations with degenerate and bounded coefficients [J]. Comptes Rendus de l' Académie des Sciences. Série I. Mathématique 348 (2010) 435 – 438.

[205] Saichev A S, Woyczynski W A. Advection of passive and reactive tracers in multi – dimensional Burgers velocity field [J]. Physica D 100 (1997) 119 – 141.

[206] Schertzer D, Larcheveque M, Duan J, Yanovsky V V, Lovejoy

S. Fractional Fokker – Planck equation for nonlinear stochastic differential equations driven by non – Gaussian Levy stable noises [J]. Journal of Mathematical Physics 42 (2001) 200 – 212.

[207] Serre D. The structure of dissipative viscous system of conservation laws [J]. Physica D 239 (15) (2010) 1381 – 1386.

[208] Shizuta Y, Kawashima S. Systems of equations of hyperbolic – parabolic type with applications to the discrete Boltzmann equation [J]. Hokkaido Mathematical Journal 14 (1985) 249.

[209] Shlesinger M F, Zaslavsky G M, Frisch U. Levy Flights and Related Topics in Physics [M]. Lecture Notes in Physics. 450, Springer – Verlag, Berlin, 1995.

[210] Sideris T C. Formation of singularities in three – dimensional compressible fluids [J]. Communications in Mathematical Physics 101 (1985) 475 – 485.

[211] Sidharth B G. Stochastic conservation laws? [J]. Chaos, Solitons and fractals 7 (2000) 1037 – 1039.

[212] Smith M B. Invariant measure for the stochastic Ginzburg Landau equation [J]. Nonlinear Differential Equations and Applications 11 (1) (2004) 29 – 52.

[213] Smith M B Global solution for a stochastic Ginzburg – Landau equation with multiplicaive noise [J]. Stochastic analysis and applications 22 (2004) 1 – 18.

[214] Stein E. Singular Integrals and Differentiability Properties of Functions [M]. Princeton University Press, 1970.

[215] Stroock D W. Diffusion processes associated with Levy generators [J]. Z. Wahr. Verw. Geb. 32 (1975) 209 – 244.

[216] Stroock D W, Varadhan S R S. Multidimensional Diffusion Processes [M]. Springer, 1979.

[217] Stroock D W, Varadhan S R. Diffusion processes with continuous coefficients I [J]. Communications on Pure and Applied Mathematics 22 (3) (1969) 345 – 400.

[218] Stroock D W, Varadhan S R. Diffusion processes with continuous coefficients, II [J]. Communications on Pure and Applied Mathematics 22 (4) (1969) 379 – 530.

[219] Sugimoto N, Kakutani T. Generalized Burgers equation for nonlinear viscoelastic waves [J]. Wave Motion 7 (1985) 447 – 458.

[220] Sugimoto N, Burgers equation with a fractional derivative: Hereditary effects on nonlinear acoustic waves [J]. Journal of Fluid Mechanics 225 (1991) 631 – 653

[221] Vallet G, Wittbold P. On a stochastic first – order hyperbolic equation in a bounded domain [J]. Infinite Dimensional Analysis, Quantum Probability and Related Topics 12 (04) (2009) 613 – 651.

[222] Volpert A I, Hudjaev S I. Cauchy's problem for degenerate second order quasilinear parabolic equations [J]. Sbornik: Mathematics 78 (1969) 374 – 396.

[223] Walsh J B. An Introduction to Stochastic Partial Differential Equations [M]. Springer Berlin Heidelberg, 1986.

[224] Wang G, Guo B, Li Y. The asymptotic behavior of the stochastic Ginzburg – Landau equation with additive noise [J]. Applied Mathematics and Computation 198 (2) (2008) 849 – 857.

[225] Wei J, Yang X. The renormalized solutions for transport equations with particular forms [J]. Electronic Journal of Mathematical Analysis and Applications 2 (1) (2014) 99 – 116.

[226] Wei J, Liu B. L^p – solutions of Fokker – Planck equations [J]. Nonlinear Analysis 85 (2013) 110 – 124.

[227] Wei J, Tian R. Well – posedness for the fractional Fokker – Planck equations [J]. Journal of Mathematical Physics 56 (2015) 031502

[228] Wei J, Duan J, Lv G. Schauder estimates for stochastic transport – diffusion equations with Lévy processes [J]. Journal of Mathematical Analysis and Applications 474 (2019) 1 – 22.

[229] Wei J, Liu B. Existence and uniqueness of weak solutions to Ginzburg – Landau equation with an external noise and a stochastic perturbation [J]. Journal of Mathematical Analysis and Applications 420 (2014) 1500 – 1532.

[230] Wei J, Duan J, Lv G. Kinetic solutions for nonlocal scalar conservation laws [J]. SIAM Journal on Mathematical Analysis 50 (2018) 1521 – 1543.

[231] Wei J, Liu B, Tian R, Diang L. Stochastic entropy solutions for stochas-

tic scalar balance laws [J]. Entropy 21 (12) (2019) 1 -29.

[232] E W, Khanin K, Mazel A, et al. Invariant measure for Burgers equation with stochastic forcing [J]. Annals of Mathematics - Second Series 151 (3) (2000) 877 -960.

[233] Wendroff B. The Rieman problem for materials with nonconvex equation of state I; II [J]. Journal of Mathematical Analysis and Applications 38 (1972) 454 - 466, 640 -658.

[234] Yamada T, Watanabe S. On the uniqueness of solutions of stochastic differential equations [J]. Journal of Mathematics of Kyoto University 11 (1) (1971) 155 -167.

[235] Yang D S. The asymptotic behavior of the stochastic Ginzburg - Landau equation with multiplicative noise [J]. Journal of Mathematical Physics 45 (11) (2004) 4064 -4076.

[236] Yanovsky V, Chechkin A V, Schertzer D, Tur A V. Levy diffusion and fractional Fokker Planck equation [J]. Physica A 282 (2000) 13 -34.

[237] Yu S. Zero - dissipation limit of solutions with shocks for systems of hyperbolic conservation laws [J]. Archive for Rational Mechanics and Analysis 146 (4) (1999) 275 -370.

[238] Zaslavsky G, Abdullaev S. Scaling properties and anomalous transport of particles inside the stochastic layer [J]. Physical Review E 51 (1995) 3901 -3910.

[239] Zaslavsky G M. Fractional kinetic equations for Hamiltonian chao [J]. Physica D 76 (1994) 110 -122.

[240] Zhang X. L^p - theory of semi - linear SPDEs on general measure spaces and applications [J]. Journal of Functional Analysis 239 (1) (2006) 44 -75.

[241] Zhang X. L^p - maximum regularity of nonlocal parabolic equations and applications [J]. Ann. Institute H. Poincare - Anal. Non Lineaive 30 (2013) 573 - 614.

[242] Zvonkin A K. A transformation of the phase space of a diffusion process that will remove the drift [J]. Sbornik: Mathematics 22 (22) (1974) 129 -149 (In Russian).